U0023218

質性研究入門：

紮根理論研究方法

Basics of Qualitative Research：

Thchniques and Procedures for Developing Grounded Theory
《 Second Edition 》

Anselm Srauss

Juliet Corbin

原著

吳芝儀、廖梅花 譯

濤石文化事業有限公司
WaterStone Publishers

國家圖書館出版品預行編目資料

質性研究入門：紮根理論研究方法 / Anselm Strauss,
Juliet Corbin 原著/ 吳芝儀；廖梅花譯.－－初版－－
嘉義市 ：濤石文化， 2001【民90】
面 ： 公分 參考書目： 面 含索引
譯自：Basics of Qualitative research：grounded theory
procedures theory procedures and techniques
ISBN 957-30248-2-9（平裝）

1.社會科學 － 統計方法

501.28   90016155

譯者序

　　自從1991年負笈英國求學初次接觸「質性研究」的方法論課程，就深深著迷於質性研究如萬花筒般的變化多端，每一個轉折回眸，呈現於眼前的又是一番嶄新的景象。萬花筒中豐富而深邃的內涵，無疑為立志探究人類社會及行為現象的研究者，開啟了嶄新的視野。從這個視野觀看複雜多變的人類世界，的確相當不同於傳統量化取向研究所著眼的線性邏輯及數量思維。因、果相互交錯成更寬廣的脈絡，在其中，經驗與知識則相衍相生，永不止息。

　　當時，由於質性研究畢竟不是台灣社會科學研究者所熟悉慣用的研究方法，為了深入掌握其內涵精義和程序策略，我著手翻譯了由Michael Quinn Patton所著的《質的評鑑與研究》一書，並於1995年出版。透過該書的引介，許多像我一般的研究初學者才得以一窺質性研究之堂奧，從而心領神會、身體力行，成為質性研究的忠誠信徒。而這幾年之間，質性研究則已逐漸在台灣的許多社會科學研究範疇佔據了一席之地，並為風起雲湧的本土化研究添加了旺盛的燃料。

　　1997年擔任教職之後，更是一年到頭與質性研究為伍，游移在教育、輔導、犯罪防治等領域，不斷地在教學和研究中試驗新的方法，探索新的可能性。由於質性研究實際上涵蓋了相當多元的派典，各有其本體論、認識論和方法論。為了打破一般初學者易於將質性研究等同於俗民誌（ethnography）實地工作或現象學（phenomenology）深度訪談的慣性迷思，我致力於運用建構論（constructivism）取向來思考和研究，相信「方法乃次於派典而存在」，而派典（paradigm）的選擇則取決於研究者本身的世界觀，主導了研究者所採用的資料蒐集和分析方法，將研究發現導向其所關注的焦點和脈絡，以產出能達成其特定研究目的之結果。此一方法論訓練的意圖，在於引導研究生在學習「方法」（methods）

時，能深入理解每一「方法論」（methodology）背後的底涵假定，並藉由試驗該方法論所揭櫫的研究程序，使觀察、訪談、文件分析等方法皆能為研究目的服務，而不致使質性研究再度淪為缺乏研究者靈魂的技術操演。

「紮根理論」（grounded theory）即是這樣一個有靈魂有血肉的方法論，其所服務的研究目的是「建立理論」─本土化的實質理論，以及更具一般性的形式理論，特別是有關人們的行動、互動和社會歷程。該方法論最早係由Barney Glaser和Anselm Strauss在1967年所提出，主張理論必須「紮根」於實地中所蒐集和分析的資料之中，亦即理論係在真實的研究歷程中，透過資料蒐集和分析的不斷交互作用，而衍生出來的。為了建立理論，紮根理論更提供了一套有系統的思考和概念化資料的方式，透過理論抽樣，並對資料進行開放編碼、主軸編碼和演繹編碼等，來統整資料中的條件、脈絡、行動/互動和結果，試圖理解和說明許多存在於人類社會之複雜現象。

由於紮根理論研究的系統性和嚴謹性，相較於其他較為鬆散或軟性的質性研究程序，更容易受到傳統上受到實證論量化取向訓練的研究者所青睞；而其建立本土化實質理論的號召，更吸引了許多對本土社群充滿了人文關懷的民族文化或社會學者競相投人。因此，近年來紮根理論的觸角已廣泛深入社會學、人類學、心理學、教育學等領域；並隨著研究文獻的翻譯、質性資料分析軟體的應用，紮根理論無論在研究數量、研究現象類型、研究實地和學門上均日益普及。

但普及後也產生了一些風險，許多宣稱其使用紮根理論的研究者，實際上並不了解該方法論的重要層面，例如：（1）未進行理論抽樣，或同步進行蒐集資料和分析；（2）未能以開放編碼來發現資料中的變異情形，以增加概念的豐富性；（3）未進行主軸編碼以連結概念，或以選擇編碼來統整理論；（4）未進行經常性比較，以致無法產生具有概念性密度的理論等。此外，某些研究者並不以發展理論為目標，以致忽略該方法論的核心特徵，或不適當地應用其程序而扭曲了紮根理論的精義。

識此之故，我就興起了再將「紮根理論」翻譯成中文的念頭，希望藉由翻譯時字斟句酌地推敲原文意涵，能深度地融入紮根理論的思考架構和脈絡，以真正理解該方法論的底涵假定和程序策略。

本書乃譯自《Basics of Qualitative Research》的第二版(1998)。該書第一版在1990年出版之後，獲得社會科學領域學者的如潮佳評和廣泛迴響，咸認為是學習紮根理論研究方法的最佳工具書。國內知名社會學者徐宗國教授曾花費兩年時間翻譯成中文，並於1997年出版，引領了許多研究初學者入門。然而，睽諸本書第二版的章節內容和編排、甚至所列舉以闡示編碼歷程的實例均和第一版大異其趣，且許多部份更修正了第一版所殘存的線性邏輯（參見主軸編碼一章），使得本書第二版的思維更貼近動態且複雜的社會歷程，且更有可觀之處，值得我們花費心力來作此一翻譯引介的工作。

　　本書的翻譯工作，係由我個人負責第一章至第九章，由廖梅花博士負責第十章至第十七章。我們自始至終親力親為，且合作無間，經常討論對某些原文語彙的翻譯用詞，務求信、雅、達之外，更經一再潤飾而使全文流暢可讀。

　　廖梅花博士和我同樣出身於心理與諮商的訓練背景，對某些原文語彙有較為共通的理解。她曾任教於南華大學生死學研究所，擔任質性研究的課程，本書正巧也是她指定學生閱讀的教科書，啓發了多位研究生以紮根理論來進行生死學相關議題的研究，並獲致豐碩的成果。我們對翻譯本書的共同期待是，它能對國內社會科學研究有所貢獻，激發更多研究者以建立本土化理論作為其學術生涯的標竿。如此，知識的革新創造才有可能綿延不絕。

　　最後，感謝濤石文化陳重光先生鼎力支持「研究方法」系列叢書的出版，嘉惠了無數的研究初學者。而吳孟虹小姐精心處理全書的排版和編輯事宜，讓這本書得以賞心悅目的姿態呈現於讀者面前，也特此致謝。

吳芝儀

謹誌于國立中正大學

2001.11

目　錄

Basics of Qualitative Research :
Techniques and Procedures for Developing Grounded Theory

第一篇　基本概念

第二篇　編碼程序

第三篇　完結篇

序言
Preface

　　本書第二版的撰寫，讓我（Corbin）感到既喜悅又悲傷。喜悅，是因為讀者對本書第一版的回饋是如此地正向，希望我們再寫出第二版來。悲傷，是因為本書的共同作者Anselm Strauss卻在本書完成之前不幸去世了。本書Anselm是畢生研究心血的重要結晶，他一直希望能將之貢獻出來與其他研究者分享。對Anselm來說，本書中所包含的分析程序和技術，不僅僅是做研究的一種方式而已。它們更是生活的方式。

　　雖然，Anselm已在本書完成之前撒手人世，他確實為本書的撰寫貢獻許多心力。這些年來，我們奠基於各自不同卻相互重疊的經驗和知識，逐漸發展出一種深度的、合作式互動的風格。我們分別撰寫每一章的初稿，彼此修正過後，加入另一個人所寫的文字之中。最後，每一章的文字緊密交織，已難以分辨誰寫了哪一部份。我們並不希望讀者去作不必要的或容易誤導的區分。

　　在本書第二版中，我們對原有版本加以釐清和詳述，增加一些新的章節，重寫了其他章節，且將其餘的部分加以修正。然而，大部分的原始材料也以不同形式保留了下來。例如，在原版本第一章中所提出的一些問題，目前係在本書第十七章中加以處理，並命名為：「學生的問題和答覆」。某些讀者可能會懷念原版本的書寫格式，但其他讀者應會喜歡我們所做的改變。我們相信，這個新的版本改進了前一版本的缺失，我們延伸的解釋會促進更多的瞭解。雖然這個版本的初稿相當冗長，我們最後從這本書所移除的部分，並不會讓讀者找不到；相反地，讀者將可在網際網路（Internet）上發現那些寶貴的材料。

我們希望經過修正之後，本書仍能持續影響我們的讀者。我們歡迎所有對本書的回饋，無論是正向或是負向都好。學生們和研究者提供給我們許多有趣且有用的論文和報告，證明我們也確實達成了我們的目標—幫助其他人實現他們的夢想。

如同我們在第一版中所說的，本書是為許多不同學科的研究者（社會科學和其他專業人員）所撰寫的，這些人都對藉由質性資料分析以建立理論感到興趣。無論他們在蒐集資料時的經驗多麼有趣，資料必須分析的時刻總會來臨。研究者經常對這個必要的任務感覺到遲疑，他們不僅對眼前如山一般高的資料感到氣餒，而且後續的問題也會令人困惑。我如何才能理解這些材料呢？我如何才能產生理論性的詮釋，另一方面又能將詮釋紮根於資料中所反映出來的經驗現實？我如何能確信我的資料和詮釋是有效度和信度的呢？我如何能突破自己在分析情境中所無法避免的歧見、偏見和刻板化觀點？我如何將所有的分析單元整合在一起，以對所研究領域產生精確的理論說明呢？

本書的目的，即是在回答與進行質性分析有關的這些和其他問題。本書是以明白和直截了當的風格來撰寫。本書的企圖是為準備展開其初次質性研究案的研究者，以及想要建立實質理論的研究者，提供基本的知識和程序。我們也相信，對於那些想進行資料分析卻又不想建立理論的，我們也可以提供一些研究的技術和程序。建立理論並不是進行研究的唯一目標。高水準的描述和我們稱為「概念性排序」（conceptual ordering），對知識的產生也是相當重要的，可以對學科作出有價值的貢獻。想要對進行和教導質性分析有更多實例和討論的進階研究者，無疑也會發現本書是有用的。不過，我們也建議進階研究者閱讀《質性分析》（Qualitative Analysis）一書（Strauss, 1987）。就像其他實務工作，完成分析任務的程度會依不同研究者而有所差異。另一方面，本書所學習到的實務工作，可能在作者或讀者所無法預期的領域也會被證實是有用的。如同Strauss（1987）稍早在討論分析歷程（analytic process）時所提及的，「就像其他技巧一樣，學習歷程涉及辛苦

艱難的工作、持續不懈的毅力，以及其他並不總是愉快的經驗」。確切地說，分析歷程也經常是相當有趣和令人感到愉快的。更進一步地說，這些經驗對於發現如何應用一些方法是必須的。方法的應用無可避免地包含情境性脈絡 (situational contexts)，發展個人的研究傳記 (personal research biography)，工作中的精敏機靈 (astuteness)，以及理論和社會敏覺力 (theoretical and social sensitivity)。最重要的是，為了要完成任何研究案，你需要一些運氣和勇氣。

本書並不是一本食譜，不必按照指示一步一步地應用在研究中。我們的企圖是提供分析質性資料的一組有用的工具。我們希望，透過我們的實例，讀者會理解本書所提供的彈性且可變的資料分析策略。對於那些想要知道其他研究者如何運用和修正技術以符合其自身研究目的和個性的讀者，我們建議你閱讀《紮根理論的實務》(Grounded Theory in Practice) 一書 (Strauss & Corbin, 1997)。

本書內容概述

本書區分為三個主要的部分。第一篇包括第一至第四章，這些章節為後續要探討的內容架設了穩固的舞台，提供必要的背景資訊，以展開紮根理論的研究案。第一章介紹紮根理論的方法論，說明該方法使用者的一些特質；第二章探索描述 (description)、概念性排序 (conceptual ordering) 和理論化 (theorizing) 之間的差異；第三章討論質性和量化分析形式之間的關係；第四章則呈現在展開研究案之前所需考慮的一些實務性材料，包括選擇和陳述問題的段落、在客觀化和創造性之間維持平衡的需求，及文獻的運用。

第二篇呈現在發展理論時會用到的特定分析技術和程序，包括第五章到第十四章。第五章提供分析歷程的概述；第六章提綱挈領

地說明分析的基本操作程序，即進行比較（making comparisons）和詢問問題（asking questions）；第七章介紹分析工具的設計，使研究者可以用來促進分析和發現；第八章呈現開放編碼（open coding）的技術；第九章討論主軸編碼的程序；而第十章則討論選擇編碼的程序；第十一章解釋我們如何省思歷程，並描述我們如何加以編碼；第十二章討論「條件/結果矩陣」（conditional / consequential matrix），作為聯繫微觀和鉅觀之條件/結果間之鴻溝的分析工具；第十三章探討抽樣的程序；第十四章則則描述如何使用圖表和備註來建立理論。

第三篇包括第十五章至第十七章，探索所有研究者都關心的事，亦即完成分析之後的工作。第十五章解釋如何撰寫論文和專題報告，以及口頭發表有關研究的演說；第十六章提供了可用於評鑑本書所述之研究歷程的準則；第十七章則係本書的總結摘述，以學生經常詢問的問題之形式來呈現，並附加上我們對這些問題的答覆。

在網際網路上，我們為各種類型的編碼提供了更詳細的實例，有一章專門探討其在教學上的應用，以及將理論應用於實務、研究與教學的一些有用的建議。

結語

在我們寫完本書第一版之初稿，並用之於教導研究生和其他研究者之後，許多人向我們指出這本書具有超出其原先所設計的應用價值—教導學生如何進行質性分析。企圖對現象發展出新的思維方式的研究者，也同樣發現這本書相當有價值。許多期刊審查委員會或研究經費補助機構的專業人員，由於經常會審查到質性研究計畫，或結合質性與量化研究的計畫，他們也想要瀏覽這整本書，以對我們所使用的詞彙和我們所提示的基本程序，獲致較多的理解，這時可聚焦於第十六章。對理論發展有興趣的學者，無論是歸納或

演繹，都會發現本書特定的部分可用於補強自己所使用的方法。我們對各種可能的應用方式都保持開放性。我們只希望使用這本書的人從閱讀中所學到的，能像我們撰寫此書時學到的一樣多。

讀者在閱讀本書時，會發現本書使用*斜體字*、**粗體字**和<u>加底線</u>的特殊系統。*斜體字*是用來強調，或當我們想要喚起讀者對特定概念、詞彙的注意時，例如類別（categories）、屬性（properties）、和面向（dimensions）等。粗體字是用來強調一個論點，或者標示一個必須記住的短語。**粗黑體**的短語和句子在掃瞄文本的時候特別有用，因為它們能很快地映入眼簾。<u>當我們特別想要強調一個特殊論點時，我們就加底線。</u>雖然讀者可能會發現我們在使用這些特殊用法時，也會有些不一致的情況，敬請見諒。一般而言，這個系統的使用還算順利。

我（Corbin）在此要向曾對這個修正本初稿提出評論意見的學生和同事們，表達最誠摯的謝意。他們的鼓勵和提供的意見，在Anselm辭世而獨留我肩負著悲傷和完成初稿的雙重任務之時，更顯得特別有價值。我尤其要感謝Lisa Jean More和Heiner Legewise對我最初手稿的評論。謝謝Leigh Star所提供極具價值的意見、批評和建議。Gerhard Reimann謹慎地留意到初稿的一些細節，對本書的發展是相當重要的。而我親愛的朋友Julie Cherry作為一位方法論的初學者，不僅詳細閱讀本書初稿，且提出批評，同時一直在身旁支持我度過Anselm逝世之後最令人煎熬的歲月。我也會永遠感謝我的同事和朋友Setsuo Mizuno，他的支持、鼓勵和回饋，讓我能持續為此書盡心盡力，特別是在Anselm逝世之後的最初數個月。而我的先生Richard，一直作為我的電腦諮詢顧問，總是隨時為我解決任何機械上的疑難雜症，而Fran Strauss始終耐心地等候著我。最後，我還要感謝本書的編輯Peter Labella，總是信任我，並給我充分的時間療傷止痛。

第一篇
基本概念

◉ 基本概念 ◉

　　發現（discovery），自文藝復興時代以來，一直是科學的目標。然而，發現如何產生，則因所研究材料之性質和研究時間不同，而有著許多變異。在下述引文中，Galileo曾描述他創造發現的方法：

> 方法是這樣的：將望遠鏡朝向太陽，就像是你正要去觀察太陽本體一般。調整好焦距且保持穩定之後，在凹透鏡之前一尺遠處，放置一張平鋪的白紙，在白紙上就會出現一圈像太陽的圓盤狀形象，以及許多黑點，其排列形狀就像太陽上所呈現的一般。將白紙移開望遠鏡筒愈遠，形象會變得愈大，而黑點也會更為清晰（引自Drake, 1957, p.115）

　　雖然我們所研究的事物，比僅僅觀察太陽和星星更為包羅萬象，我們仍像Galileo一般，相信我們擁有能促成發現的有效方法。在開始討論我們的方法中所涵蓋的實際分析歷程之前，我們希望讀者能熟讀本篇的各章。尤其在本篇的前四章中，我們為讀者提供了可以看清研究分析歷程的「望遠鏡」，詳述了要瞭解本方法所必備的基本知識，並為後續更繁瑣的分析章節，奠定了穩固的基礎。

Chapter 1

緒 論

名 詞 定 義

方法論 (Methodology)：思考和研究社會現實的方法。
方法 (Methods)：蒐集和分析資料的一組程序和技術。
編碼 (Coding)：透過此一分析歷程，可將資料加以分解、概念
化和整合，以形成理論。

就像是Coleridge和Kubla Khan，我從清晨的甜夢中醒來。然而由於這
並不是一個完整的夢，只是一個夢的開端，我還回想著夢中的話語，
而這就是了。（作者之一）

　　我們接到愈來愈多感謝的信函和評論，讓我們確信，我們所提
供的質性分析方法確實是相當有用的。接到這些恭維的信函讓我們
很感到高興，但也提醒我們一個在十九至二十世紀初期所發生的令
人無法忘懷的故事。那是關於畫家Cezanne和Monet的故事。傳說
Crzanne認為Monet：「他只是一個眼睛，多厲害的一個眼睛！」我
們對這個故事的詮釋是，兩位畫家提供給他們當代和下個世代畫家
的，不只是他們令人尊敬的高超技藝，更是他們觀看世界的方式。
Monet觀看世界的方式並不同於Crzanne，卻是發人深省和深具價值
的。

我們對質性分析的作法，無疑提供了一組相當有用的程序──基本上是指導原則、建議性的技術，而不是必須嚴格遵守的指令。我們也提供了**方法論 (*methodology*)**，一個思考和研究社會現實的方式 (a way of thinking about and studying social reality)。實際上，人類對現實的理解並不能像「上帝」全知「現實的真實性」(the "real" nature of reality) 為何。如同美國實用主義者Deway (1922) 和Mead (1934) 所教導我們的，且如同自然科學家所揭示的，人們對現實的掌握和理解從來不會是上帝所示之於人的。所幸，透過研究可促使我們對這個世界如何運作獲致了更充分的理解。在社會科學的領域中，讀者可能會將這個方法論視為一種蒐集有關社會世界 (the social world) 之知識的方式。我們也體認到，已有許多質性分析的策略被發展出來，而且都深具價值。這麼說，並不表示我們未充分發揮本書所提供的這個方法論和程序的價值。我們想提出的主要論點如下列所述。**在本書中，我們所要提供的不僅只是一組程序，我們提供的是思考和觀看世界的方式，能使選擇此一方法論的研究者有更為充實的研究。**本章，我們將說明一位紮根理論者的特徵，並界定我們所謂的質性研究 (qualitative research) 和紮根理論 (grounded theory)，好為本書的其餘章節架設舞台。

質性研究者的特徵

這一節有兩個部分。一方面，它將探討此方法的使用者如何在研究歷程中形塑而成；另一方面，它將會描述與質性研究者有關的特徵。然而，由於這兩者其實是密切關連的，很難將彼此區分開來。

應用這個方法論的研究者和學生經常會告訴我們，透過質性研究的經驗，促使他們產生了有益的改變。這個歷程涵蓋了在研討課

程中的學習，以及實際執行研究的行動。這些改變是什麼呢？研究者告訴我們，他們真心喜歡處理資料（data），而不只是處理抽象的意念想法（ideas）。他們沈浸在自己和資料共舞的愉悅之中。（無論他們喜歡或不喜歡資料蒐集的歷程，但一旦蒐集資料之後，研究者多樂於思考該如何來處理這些資料。）他們並不會害怕在分析資料時涉入自己的經驗，因為他們瞭解這些經驗將作為比較（making comparisons）並發現屬性（properties）和面向（dimensions）的基礎。大多數的研究者都對其研究發現充滿信心，他們認為即使在對外發表之後，他們的理論是合格的、可被修正的，而且對任何協商保持部分的開放性。（我們所謂的對協商保持部分開放性，是因為他們將理論紮根於資料中，且透過研究歷程來驗證其有關概念間關係的陳述，使得他們對其所作成的結論深具信心。）

　　在工作中，應用此一方法論的研究者大多能保持彈性，這是在訓練課程和團隊研究案中所培養出來的傾向，在那兒，成員多能對有助益的批評保持開放，樂於和想法玩遊戲，而且也能對團體討論中的施和受表示感謝。這樣的學習如何能持續到未來的互動中，讀者從下列一則由我們一位前學生所作的陳述中可以看得出來。Leigh Star說：

> 我參與了一個寫作團體，在持續數年之久的時間中，我們每個月聚會一次。我們分享彼此正在進行中的工作，給予彼此批評的意見，有時候也幫忙彼此處理分析上的盲點。最近，團體的一位舊成員回來，向我們描述她曾試圖在另一個地方展開一個類似的團體，卻沒有成功。在她的團體中，成員遵循和我們同樣形式的程序，但卻對彼此的工作提出嚴厲的批評，聚焦於明爭暗鬥的演說，而不是真誠的協同合作。我們的團體曾試著分析為什麼我們是成功的，瞭解到我們之中有四個人修習過紮根理論課程，可能是相當重要的因素。這並非只是分享分析的焦點，因為事實上我們都非常不同。令人印象深刻的是，我們學到以協同合作和彼此支持的方式來一起工作。（引自Strauss, 1987, pp. 303—304）

彈性（flexibility）和開放（openness）也與學會容忍一段合理時間的曖昧模糊（ambiguity）有關。這並不是說研究者不想要早日確定分析事宜，但逃避不確定性和儘速完成研究的迫切心理，會因更加理解了現象的複雜性及其意義並不能輕易被掌握或視為理所當然，而調節了急切的情緒。這很像是他們自身的研究歷程。研究本身即是一個歷程，這即是我們前學生所自我省察的。在進行其研究之時，他們樂於分享想法的流動，而不僅是提出實質具體的想法，因為他們學到了任何理論性的想法都有其珍貴的價值。然而，他們也對現有的理論有所質疑，無論這些理論看起來多麼言之成理，除非它們最後能在資料中獲得積極的佐證，否則即須受到質疑。以自我作為資料蒐集和分析歷程的工具，是Rew, Bechtel和Sapp（1993）等人所強調的論點，他們列舉出質性研究者所需具備的特質，包括：適切性（appropriateness）、真確性（authenticity）、可信性（credibility）、直覺性（intuitiveness）、受納性（receptivity）、互惠性（reciprocity），以及敏覺力（sensitivity）等。

此外，我們還想再加上另外兩項重要的論點。首先，大部份應用此一方法論的研究者，可能會希望他們的工作對非學術和學術性讀者具有直接或潛在的關連性。這是因為此一方法論甚為看重被研究人們的語言和行動。或者，如Fisher所表達的：「我認為，作為一個知識份子，並不必須從人們的生活抽離，他可以直接與世界中的人們及其所思所想發生關連」（引自Maines, 1991, p. 8）。

我們要討論的第二點是，幾乎是無可避免地，接受這個方法訓練的研究者常會完全沈浸在其工作中，而「在我們生活中並未出現在前景的，也未曾消失」（Adele Clarke, 私人通信, 1993）。浸淫其中，或完全置身於工作的歷程，提昇了我們身為研究者的尊嚴，就像另一位學生K.Jurich所敘述的。我們以較長的篇幅來引述她的話，因為她所說的話精確地強調了我們所認定的紮根理論研究者之特徵。在公共健康（public health）領域接受訓練之後，她在Sioux 印地安保留區工作了三或四年，一直在深思如下的問題：這些人對健康的基本概念是什麼呢？他們對健康的概念為什麼與我們

的概念有如此大的同？在她回到我們的研究課程時，她在一份提交給指導者的備註上，寫下這樣的評論：

> 這些擔心和害怕（班上同學可能會誤解了她的非西方的、跨文化的資料）隨著這個兩小時單元課程的進展，一點一滴地逐漸煙消雲散了。我仔細地觀察和聚精會神地聆聽人們所說的話，以及人們如何透過資料來處理他們的想法和意象。當需要更多資訊時，小心地詢問自己，不倉促地遽下結論。這裡的學生似乎也都謹慎地探查資料的豐富性，提出關鍵性的重要議題，像遊戲般地彼此詰問，以探求更深入的意義，及在許多不同情境之下各種可能的詮釋。於是，不僅資料本身所內蘊的統整性逐漸浮現出來，而且持續著。我非常高興能符合這些分析者所定位的、以及他們在從事研究工作時所顯現出來的特質。這些課程單元的統整性和精確性層面，受其教學風格所維繫，亦即（不能自外於）互動論學者的知識論和紮根理論之概念性分析架構。（引自 Strauss, 1987, pp. 302—303）

我們將成為一位紮根理論學者所需的精緻技巧，呈現於下列的方框中。初次進行其研究的研究者，並不必然要具備所有這些特徵。然而，藉由小心謹慎地運用本文中所提示的這些程序，並去體會研究歷程中的經驗，研究者很可能終將發展出方框中所摘述的特徵。

紮根理論學者的特徵

1. 有能力後退一步，批判性地分析情境。
2. 有能力體認產生偏見的傾向。
3. 有能力作抽象性的思考。
4. 有能力對有益的批評保持彈性和開放。
5. 對回應者的話語和行動具有敏覺力。
6. 對（研究）工作歷程的全力投入和全神貫注。

方法論和方法

　　然而，如果研究者僅僅聚焦於本文中所呈現的程序，並以一種死記而不知變通的態度來加以應用，研究者無論如何不會發展出這些特徵來。我們希望研究者能瞭解我們所說的，瞭解為什麼一些特定的活動要如此運用，並能以彈性和創造性的方式來實施。我們希望他們能學到思考資料及其所居住的世界的方式。我們希望他們能詢問、能輕易地從其所見所聞中跨越出來、能思考抽象層次的問題，然後再一次回轉到資料的層次來省視。我們希望他們能學到依據資料的屬性和面向來作比較性的思考，使他們能輕易地看清有哪些是相同的、有哪些不同。這個方法論的重要性在於，它提供了一**種視野（vision），促使分析者隨著研究俱進**。另一方面，技術和程序（方法）則提供了手段或工具（means），藉以將視野帶進現實之中。那麼，如果我們並不是要一步一步地來實施技術和程序，那又為什麼要提供一組技術和程序呢？就像是畫家既需要技術也需要視野，來將他們新奇的意象帶進生活之中，分析者需要技術來幫助他們作出超越日常事物的觀察，以對社會生活獲致新的理解。對想要將其高明的描述文字加以出版的人而言，可以參考其他的研究方法；然而，如果研究者的目的，是在創造嶄新的和以理論表達的理解，本文中所提供的建立理論的方法（theory－building method），應是有用的。我們所要說明的這個方法論的價值，不僅在於他能產生理論，更在於他能將理論紮根於資料之中（ground theory in data）。理論和資料分析二者，均涉及詮釋（interpretation），但至少是奠基於有系統地執行探究程序所獲致的詮釋。

　　資料蒐集和分析的質性方法，在這些年逐漸受到歡迎和矚目。我們只是呈現資料分析的一種方式，因此若要假定或建議讀者須採用本書所描述的每一個步驟，那是很不合乎現實的。即使作者的目

的在於建立理論，我們也瞭解理論建立並不是每一個研究方案之目標，它也不應該是 (Peshkin, 1993)。知識 (knowledge) 和理解 (understanding) 可以有非常多元的形式。我們知道，讀者會將本書所提供的材料，視為歐式精美自助餐廳所提供的菜色，他們可以依照自己的「口味」(tastes) 去從中選擇、排拒和忽視一些菜色，而且他們有權這麼做。某些研究者會應用我們的技術來產生理論，其他研究者的目的則可能僅止於作出有用的描述或概念性排序 (分類和推衍)。某些研究者會將我們的技術與他們自己的相結合。我們的分析技術和程序不只可被不同研究者以不同方式來運用，而且我們的方法論也可能會吸引社會學 (sociology) 領域之外的研究者。作為一個方法論和一組研究方法，我們的研究策略也被實務領域的研究者所採用，例如教育 (education)、護理 (nursing)、商業 (business) 和社會工作 (social work)，以及心理學者 (psychologists)、建築設計師 (architects)、大眾傳播學者 (communications specialists) 和社會人類學家 (social anthropologists) 等。因為社會學領域之內或之外的人們，經常會對這個方法論的起源感到好奇，此處我們就簡要地追溯其歷史淵源。

歷史背景

此一被普遍稱之為「紮根理論」(grounded theory) 的方法論，源起於兩位社會學家：Barney Glaser 和 Anselm Strauss (Glaser, 1978, 1992; Glaser & Strauss, 1967; Strauss, 1987)。雖然他們分別來自相當不同的哲學和研究傳統，他們令人崇敬的貢獻是同等重要的。

Strauss畢業於芝加哥大學 (University of Chicago) 的高等學位，接觸質性研究已有相當長的歷史，且有相當強而有力的訓練

背景。在他的研究中，他強烈地受到互動論學者（interactionist）
和實用主義學者（pragmatist）文章的影響。他的思考也受到Park
（1967）、Thomas（1966）、 Dewey （1922）、Meade （1934）、
Hughes（1971）、和Blumer（1969）等人的啟發。此一背景對於他
發展紮根理論方法的貢獻，在於：（1）需要走出去到實地，才能
發現真正發生了什麼事；（2）紮根於資料的理論，與學科發展和
作為社會行動基礎之關連性；（3）現象和人類行動的複雜性與多
樣性；（4）相信人們作為行動者，在對問題情境作出回應時，扮
演了主動的角色；（5）理解到人們係奠基於意義的基礎上來行
動；（6）瞭解到意義可透過互動來定義和再定義；（7）對事件之
演進和開展（歷程）具充分的敏覺力；以及（8）覺察到條件（結
構）、行動（歷程）和結果之間的交互關係。

　　Glaser則來自於一個非常不同的社會學傳統，但無疑地具備了
一些共通的特徵，才能使這兩個人密切地合作。他在哥倫比亞大學
（Columbia University）取得博士學位，而他對於研究的思考係受
到創新量化研究方法的Paul Lazarsfeld之影響。於是，在進行質
性分析時，Glaser特別關照在資料間進行比較的必要性，以確認、
發展、和使概念產生關連；同時，哥倫比亞大學的學術傳統較為強
調與理論發展有關的實徵性研究（empirical research）。芝加哥
和哥倫比亞兩校的學術傳統的共通點，則是都重視研究要同時能被
專業人員和一般讀者所用。基於此一理由，有關紮根理論的許多篇
文章，都源自於Glaser和Strauss兩人的協同合作，包括最初那篇
有關臨終（dying）的論文報告（Glaser & Strauss, 1965;
1968），即是為一般讀者和該學科同僚所撰寫的。

　　《質性研究入門》（*Basics of Qualitative Research*）一書的
第一版（Strauss & Corbin, 1990）則起始於另一個不同的協同合
作—介於Strauss和Corbin之間的。雖然最初之紮根理論方法的許
多本質都被保留了下來，仍有些許的差異。這並不是刻意而為的，
僅是從Strauss持續與同僚和學生進行、教導、和討論質性研究方
法論的歷程演變而來。本書中所描述的方法論和程序，係反映了
Strauss進行質性研究的策略。本書第一版的撰寫，目的在於為美

國本地和海外許多正為不知如何分析資料而痛苦掙扎的研究初學者，提供一套技術和指導原則，意圖作為其他紮根理論書籍如《質性分析》(Qualitative Analysis) 的補充讀物，而不是要取代其地位。在界定作者所謂的「紮根理論」(grounded theory) 之前，我們將先探討一些有關質性研究的基本事實。

 # 質性研究

「質性研究」(qualitative research) 一詞，意指非由統計程序或其他量化方法來獲得研究發現的任何類型研究。它可能指涉有關人們生活 (persons' lives)、生活經驗 (lived experiences)、行為 (behaviors)、情緒 (emotions) 和感覺 (feelings) 等的研究，也包括了有關組織功能 (organizational functioning)、社會運動 (social movements)、文化現象 (cultural phenomena) 及國家間互動 (interactions between nations) 等的研究。雖然這些研究的部份資料可能會以量化來處理，而提供有關所研究之人們或對象的人口統計或背景資料；但絕大多數的分析都是詮釋性的 (interpretative)。事實上，「質性研究」一詞也常令人感到困惑，因為對不同的人來說，它可能意味著不同的事。某些研究者藉由通常被視為質性方法的訪談 (interviews) 和觀察 (observations) 來蒐集資料，但卻以可進行統計分析的方式來將資料編碼。實際上，他們是將質性資料加以量化。在我們談到質性分析時，並不涉及將質性資料加以量化；而是指涉詮釋資料的非數量化歷程，目的在於發現原始資料間的概念 (concepts) 和關係 (relationships)，然後將之組織成一個理論性的解釋架構 (theoretical explanatory scheme)。這些資料可能包括訪談和觀察資料，也可能包括文件 (documents)、影片 (films) 或錄影帶 (videotapes)，甚至是為其他目的而量化的資料，如人口統計資料 (census data) 等。

　　我們有許多進行質性研究的充分理由。理由之一是研究者本身的偏好（preferences）和／或經驗（experience）。某些人較傾向於或適合於從事此一類型的研究。某些研究者來自學術傳統上即較為重視質性研究之學科（如人類學），或特定的哲學導向（如現象學）。其他人選擇質性研究的較充分理由，可能視其研究問題的性質而定。例如，試圖瞭解諸如人們之慢性疾病、成癮、離婚和外向性行為等問題的研究，會促使研究者去到實地，看看人們所做的和所想的究竟是怎麼一回事。質性方法也可被用來探索一些人們所知有限或已具備豐富知識的領域，以獲得嶄新的理解（Stern, 1980）。此外，質性方法尚可被用來獲得有關現象的一些令人困惑的細節，如感覺、思考歷程和情緒等，這些現象甚難以傳統的研究方法來理解。

　　基本上，質性研究有三項主要的內涵。第一是**資料** *(data)*，可從不同來源取得，例如訪談、觀察、文件、記錄和影片等。第二是研究者用來詮釋和組織資料的**程序** *(procedures)*，通常包括**概念化** *(conceptualizing)* 和**縮減** *(reducing)* 資料、依據其屬性和面向來推衍（elaborating）類別，並藉一系列之前提陳述來關連（relating）類別。概念化、還原、推衍、和連結等程序，經常即被稱之為**編碼** *(coding)*（參見Becker, 1970; Charmaz, 1983; 1995; Lofland, 1971; Miles & Huberman, 1994）。分析歷程的其他程序，還包括**非統計抽樣** *(nonstatistical sampling)*（參見Schatzman & Strauss, 1973），**撰寫備註** *(writing of memos)* 和**繪製圖表** *(diagramming)*。**書面和口頭報告** *(written and verbal reports)* 是第三個重要內涵，通常是以科學期刊論文、演說（如研討會）或書籍的方式來呈現。

　　進行質性研究也有許多不同的類型或策略（參見Cassell & Symon, 1994; Denzin & Lincoln, 1994; Gilgun, Daly & Handel, 1992; Gubrium & Sankar, 1994; Morse & Field, 1995; Westbrook, 1994）。本書中，我們僅呈現其中的一種策略，即紮根理論，且僅是該策略的一種樣式，係由Strauss所傳承教導的。

紮根理論

　　當Strauss和Corbin談到「紮根理論」時，究竟指的是什麼呢？他們指的是透過有系統的蒐集和分析資料的研究歷程之後，從資料所衍生而來的理論。在此一方法中，資料的蒐集、分析和最終形成的理論，彼此具有密切的關係。研究者在展開其研究案時，心中並不存在一個預先構想好的理論（除非他的目的是要推衍和擴充現有的理論）；而是，研究者從一個研究的領域開始，並允許理論逐漸從資料中浮現出來。理論衍生於資料(，比僅是依據經驗或透過推測（事情應該如何如何）就將一系列的概念聚合在一起，更為接近「現實」（reality）。由於紮根理論係從資料所建立起來的，更能提供洞察、促進理解，並對行動提供有意義的引導。

　　雖然將概念紮根於資料之中，是這個方法的主要特徵，研究者的創造性（creativity）也是重要元素（Sandelowski, 1995a）。事實上，質性評鑑研究者Patton（1990）也曾如此評論：「質性評鑑研究奠基於批判性和創造性的思考—是分析的科學，也是分析的藝術」（p.434）。他接著列舉出多項他發現能有助於促進創造性思考的行為，是分析者應謹記於心的。這些有用的行為包括：（a）對多元可能性保持開放；（b）產生選項清單；（c）在做出選擇之前，探索各種可能性；（d）應用多種表達的管道，如美術、音樂和隱喻等，來刺激思考；（e）使用非線性形式的思考，例如對某一事物作來回或盤桓思索，以獲得嶄新的觀點；（f）從通常的思考或工作方式抽離開來，以獲得嶄新的觀點；（g）信賴歷程，不作保留推拒；（h）不走捷徑，全心投入於工作中；（i）享受工作時的樂趣（pp.434—435）等。<u>分析是研究者和資料間的交互作用。既是科學，也是藝術。</u>它是科學的，因為分析須維持一定程度的嚴謹性（rigor），且須紮根於資料之中。而當研究者有能力將類別命名、詢問能激發思考的問題、進行比較，且從一堆毫無組織的

原始資料中抽取出創新的、統整的、合於現實的架構時，即顯現出研究者的創造性。我們在從事研究中，一直致力於維持科學和創造性的平衡。有一些程序，將有助於為此一歷程提供標準和嚴謹性。然而，研究者不必依樣畫葫蘆地遵循這些程序，我們希望研究者能依其適切與否，來創造性地和彈性地使用這些程序。下列方框中，即摘述了編碼程序之目的：

最後，我們強烈建議在你閱讀完有關編碼的最後一章之後（先

編碼程序

1.建立，而非考驗理論。
2.為研究者提供分析的工具，以處理一堆雜亂無章的原始資料。
3.協助分析者考慮現象的可替代性意義。
4.有系統的，同時也是創造性的。
5.確認、發展和連結概念，是建立理論的基石。

快速地瀏覽過，如果你希望的話），嚴謹的研究者會回到每一章仔細地精讀。這些章節說明了基本的分析程序，及其背後的邏輯。**在你進入下一個分析的步驟之前，必須透徹地瞭解每一組程序。**我們希望學生們能瞭解這些程序的目的，而不是背誦技術本身。我們更建議學生能在應用這些技術去處理自己的資料之前，先獨自或在團體中實際演練這些技術，因為分析自己的原始資料，會比閱讀本書所提供的實例更來得令人困惑。無論如何，我們相信，只要分析者能瞭解我們的程序背後所底涵的邏輯，且建立起運用自如的自信心，他們就能夠彈性地和創造性地將之應用於處理自己的研究材料。進行研究是一件艱苦的工作，但也是充滿趣味和令人振奮的。事實上，沒什麼事能比得上從發現中所獲得的樂趣。

本章摘要

　　本書提供了建立理論的方法論和一套方法。本書的構想是為初學的分析者而寫的,他們經常處在研究生涯的初期階段,亟須研究的引導和結構。我們強烈地強調,技術和程序,無論其如何必要,都僅是達成目的的手段,因此不必嚴格地一步一步遵照運用。我們的企圖是提供研究者一套工具,促使他們能有信心地來分析資料,並增進我們每個人與生俱來卻經常未被充分開發的創造力。促進嶄新的瞭解和建立有用的紮根理論,即是本方法論背後的主要推動力。

Chapter 2
描述、概念性排序和理論化

　　在第一章中，我們簡介了理論的概念，但並未界定我們所指涉
的意涵。因為初學研究者經常很難理解描述和理論之間的差異，而
且理論經常因不同的研究者而有不同的定義，我們就利用本章來呈
現我們自己對這些詞彙的看法。同時，我們也觸及另一項質性研究
經常使用的管理資料的模式，我們稱之為「概念性排序」。（對此
一名詞的類似但仍有所不同的觀點，請參見Wolcott, 1994）。

描述

　　人們經常會在其日常會話中，描述物體、人們、景象、事件、行動、情緒、心情和抱負等。不只是一般人們在作描述，新聞記者和小說家，以及科技、旅行、和其他非小說作家等，也經常要進行描述。描述係依據日常語言來傳達有關事情、人們和地方的想法。例如，一個人可能會聽說：「這條街在清晨時分異常靜謐，所以我迫不急待要將我的新機車騎上這條寬闊的道路」。當普通語言無法形容，或是需要更豐富多彩的語言圖像時，描述也可能會用到微笑和隱喻 (Lakoff & Johnson, 1981)。看看下列這個句子：「他以身為阿拉伯王子的高貴舉止，講起話來卻像個詐欺分子，坐起來則像一條蜷屈的蛇」。

　　由於人們具備了用語言來描述的能力，無論其語言多麼不適當或未開化，人們始能彼此溝通。描述係用來傳達發生了什麼事，這個場域看起來像什麼，置身在其中的人們正在做些什麼等等。描述性語言的使用，可以使一些尋常的事件變得異常特別。偉大的作家知道這個原理，致力於將細節描寫得栩栩如生，就像讀者也置身於情景之中親眼目睹、親自品嚐或聽聞一般。即使是平凡如我們，較缺乏生動的寫作技巧，在我們遇到新的、或是例行公事的情境時，也會使用描述來向他人訴說我們的歷險、想法和感受。看看下列由一位到訪美國舊金山的旅人所訴說的情景：

> 你應該在下午五點時分去看看中國城的那條大街。真是令人驚奇！我可以輕易地想像自己就走在中國的城市中。這地區人口非常密集，幾乎到處都是人。汽車行駛在狹窄的街道上必須要相互協商誰先誰後，車子要猛按著喇叭，才能迫使人們讓出路來。人們像卡通動畫一般地交談，說的大部分是中國話。街道兩旁成排的彩色大廈，許多都複製了東方建築的結構形式。

有許多不同類型的商店,販賣著罕見的商品。每一件事看起來和聞起來都如此地不同,讓我禁不住想要去觸摸和品嚐。有些商店賣的是各式各樣的魚類和軟肢動物。有些商店櫥窗就倒掛著看起來像是醃漬或燒烤的鴨子。也有許多商店陳列著我從來沒見過的蔬菜。此外,還有珠寶店、充滿異國情調的茶坊、吸引人的餐廳,和販賣中國風小擺飾及紀念品的雜貨舖。而最令我感到新奇的商店,則是販賣中國藥草的店。一堆瓶瓶罐罐裡和籃子裡,滿滿是我無法辨認的東西。我被這些奇怪的味道和景象弄得有些昏昏沉沉。由於東西上面所標示的名稱和價格,都是中文字,我所能做的只是想像,而這些商店對我來說仍像是不可解的謎一般。中國城裡的人們也很令人好奇,就像個混合體。有年輕人和老人、中國人和非中國人、已被西方同化的和仍穿著傳統中國服飾的人(大部分是老年人)。有些女人用一條看起來像是毛毯的東西斜裹著背部背著孩子,而其他女人卻推著現代化的嬰兒車。其他的男人和女人雙手中提著滿滿剛買的貨物,匆匆忙忙橫過街道,很可能是趕著回去做晚餐。看著男男女女在商店中廝殺魚類或蔬菜的價錢,是一件很有趣的事,即使我並不了解他們真正在說些什麼。我買了一件珠寶飾品,但還是沒辦法熟練討價還價的藝術,所以我付了我開口要求的價錢,我想這是一件蠢事。討價還價並不是我文化中的一部份。我想,即使我在中國城待上許多天,大概也不能了解得透徹。這真是有趣的經驗!(K. C., 私人通信, 1993)

　　如同前述舊金山的中國城一般,描述可能是客觀的(objective),只是這個人對所見所聞的報告。然而,即使是最基本的描述,也包含了目的(purpose)(否則為什麼要描述呢?)和讀者聽眾(audiences)(誰會看到或聽到這些描述?),以及觀看者的選擇性注意(Wolcott, 1994)。例如,警察的報告多數聚焦於犯罪或審問的議題,且通常是直接了當,預設要呈給上司和其他關心的團體來閱讀;然而新聞記者對某一事件(如叛亂或間諜)的說法,卻很可能被描寫得多采多姿。後者也常常反映了個人或組織機構的立場,意圖讓新聞或雜誌的讀者採納。

　　簡而言之,一位說故事者所呈現的描述性細節,經常是其意識或潛意識的選擇,奠基於他所看到、聽到或認為重要的事。雖然描述被認為應該要能傳達可信賴的事,或將意象刻畫出來,它也被設

計來說服、使人信服、表達或喚起熱情。描述性語言可以外顯或內隱地傳遞一個人的道德判斷，所憑藉的不僅是句子，更常是整本書籍長篇累牘地、意圖達成改革的目標。即使看起來客觀的報告，如警方或新聞記者的報告，也常會反映出深度的偏見和道德判斷，而報告或說話者卻可能並未覺察到這些偏見的態度和情感。美學的判斷也經常須透過描述來傳達，例如說：「這年輕女高音的聲音真是細緻，像是漂浮在空中，雖然在最高音階偶而會有輕微的碎裂，但多能完美地傳達這個角色的精神。她未來在歌劇界將會大放異彩。」美學和道德有時可密切結合，就像是拒絕接受Stravinsky刺耳音樂聲的批評者和聽眾所使用的語言一般。前者是印象派畫家的作品，後者則成為中產階級博物館的愛好者和收藏者。

重要的是要瞭解，描述是對資料之抽象詮釋和理論發展之基礎，雖然並不必然如此。描述促使概念更具體化（例如，在中國城的描述中所見的商店種類和人們的類別）。即使在最高等級的抽象科學層次，若缺乏先前或伴隨的描述，就不會有科學假設，及理論或實驗活動。然而，我們必須附加一點，即雖然描述甚為重要，但小心的描述和形成理論之間仍有所差異。在後者，所發生的事件不僅僅是被描述，而且分析須進一步包含詮釋（interpretation）在內（Wolcott, 1994），以解釋事件為什麼（why）、何時（when）、何處（where）、什麼（what）和如何（how）發生。這些理論性的解釋，經常須透過進一步的資料蒐集（有時須在不同條件之下）來加以驗證。因此，雖然描述並不是理論，但確實是理論化的基礎。

概念性排序

描述也經常是所謂***概念性排序***的基礎。這指涉依據資料的屬性和面向，將資料組織成分別獨立的類別（有時加上評定量尺），並使用描述來闡明這些類別。大部分的社會科學分析，都包含了一些概念性排序的變異性（variety）—有許多種不同的類型。研究者

試圖依據一個分類架構來組織資料，以理解這些資料。在這個歷程中，從資料所辨認出的項目，被依據其各自一般性的屬性和面向來界定。當研究者呈現經面向化的詮釋時，幾乎也是使用了各式各樣的溝通風格，來呈現這些不同的描述性材料。

在每天日常的描述中，我們就已對所描述的事物加以組織排序。例如，在上述對舊金山中國城的描述中，敘事者係依據商店裡所販售的物品來組織商店，瞭解其間之關連性，並以說明個人最感興趣的是藥草店，來連結其與敘事者的關係。另外一種可能突顯出購物者階層差異的描述，是將之依據其購物之數量、種類、和價錢來加以評量。另一項模式是使用諸如說話語言、穿著打扮、和手勢姿態等等的類同程度，來分類人群。有關屬性和面向的重要概念，是它們可以促使研究者區分階層之間和階層之內的項目，以顯示一個範疇以內的變異性。最近，我們讀到一篇文章段落的描述，將一個大型且美麗的國家公園位於阿拉斯加 (Alaska) 的部分，和其位於加州 (California) 號稱「優斯美地」(Yosemite) 的部分加以比較。作者提出並回答了下列問題：與極受歡迎的加州部分比起來，為什麼阿拉斯加公園卻鮮為人知且人跡罕至呢？這個問題已經將二者分別依據其訪客人數和公眾知名度來加以評定。所以，這兩個公園為什麼會有所不同？他的回答也是奠基於公園出入的便利性面向 (dimension of accessibility) 來考量：阿拉斯加部分遠離人口聚集的城市中心，而優斯美地會吸引數以千萬計的觀光客，則是因為它距離加州人口高度密集的海灣區域僅數小時的車程。

比較 (comparisons) 經常取決於可明確指述的地方 (places)、團體 (groups)、和事件 (events) 等，而這些比較也就成為一個事物、地方、或團體被賦予特定評量的基礎。想想看一家美國有名的旅行社Michelin的旅行指南上會告訴讀者如何以最划算的方式遊覽法國或其他國家。這些旅行指南就對餐廳、旅館、名勝、風景區、城市等，使用了一個**評量系統 (a rating system)**，包括**數個面向**—價錢 (cost)、服務 (service)、滿意度 (delectability)、舒適度 (comfort)、便利性 (accessibility)

和美學或歷史價值（aesthetic or historical value）等。他們建議這個或那個城市不應該錯過，而其他城市則較不被看好。

這個分類和排序的模式，並無須作鉅細靡遺的描述。而最重要的是，Michelin的讀者們也多相當熟悉價錢的高低和交通的便利性。然而，有時候描述也會被用來補足這個分類系統。例如，有時候Michelin的旅行指南會交代一些應考慮的細節，像是某一家餐廳的料理遭透了，或是特別出在時間許可之下絕不能錯過某一處風景點，而其他的則不是那麼重要等等。

在這裡討論概念性排序的最主要原因，是此一分析類型乃**理論化的前導（precursor to theorizing）**。在一個充分發展的理論中，概念可依據其特定的屬性和面向來加以界定。我們所謂的**概念性排序**，也是某些研究者所期待的研究終點。

在社會科學領域中的一個概念性排序的實例，是某些**俗民誌論述（ethnographic accounts）**所採取的形式。俗民誌在概念性排序和理論化的程度上，有相當的差異；此外，在其論文報告中所提供的描述性細節的數量也有極大的差異，取決於寫作者的視野觀點、讀者的覺察、和對所研究領域的熟悉程度，以及研究材料中所蘊含的意義。無論如何，許多俗民誌學者的主要論點是：他們盡其所能試圖去**描繪（depict）**其所刻畫的行動者的觀點和行動，並將之**組織排序**，形成擬真性的非小說論述（plausible nonfictional accounts）。最終所呈現的報告，則是以充分發展且已經排序的主題（themes）來加以組織，不過，這些主題通常並未彼此連結成一個統整性的理論架構。

概念性排序的第二種類型，是將資料依據其被描述的步驟或階段來排序。然而，此類模式經常缺乏足以解釋其核心或組織歷程的較大型理論架構，亦即：可以解釋如何（how）、何時（when）、何處（where）、和為什麼（why）人們或組織架構會從一個階段進展到下一個階段的條件（conditions）。而且這類架構也多無法包含多樣的變異性。由於並未在速率、序列等等顯示差異，此一架構所隱含（也許是非意識地）的是每一個人或組織架構的變化歷程，均有著同樣的方式和相同的速率—這當然不是對人們或組織架構如何

運作的最適當解釋。總是有些架構無法捕捉的漏網之魚，偏離平均數或不屬於某個組型之內，而研究者仍必須說明這些差異。

概念性排序的第三種模式，大部分仰賴以行動者（actors）或行動（actions）—包括人們和組織架構—的不同類型來組織資料。一些標題和副標題都與這些類型有關。這些類型經常代表著已經充分排序或發展的概念，所缺少的則是一個較大的理論性架構，用以解釋這些類型（而不是其他類型）為什麼演化而來，及其與被研究現象之關係為何。它經常意味著足以構成理論或對事件之理論性解釋的類型清單，而除非這些類型被置放在一個較大的統一架構之內，否則它們將只構成了另一個分類系統。

理論化

發展理論是一項複雜的活動。我們使用「理論化」（theorizing）這個詞來指明這個活動，係因發展理論是一個歷程，且經常是冗長的。理論化的工作，所涵蓋的不只是**構想的（conceiving）或直覺的（intuiting）**意念想法（概念），同時更**將概念型塑成（formulating）**邏輯的、系統性的、和解釋性的架構。無論理論化的想法如何地發人深省或具有「革命性」（revolutionary），將想法發展成理論仍是必要的，使得想法可以被充分探索，並從**不同的角度或視野觀點**來加以考量。遵循理論的啟示，也是重要的。這些形式化表述（formulations）和啟示（implications）引導者「研究活動」（research activity），涵蓋整個研究歷程中與許多問題有關的**決定（making decisions）和行動（acting）**—什麼、何時、何處、如何、誰等等。同時，任何從資料中衍生的假設（hypotheses）和命題（propositions）也必須持續地藉**新進資料（incoming data）**來加以「檢核」（check out），並視實際需要進行修正、擴充或刪減。理論化的核心是歸納（inductions）（從資料中抽取出概念、屬性、和面向）和演繹

(deductions)（對概念間關係的假設，亦從資料抽取出來）間的**交互運用 (interplay)**。（這應該是一個明顯的論點，而事實卻不然，因為有許多有用的方法可以來處理這些事項。而研究者有時對於蒐集資料、驗證假設等的適當方式，也非常自有主張。不過，當研究者從資料抽取出假設，並進行詮釋時，我們即稱之為演繹歷程。）最後，研究者即會有系統地將分析的產物發展成理論。

我們所謂的「理論」是什麼呢？對我們來說，*理論指涉了一組充分發展的類別 (well-developed categories)（即主題、概念等），透過對其彼此間關係的陳述，使其有系統地相互關連，以形成一個理論架構 (theoretical framework)，足以解釋一些與社會、心理、教育、護理或其他有關的現象。對關係的陳述 (the statements of relationship)* 解釋了事件發生的誰、什麼、何時、何處、為什麼、如何，及其結果。一旦概念透過彼此間關係的陳述而彼此發生關連，形成了一個解釋性的理論架構，研究發現即超越了概念性排序而轉變成理論。後者相當重要，因為「無論我們如何極力地以一個理論性概念來描述某一社會現象，我們仍無法用之於解釋或預測。為了解釋或預測，我們需要一個能連結兩個或更多概念的理論性陳述 (theoretical statement)」(Hage, 1972, p.34)。

一個理論，將不只是一組發現而已；它更提供了對現象的充分解釋。可被理論所解釋的現象甚多，諸如工作、管理、領導、覺察、疾病病程、安全、謎題等等。產生有關現象的理論，而非產生一組發現，對某一知識領域的發展是相當重要的。對同一現象的進一步質性或量化研究，均可擴展知識的範疇。例如，一個人可能欲研究組織架構內的工作，而從其研究中推衍出「工作流程」(work flow) 此一概念。工作流程的現象即可能被特別用來說明在該組織架構內，工作如何地運作或執行。然而，有關工作流程的較一般性想法，也仍有超出該組織架構之外的潛在應用性，而且可能被證實對於說明另一個組織架構中的類似現象亦甚具價值。在進行進一步研究時，研究者會想要去判定概念的哪一部份可被應用於其他組織架構中，且有什麼樣的新概念或新假設能被加入於原有的概念化結構中。

此外，理論也會有不同的屬性，當分析時，理論也可被放置在特定的面向上，並加以概念性地排序。例如，某些理論會比其他理論更為**抽象（abstract）**，意味著其理論中的概念具有較高程度的概念性，係從逐漸增強的概念化（conceptualization）和還原（reduction）歷程所抽取出來，並朝向更高程度的抽象化移動（Hage, 1972）。較抽象化的概念具有較為廣泛的應用性，但也較偏離其所源自的原始資料。理論的另一個面向是**範疇（scope）**，或稱之為「一般性」（generality）。理論的範疇愈廣泛，它可處理的學術性問題將愈多（Hage, 1972）。其他通常與理論有關的名詞是「簡約性」（parsimony）、「預測之精確性」（precision of prediction）、及「解釋的正確性」（accuracy of explanation）等（Hage, 1972）。

　　另一項將理論分類的方式如下所述。某些理論可能被視為「實質的」（substantive），然而其他理論可能被視為「形式的」（formal）（Glaser & Strauss, 1967, pp.32-34）。一項有關男同性戀者如何處理其是否向醫生表露其性別認定的研究，是理論源自於實質領域的實例。它可被用來解釋和管理男同性戀者在醫學場域中表露或不表露的難題。形式的理論比較不特定與某一群體或地方有關，故可以應用於處理較大範圍的學術領域和問題。形式理論經常是源自於在許多不同條件下來研究現象，例如在僱用私家偵探或間諜、涉入不正當關係、或從事如偷竊等違法行動、隸屬於秘密社群、或在酒吧或街頭釣凱子等等條件下，來進行有關男同性戀者表露或不表露其性別認定的研究。

　　還有其他的方式，可以來思考或評鑑理論（Strauss, 1995），但不是我們此處所關心的。我們的主要論點是，理論是被建構出來的（theories are constructed），在性質上有所差異，而且並非都相同。不管理論是如何被建構的，每一個理論都是獨一無二的。

　　在社會科學領域中，某些理論雖具有非常系統化的形式，卻很少定錨於實際的研究中。某些社會學家如Parsons（1937, 1951）曾先入為主地寫下我們所謂的「推測的理論」（speculative theories)。我們對於這類理論的批評是，即使它們具有系統化和抽象化的形式，但並沒有實徵性地紮根於研究之中（Blumer, 1969; Glaser & Strauss, 1967）。當然，在社會科學界，對於理論的性質和角色一直有著不同的概念想法，對於理論化應該如何來操作、甚至是否應該要理論化，都有著許多不同的意見（Hammersley, 1995）。

在質性研究中，對於理論和理論化仍有著許多其他的誤解，茲簡要列述於此。其一是認為諸如女性主義（feminism）、結構主義（structuralism）、或互動論（interactionism）等理論架構，即是理論。但並非如此；它們只是一種立場，或是一種哲學，而並未對世界如何運作提出一套充分發展且彼此相關聯的解釋性概念。此類理論架構的價值在於，它們可以提供對現象的洞察或視野觀點，且有助於產生理論性問題。另一方面，它們會使得個人聚焦於特定之視野觀點或一組想法，以至於無法看清資料中還有些什麼其他的東西。第二個誤解是，單純應用一個概念或理論於個人所蒐集的資料，即構成理論化。事實則不然；它是一個概念或理論的假定性應用（assumed application）。理論化係指建立理論（building theory）或擴展理論。第三個誤解是，質性研究從不「驗證」（validate）理論。某些質性研究會驗證理論，某些則不會。但即使那些驗證理論的質性研究，也不會以量化研究考驗假設的方式來進行。而是，研究者通常是藉由在研究行動中所蒐集之資料，進行比較概念及其關係的歷程，來判定這些概念如何能代表該理論。如果能適切地進行研究，本文中所說明的方法論將可作為後者的實例（有關如何從舊理論發展出新理論的絕佳論述，請參見Strauss, 1970）。

本章摘要

　　在展開發展理論的歷程之前，研究者必須對什麼構成理論有些基本的了解。促成了解的第一步，是能區分描述、概念性排序、和理論化三者之間的差異。第二步是理解到這些資料分析的形式，實際上立基於彼此之上，理論則涵蓋了描述和概念化二者。簡而言之，描述是描繪（depicting）、說故事（telling a story），有時可圖示、有時則巨細靡遺，但不會回頭去詮釋事件，或者去解釋為什麼會發生特定的事件。概念性排序則是依據各項清楚指陳的面向來分類（classifying）事件或事物，但不必將這些分類依彼此的關聯性處理，以形成一個概括性的解釋架構。理論化則是一項從資料建構出（constructing）解釋架構的行動，透過對概念間關係的陳述，以系統化地統整這些概念。理論不僅只是提供瞭解或彩繪一幅栩栩如生的圖畫；它更促使研究者去解釋和預測事件，並據此提供行動的指引。

Chapter 3
質性和量化方法的交互運用

　　奠基於第二章的論述，研究者可能會認為理論化是一個包含持續性工作流程的歷程。此一想法會邏輯性地導向一個可比較的方法論主張，涉及以產生理論為目的之質性和量化研究程序之間的關係。為了不使我們的讀者感到失望，我們首先要澄清這一章所要說明的，並非關於如何結合質性和量化資料的作法，我們將這部份留給對此歷程更有經驗的作者（參見如Fielding & Fielding, 1984）。我們也不認為所有的研究都應該要蒐集或結合這兩者的資料。相反地，本章意圖在呈現一些「能激發思考的食糧」（food for thought），而且對這兩種似乎不相容的研究派典，提供一個另類的思考方式。簡而言之，我們主張，理論化的目的在於發展有用的理論。所以，任何技術—無論是質性或量化—都只是達成這個目的的手段。我們並不相信任一種研究模式本身具有不可取代的重要性（參見Dzurec & Abraham, 1993; Porter, 1989; Power, 1996）。工具就是工具，本身並不是目的。重要的是每一種模式可能在何時和如何有助於理論化的形成（McKeganney, 1995）。

　　不幸的是，由於某些讀者們從自身的經驗中已對這兩者知之甚詳，故經常會採取教條式的主張來支持質性或者是量化研究（這些主張係與概念化排序或理論化有關）。研究者對此一議題的極端立場，會反映在對二者的態度上。許多量化研究者會認為質性研究無法產生有效的發現，故完全排斥質性研究—事實上，他們認為質性研究只比新聞記者的論述還好一些而已。他們堅稱質性研究者忽視代表性抽樣（representative sampling），其研究發現僅僅取決於單一個案或少數幾個個案（對此爭論的不同觀點，參見Kvale,

1994; Sandelowski, 1995b)。有些質性研究者也是同樣地頑固，認為統計或其他量化方法僅是產生淺薄或完全誤導的資訊，而堅持地拒斥之。他們相信，要瞭解文化價值（cultural values）或社會行為（social behaviors）須藉由訪談（interviewing）或密集的實地觀察（field observation），只有這些才是足以捕捉人類生活之幽微層面的資料蒐集方法。

然而，在這兩者之間也有折衷的主張。為了彼此互補其不足、相輔相成、提供更充分的資訊、理論發展和其他理由，結合方法（combining methods）是可行的（參見Greene, Caracelli & Graham, 1989; Cuevas, Dinero & Feit, 1996對此一課題的極佳討論）。結合方法並非新鮮事。兩位傑出的社會學調查方法創始者，Lazersfeld 和 Wagner（1958）曾向調查研究者宣揚了一個長久以來即被接受的態度，亦即，在形成和最終發展問卷工具（questionnaire instruments）之前，應該要先做探索性訪談（exploratory interviews）。只有將這些質性材料用來作為統計程序和分析的基礎（即使僅是補強統計程序），問卷才能觸及「現實」（reality）。其他質性研究者也會採取一個與此類似但重點不同的立場。即計數（counting）、測量（measuring）甚或是統計程序，也經常可用於輔助、擴展或考驗其做研究的方式（Murdaugh, 1987）。雖然有些研究者係以一種模式為主，而以另一種模式為輔（參見Morse, 1991的說明），其他研究者基本上是將研究派典視為彼此相輔相成的。每一種模式都能將一些重要成分加入於最終的研究發現或最後的理論中——如果這是研究案的目的的話（Breitmayer, Ayers & Knafl, 1993）。藉由統計，就像是藉由質性資料蒐集和分析一般，研究者從未能真正確定他是否已掌握了該情境的本質（Gephart, 1988）。

即使是這些折衷的立場，也代表了對實際執行研究之現實面的一些容易誤導且過於簡單的觀點，特別是當研究者已開始將理論化視為**包含複雜的工作流程**之時。此外，研究者也想要更具體地知道何時和如何來使用每一種模式。

在我們探討這些議題之前，讓我們先回到我們的基本論點，即研究乃是在整個過程中逐漸演變的「工作流程」（flow of work）。任何一種工作類型（如資料蒐集、分析、詮釋等）都包含了許多可用的替代性程序—無論其是質性或量化—並做出選擇和決定；更具體地說，在做選擇時，須決定哪一種質性和哪一種量化方法會是最適當的。

讓我們運用想像來做一個練習，想想看涉及資料蒐集的許多決定。我們應該訪談嗎？要做哪一或哪些類型的訪談？需要規劃多少次訪談，及在什麼基礎上做訪談？我們要去那裡尋找受訪者？一旦在研究情境中遭遇了困難，我們要如何去修改最初關於在訪談中要找到些什麼的想法？或者，我們可能必須要改變最初的樣本群體，那要如何改變呢？另一方面，研究者可能會問，使用問卷來蒐集資料是可行的嗎？所蒐集的這些資料可以運用統計程序來加以分析嗎？如果有些資料蒐集工具是可用的，哪一項工具最適於用來獲得我們所要尋找的資訊呢？同時，這些測量工具的信度和效度為何呢？要如何結合這些質性或量化的方法呢？在研究歷程中所發生的任何情境或條件上的改變，實際上會如何影響我們的資料蒐集呢？—從取得接近受訪者的管道（obtaining access to respondents），到維護其參與合作的安全（securing their cooperation），到獲得真實且最有用的資訊等。我們如何促使資料持續地流動呢？我們所要強調的主要論點是，在我們所將面對的這些選項、選擇和決定中，並沒有最後的終點。如果是將某一訪談類型視為標準或準則，或者堅持完全地實地觀察，或者以為測量是唯一最適當的方法，則無疑極度地限制了我們在研究上的努力。類似上述的決定，均未考慮人類世界的複雜性，也貶抑了我們理解世界的能力。

事實上，不同的研究案會受到不同的情境條件所影響或左右。由於官方體制上的規定、索價、時間短缺或語言障礙等，某些研究案會遭遇到資料蒐集技術或可取得之研究對象上的限制。一個研究案的某些層面可能必須在具有某些特殊困難的條件下來進行，以至於無法預料的偶發狀況很可能會影響到最初的計畫。然而，所有研

究都涵蓋一些主要且經常是彼此重疊的步驟，涉及不同的工作類型，如資料蒐集、分析、不同程度的驗證，以及最後研究結果的發表或出版等。冒著一再重述的風險，我們還是要強調在整個研究歷程的許多不同層面上，選擇和決定也會有所差異。因此，研究者幾乎很難事先為無論是自然或是社會科學研究歷程中，各種潛在的偶發狀況做好充分的準備。事實上，在許多方面，研究只能被視為一項「循環性歷程」（a circular process），在最後達成研究者的研究目的之前，必然涉及許多來來回回或週而復始的反覆行動。

這就是說，研究者能夠將研究程序加以結合。沒有任何一套標準化的方法，對每一項研究步驟都同樣有用；而且總是將相同的技術加以連結，也不會對所有研究案都有用。所以，除非研究者嚴重地受到一些外在壓力或內部指示的侷限，他們多半是實用主義者（pragmatists），結合各種可用的技術，以獲得期待的結果（Creswell, 1994）。

當代物理和生物科學家們發現研究者會將研究工具和程序作成有用的混和，也會將取自於本身或其他學科的概念、模式和理論等加以整合（可見於Clark, 1990; Fujimura, 1988; Star, 1989等人的研究中）。而社會學和其他學科領域中也有一些跨學科的整合，質性和量化方法可產生交互運用，如在「質性人口統計學」（qualitative demography）和分析電腦對社會之啓示的社會科學領域中的實例（Star & Ruhleder, 1996）。人類和社會科學領域的研究者，大多是實用主義者。科學家的工作愈有彈性，則其研究也會愈具有創意。

這些對於質性和量化研究程序間關係的論點，都是直截了當的。除非受到過度限制、須依例行事、或受到意識型態之阻礙，有用的研究經常伴隨著質性和量化程序間不同程度的組合。這對每一個研究階段來說均是如此，無論研究者是否蒐集資料、形成假設、尋求驗證假設，或在發表論文時呈現說明性事例等。

細查此一事件之核心，我們對讀者的忠告是，**依據質性和量化方法的交互運用來思考**。令人感到舒服卻過度簡單的主張，如「它們可以彼此互補」和「它們可以相輔相成」均無法為研究者以建立

理論為目標的工作，提供充分的指引。事實上，某些訪談材料確實能藉統計分析來彌補其不足；反過來說，統計資料也很可能有部份可以質性的方法來分析。然而，更符合操作實務的論點是，在研究歷程的所有階段，資料蒐集和分析均可以兩種模式及其不同程度之組合，來加以處理。

重要的是在兩類研究程序的組合之間，也可以容許來來回回的交互運用，使質性資料能作量化分析，或量化資料進行質性分析。以下所述是精神醫療院工作人員所抱持的心靈觀念論之實例 (Strauss, Schatzman, Bucher, Ehrlich & Sabshin, 1964)。該研究係由三位社會學家透過對兩所醫院病房之實地觀察，以及對醫生、護士、和護士助理等的訪談，來蒐集主要的基本資料。此外，他們還聘請了一位心理學家，發展可用來區分這些醫生所抱持的且很可能用於其實務工作上的心靈觀念論。在這個研究中，他們先以六個月的時間透過觀察和非正式訪談來蒐集實地資料，然後施測問卷，最後將這些資料作初步的分析。所以，此一研究的質性層面，直接影響了問卷的建構和後續的統計分析。

遺憾的是，問卷工具的分析結果並未回歸到實地工作中。事實上，有一位實地工作者 (Leonard Schatzman) 曾在完成其研究的數年之後譏諷地評論他所遭遇的研究經驗。他曾受到一位在心理治療量表上獲得高分、但在對年老病人實施震撼治療時卻像是典型肢體導向實務工作者的精神醫師所斥責。他提出質疑，而這位精神醫師仍指責該社會學家道：「你們研究者真是無聊透頂，你在你的問卷上詢問的是我相信什麼，而不是我做了什麼。」社會學家倒吸了一口氣，這才明白了實地工作關注的是行動，然而問卷卻是設計來捕捉基本的精神醫療信念。而在那個時候，社會學家即使發現了行動和信念之間的鴻溝，但並未將這些進一步的問題放入問卷之中；也未曾從觀察到的行為上，去探索精神醫師的理想主張和其實際因應每日緊急狀況的「操作哲學」(operational philosophies) 之間的差異。當研究案能真正思考質性和量化程序之間的交互運用時，當然會從中獲得最大的好處。

理想上，且如同許多有關研究方法的書籍所提示的，研究須有所計畫、事先設計、且嚴謹地「執行之」（carried out）（大部分研究計畫也假定此一先後順序）。然而任何有經驗的研究者都會告訴你，研究實際上較像是「雜亂無章的情事」（messy affair）。這並不表示研究結果毫不可信或一無是處；而是，它意味著研究甚少完全依照事先的計畫來進行。

你可能接著會問，那究竟是什麼使得研究情境如此不同？尤其當研究的目的在於建立理論，而非研究發現或概念性排序時。一般來說，答案是：這並沒有什麼不同。只不過某些研究程序，特別是資料分析，會更為廣泛周延和精練。依照本書所討論的，分析並不必然以概念性排序作結尾，也非終止於開放編碼（open coding）和主軸編碼（axial coding），而是繼續包含更為統整性的選擇編碼（selective coding）。此一討論所主張的是，研究者必須不將量化程序視為敵人，而是理論建立時的潛在同盟—只要量化程序的使用是適當的。然而，量化程序在何時和如何融入質性研究中呢？下述是一個簡單的實例。

一群研究者可能辨認出一組與現象之發生有關的條件，如導致青少年犯罪行為之傾向。然而，他們所蒐集到的質性資料，並無法說明這些條件會導致少年犯罪的程度、這些條件如何相互作用、哪些條件對現象的發生具有較強的關係等等。此時，藉由進行量化研究，研究者始能運用這些資訊，建立更進一步的假設。而這些假設則可運用更為聚焦的理論抽樣和質性程序，來加以檢驗和修正。

截至目前為止，這項討論仍忽略了一個重要的論點，那就是研究者自身的偏好（preference）、熟悉度（familiarity）、和對某一研究模式的舒適感（ease），這些無可避免地會影響其選擇。雖然研究目的和所詢問之問題性質，也經常會決定模式的類型；研究者幾乎都會以其感到最為舒服的模式來從事工作。這是為什麼在較大型的研究案中，最好能與每一種研究類型的代表人，進行團隊的合作。有一次，質性研究者（Strauss）曾經詢問為什麼研究者要學會統計技術以運用於社會研究中呢？一位非常令人尊敬的統計理

論家（Leo Goodman）回答並指出，一旦研究者學會了統計技術，他對於這些技術的知識會促使他更能敏覺到資料的嶄新層面，且能自行去蒐集這些資料。對於質性工作而言，這也同樣是事實。每一種研究模式均有其獨特的貢獻，並依此來認可其價值。

我們希望更清楚地說明，當我們提到結合方法時，我們所談的並不是傳統所理解的「三角檢定」（triangulation）　（Denzin, 1970）；雖然我們也認可這是一個甚具價值的研究工具，且支持其運用於最適當之處。進而言之，我們試圖提出的論點是，為了建立充分發展的、統整的、和綜合性的理論，研究者必須能運用任何手邊可用的方法，而方法間真正的交互運用也是必要的。更重要的是，因為我們作為理論建立的策略是逐漸顯現（emergence），我們相信，除非研究者係奠基於他自身先前的研究來建立理論，否則研究者將無法持有一套先前建立的概念或結構良好的設計，來進入研究方案中。研究設計就像是概念一般，必須被容許在研究歷程中逐漸顯現。當概念和其間關係透過質性分析而從資料中顯現出來，研究者即可應用這些資訊來決定何處和如何去蒐集更多資料，以促成理論的進一步演化。在任何研究之關鍵時期所做成的決定，也是因時因地制宜。有時候，運用量化測量工具可能是必要的；其他時候，質性資料的蒐集和分析才是更為適當的。我們承認，我們對於研究設計所採取的開放策略，也可能會帶來一些難題，尤其是當試圖要獲得以人類為對象的研究審核委員會之同意，或是當撰寫研究計畫以爭取研究經費時。為了滿足他人的要求，研究案也可能必須以一系列較小型的探究來呈現，使每一個小型探究均能奠基於先前研究的結果，最後統整為一個整體，即成為理論。無論你所採取的是哪一種策略，驅動力應該要是演化中的理論（the evolving theory）。研究方法代表了達成目的的手段。

本章摘要

研究的質性和量化形式兩者,在理論化中均有其所扮演的角色。此處所討論的議題,並非是否要運用某一項或另一項形式,而是要如何使這兩者一起工作,來促進理論之發展。雖然大多數的研究者傾向於以彼此互補或相輔相成的方式,來使用質性或量化方法;我們所提倡的則是這兩者之間真正的交互運用。質性研究應該要能引導出量化研究,而量化研究亦應回饋給質性研究,彼此循環相生且演進發展的歷程,將對理論的建立有莫大的貢獻。然而,研究者也必須牢記,由於**逐漸顯現**是我們理論建立策略的基礎,研究者不可能在進入研究之前即擁有了一套事先構想好的概念、一個指引的理論架構、或是一個深思熟慮的設計。概念和設計必須被容許從資料中顯現出來。一旦相關的概念和假設顯現於資料,且藉由資料獲得驗證,研究者即可能轉向量化測量和分析,以促進研究之歷程。記住,使方法因時因地制宜的背後想法,是採取最精簡和最有益的手段,以產生理論。此一任務要求對資料中的細微變化保持高度的敏覺力 (sensitivity)、對曖昧的容忍度 (tolerance for ambiguity)、設計的彈性 (flexibility in design),以及大量的創造性 (creativity)。

Chapter 4

實務應用之考量

研究難題 (Research problem)：作為研究焦點之一般或實質領域。

研究問題 (Research question)：這個研究所欲探討的特定問題，設定了方案的研究範圍，並建議可用於資料蒐集和分析的方法。

客觀性 (Objectivity)：能與研究材料保持適當程度之距離、並能公正地加以表徵的能力；能傾聽受訪者的語言、並能使其獨立於研究者之外發聲的能力。

敏覺力 (Sensitivity)：能對資料中的細微變化、線索和意義等有所回應的能力。

技術性文獻 (Technical literature)：研究成果的報告，及理論性或哲學性的論文，具備專業和學術寫作的特徵，可作為背景材料，使研究者藉之和其實際資料來進行比較，以產出研究發現。

非技術性文獻 (Nontechnical literature)：自傳、日誌、文件、草稿、記錄、報告、產品型錄、和其他材料等，可用於作為基本資料，以補訪談和實地觀察之不足，並可刺激研究者思考從資料中顯現的概念屬性和面向。

　　雖然第一、二、三章為本書後續的內容作了很好的準備，本章則是一個轉換，使得本書的討論可從理論的層次轉移至較為實務的層次。它結合了本書第一版的第二、三、四章，討論當展開研究時必須要考量的一些重要課題。這些課題為後續的資料蒐集和分析，提供了一個穩固的基礎。本章包括三個主要段落：(1) 選擇研究難題，並陳述研究問題；(2) 在客觀性和敏覺力之間保持平衡；(3) 使用文獻。因為這是一本關於質性資料分析的書，而不是關於如何從事實地工作，後者並不在此加以贅述（讀者可參考的文章，包括 Adler & Adler, 1987; Punch, 1986; Schatzman & Strauss, 1973; Stringer, 1996; Wolcott, 1995）。

 ## 選擇研究難題並陳述研究問題

　　做研究最困難的部份之一，是決定一個研究課題 (topic)。最令人感到困擾的兩個主要問題是：我如何找到一個研究難題 (a research problem) ？以及，我如何縮小範圍，使其成為可處理的？如果研究者對於從事質性研究還是新手，這些問題更顯得特別困難，因為在質性研究中，做選擇和投入決定的歷程，較之量化研究更不具結構性且更曖昧不明。本章的目的在於釐清一些與做初步決定有關的基本原則。

研究難題的來源

　　質性研究中研究難題的來源，較之其他研究形式，並沒有太大的不同。首先，你可能會有一些別人**建議你去做或指派給你的研究難題**。因此，產生一個研究難題的可行方式之一，即是向你所感興趣研究領域中從事研究的教授請益，請他提供你一些建議。許多教授通常會有持續進行的研究案，且歡迎研究生從事研究案中的一小部份研究。此一發現研究難題的方式，會增加你投入一個可執行之

研究難題的機會，因為有經驗的研究者會知道在一個特殊的實質領域（substantive area）中，有哪些課題需要被研究。另一方面，以此一方式所產生的選擇，卻不見得是研究生最有興趣的。因此，你最好記住，無論你可以選擇的研究難題為何，你必須與之相處一段時日，最後的選擇應該是你會感興趣的。

被指派或接受建議的其他**來源**，也可能是**受到教授或學者的評論所啓發**，知道對此類課題的研究是有用的和有趣的，尤其是當研究者對此一實質領域也有些興趣傾向。例如，一位女性運動員的研究興趣可能係受到如下評論的啓發：「到體育館運動的女性，如何看待其身體呢？」此一廣泛且開放的陳述，可能會引發下列各項問題：到體育館運動的女性對其身體的知覺，是否會有不同於非運動女性？練習舉重的女性對其身體的知覺，是否會不同於田徑女選手或練舉重的男性？女性的身體意象（body image）要如何來界定，而到體育館運動的女性如何符合此類定義？女性透過什麼歷程來知道其身體和其體能限制？一旦她們超越了這些限制，會發生什麼呢？

被指派難題的另一項可能，**是否有經費支持特定課題的研究**。事實上，學院的經費贊助者，可能會將學生的研究引導向可取得經費的課題。這其實是很正當的建議，因為這些研究難題也通常是具有特殊需求的領域。

另一項研究難題的來源，則是**技術性和非技術性文獻**（Silverman, 1993），它們會以許多方式來刺激研究的進行。有時候，文獻中會指出一個相對而言未被探索的領域，或是建議一個需要進一步研究的課題。其他時候，在所蒐集到的許多研究報告之間則充滿了相互矛盾牴觸或曖昧不明。這些歧異之處即意味著這個領域需要做進一步研究，以解決這些不確定性。另一方面，研究者在某一學科上的閱讀，則可能會建議可採取新的策略來解決舊的難題。即使此一難題在過去曾經被充分地研究過，但有些與此一難題及其現象有關的層面仍然令人感到困惑不解，如果能發現一些什麼，必能對該現象建構出嶄新的理解。同時，在閱讀文獻之時，研

究者可能會對某一研究發現和其自身的經驗並不一致，而感到驚異，這也會促使研究者透過自身的研究以解決這些不一致的情況。最後，閱讀可能也會單純地激發研究者的好奇心，想要詢問這樣的問題：「不過，如果是....會怎麼樣呢？」，卻發現這個問題並沒有答案，以致成為其研究難題。

研究難題的第三項來源，**是個人的和專業的經驗（personal and professional experience）**。有些人可能曾經離過婚，不免揣測其他女人或男人如何度過其自身的離婚經驗。或者，有些人會在其專業或工作場合遭遇到一個難題，卻遍尋不到解答。專業上的經驗經常會促使研究者去判斷：這個專業或其實務的一些特性，可能是較不具成效、匱乏不足、較不人性或較不平等的。所以，他相信一個良好的研究可能會有助於矯正此一情況。某些專業人員回到學校來接受更高層級的教育，因為他們懷著自我革新的抱負和企圖心，故其所選擇的研究難題也就紮根於他們的動機中。受專業或個人經驗所導引來選擇一個研究難題，會比透過建議或文獻來做選擇，要冒更大的風險。不過也不盡然如此。從一個人自身經驗出發，較之其他抽象的來源，可能是使研究者投入之心力更具有潛在成功可能性的指標。

研究難題的第四項來源，則是**研究本身（the research itself）**。研究者在進入實地（the field）之時，可能僅對他所想要研究的具有一般性的概念，但並未確定一個可作為研究難題的領域。在此情況下，展開研究的最佳方式，是去做一些初步的訪談和觀察。只要研究者能謹慎小心地傾聽或觀察受訪者的語言和行動，後續的分析也會促使他去發現在受訪者生活中重要或難解的議題。**_此一留意受訪者之關注的檢驗，是通往研究案焦點的重要關鍵。_**我們必須承認，研究焦點並不會是唯一一個，但透過謹慎地檢驗受訪者的關注，所獲致的特殊研究焦點，會降低其零散瑣碎或無關緊要的風險。想想看下述的實例。

一位來自Botswana且正在修習實地工作課程的學生，在老人看護之家從事一項有關「年老的美國人」的研究時，愈來愈感到挫折。她在進入實地時所抱持的想法，看來與她在實地所聽到和觀察

到的並不相容。但是，什麼才是「真正」的議題（the "real" issues）呢？她最初所帶進研究情境的想法，可能是來自於三項不同的來源。她很年輕，可能對老人有一些不正確或甚至刻板化的觀念。同時，由於她是外國人，她也會依據其本身的文化來思考。此外，她是一位初學研究者，尚未學到如何從受訪者本身找出其所關心之事項的線索，並讓這些有用的資訊來引導她對研究難題的選擇。在這位學生的例子中，她還面臨了一項額外的困難，那就是她志願服務的那個社會工作機構有其本身的日常任務，包括對其老人服務工作的評鑑。所以，機構催促她要取得一些特定的資訊，而她卻發現這些資訊與老人的生活或興趣並沒有太大的關連。然而，她仍要對機構負責。最後，藉著盡其所能地聆聽老人的話語，她終於提出了一個有意義的研究難題。

當然，任何對其生活周遭世界感到好奇或關心的人，或任何願意冒險的人，只要多一些注意和思索，應該不會有太大的困難去找出一個值得研究的難題領域。下一個步驟，則是詢問適當的研究問題（asking the proper research question）。

研究問題

研究者詢問研究問題的方式相當重要，因為它在相當程度上決定了可採用來回答問題的研究方法。然而，這也潛藏著一些兩難困境。研究者選擇質性分析，是否因為難題領域和從中衍生出的問題，建議此一研究方法是最能產生有用的發現呢？研究者是否已先決定要使用質性方法，然後才提出問題來切合此一方法呢？偏好此一策略的是意識或無意識的理論視野觀點（theoretical perspectives）呢？這些議題並不容易回答，因為它們的答案絕不會是非黑即白的。雖然基本前提是研究問題應該要能指出研究方法，但仍有許多人被引導向量化研究。所以，即使難題領域提供了採取質性研究可能較具有產能的建議，研究者仍以量化研究的方式來提出其問題。其他研究者，則由於個人的取向、訓練或深信不疑，而傾向於從質性的視野觀點來看問題。他們所詢問有關任何難

題領域的問題，都被質性研究的詞彙所框限住，因為他們已無法從任何其他的角度來看問題。我們沒有理由來責備這一點，我們只希望強調在某些難題領域中運用某一研究形式明顯地優於其他，而研究者應該誠實面對此一狀況。例如，如果有人想要知道，一種藥物是否比另一種藥物有效，則雙盲臨床試驗（double-blind clinical trial）將是最適當的策略。然而，如果研究者有興趣想要知道參與一個藥物研究是怎麼一回事，或者想知道遵照使用藥物的一些嚴格規定所潛藏的一些難題，則他最好是從事質性研究。顯然，偏好傾向和訓練背景在這些決定中扮演了相當重要的角色，而研究者也不應該對其他方法論的選擇視而不見（Hathaway, 1995）。甚且，即使研究者決定了要使用質性策略，那麼，研究者究竟應該採用哪一種特殊的方法，也有待研究者仔細思考（Morse & Field, 1995）。

研究問題的另一項重要層面，是對所要研究的範疇設定界線（setting the boundaries）。任何研究都不可能涵該某一難題的所有層面，而研究問題則有助於將研究難題縮小至易於處理的範圍。

詢問研究問題

在質性研究中，研究問題像是什麼呢？他們與量化研究的問題有何不同，且為何不同？此一質性研究形式的主要目的是發展理論。為了發展理論，必須以能提供最大彈性和自由度的方式，來架構問題，以便能深度探索現象。同時，此一質性研究策略所底涵的假定是，與該研究現象有關的所有概念，至少在這個群體或場域而言均尚未被界定出來。果真如此，概念之間的關係仍尚未被了解，甚至連概念亦尚未被發展出來。或者，我們也假定還沒有人曾以相同的方式來詢問此一特殊的研究問題，所以也還無法去判定哪些變項與此一領域有關。這樣的推理即創造了詢問某一類型問題之需求，促使研究者能找到答案，來回答此一看似重要但仍然未知的議題。

雖然初步的問題起始於廣泛的探索，在研究歷程中當概念和其關係逐漸被發現之後，問題也就愈來愈縮小範圍和聚焦。所以，研究問題一開始通常是開放且廣泛的，但當然也不會開放到容許所有的可能性。另一方面，它也不會聚焦到排除了其他的發現。質性研究並不涉及對自變項和依變項間關係的陳述，不像量化研究中所常見的，因為質性研究的目的並不在於考驗假設。質性研究中的研究問題，是一項能界定所欲研究現象的陳述句，具體地告訴讀者：研究者究竟想要知道有關此一現象的什麼？下列所舉的即是研究者如何撰寫研究問題的實例：「當懷孕婦女患有慢性疾病時，她們如何處理此一棘手的狀況？」這個問題對於量化研究而言可能過於廣泛且缺乏結構，對於質性研究而言卻是一個相當好的問題。這個問題告訴讀者該研究係以懷孕的婦女為對象，而懷孕狀況則因其患有慢性疾病而變得相當棘手。而且，此一研究將從女性的觀點來省視懷孕的處理，亦即，她們會做些什麼和想些什麼？而不是醫生或重要他人會做什麼和想什麼。當然，在質性研究中，探討醫生或重要他人的做法和想法也是重要的，因為這些行動或互動均可能影響婦女如何去處理自己的懷孕狀況，且是資料的重要來源。然而，一旦研究的焦點設定在婦女本身，牢記此點將有助於研究者不會受到一些無關的議題所干擾而分散了注意力，研究的發展也就不至於偏離了研究難題。

而且，一項研究也可聚焦於組織機構、工商企業、互動和類似的活動等，而不僅是人們。例如，一個有關互動的問題實例是：「當患者抱怨他感到痛苦、而護士卻不相信他的話時，會發生什麼呢？」在這個案例中，觀察的焦點、圖表檢視、訪談和分析等，均可能會同時聚焦於護士和患者之間。

在組織機構如一所使用非法藥物進行實驗之實驗室中的研究者，可能會詢問下列問題：「在此一組織機構中，處理非法藥物的程序和政策（書面的或是隱含的）為何？」資料蒐集和分析的焦點，可能在組織機構中監控藥物使用類型和數量的歷程。資料不只是藉由訪談來蒐集，而且也藉由研討書面的政策且觀察其如何執行

等來蒐集有用的資料。然而，並不是要研究組織機構的所有政策，而是僅研究與處理非法藥物有關的政策即可。

一位對傳記研究（biological study）或個案史（case history）有興趣的研究者，也可能寫下如同下述的問題：「當患者有較長的（至少兩年以上）疼痛處遇之疾病史，會對患者對疼痛的反應造成哪些不同呢？」此時，研究焦點不只在現在經驗和處理疼痛的方式，而且還必須透過口述史（oral history）的方式來探索其過去疼痛的經驗和處遇。

 ## 在客觀性和敏覺力之間保持平衡

在此一方法論中，資料蒐集和分析會以可替代的順序發生。在初次訪談和觀察之後就開始進行分析，導向下一個訪談或觀察，並接續著更多的分析，更多次訪談或實地工作等等。資料分析將資料蒐集向前推動。所以，在研究者和研究行動之間是持續地交互運用。由於此一交互運用有賴研究者浸淫於資料之中，在研究接近尾聲時，研究者即受資料之形塑，而資料亦被研究者所形塑出來。（這並非意味著研究者已經「本土化」（gone native）了，而是他對所探究的人們或場域中的議題或難題，具有高度的敏覺力。）在此一相互形塑歷程（mutual shaping process）所產生的難題是，研究者要如何將自己沈浸於資料之中，而仍然可以在客觀性和敏覺力之間保持平衡。客觀性係對事件做出不偏頗的且正確的詮釋，而敏覺力乃能覺察到資料中的細微變化和意義，並能將概念之間的連結加以重組。而客觀性和敏覺力二者對於創造發現，都是相當必要的。如同一位知名生物學家Selye（1956）曾說明的：「這並不是要先看到某些事，而是在先前已知的和迄今未知的之間建立起堅固的連結，構成特定發現的本質。」（p.6）

保持客觀立場

保持客觀性或是發展敏覺力，很難說究竟哪一個較為困難。在分析歷程中，為了對現象形成新的詮釋，我們會要求研究者要將其知識和經驗擱置一旁。然而，在我們每日的生活中，我們卻仰賴知識和經驗作為工具，以理解我們所生活的世界，並為我們所遭遇的難題找出解決之道。幸運的是，這些年來，研究者已經學會，保持完全客觀的狀態幾乎是不可能的，在每一項研究中—無論是量化或質性研究—總會存在著主觀（subjectivity）的成分。重要的是要去體認到主觀性此一議題，而研究者應該要採取適當的措施，來將其對分析的干擾減到最低。

在質性分析中，客觀性並非意指對變項的控制。相反地，它意指開放性（openness），願意傾聽受訪者，並讓受訪者「發聲」（give voice），無論其是個人或是組織機構。它意指傾聽他人所要說的話，看到他人所做的行動，並盡可能正確地將這些話語或行動表徵呈現出來。它意指在形成理解時，能體認到研究者的理解經常奠基於其帶進研究情境中的價值、文化、訓練和經驗，而這些可能和其受訪者有相當大的差異（Bresler, 1995; Cheek, 1996）。這些年來，我們一直在與客觀性的難題奮戰，並已發展出一些技術，能增進我們的覺察，且有助於我們在對資料中所呈現的內涵保持敏覺力時，還能控制偏見對分析所造成的干擾。

第一項技術是比較性思考（think comparatively）（這將在第七章中作進一步的解釋）。藉由比較資料中的事例，我們才能持續紮根於資料中。然而，將資料的片段做相互比較，並不能完成排除偏見干擾分析和詮釋的可能性。所以，我們也要能回到文獻（literature）或經驗（experience）中，去尋找一些類似現象的實例。這並不是說我們使用文獻或經驗來作為資料之墊背；我們所做的是，運用實例（examples）來刺激我們對屬性或面向的思考，並用以檢驗我們眼前的資料。例如，當我們看到一個不知其用途的圓形球體時，我們會將之與足球相比較，以尋找其相似性和差異

性。我們並不是將此一未知物體稱為「足球」，而是說足球也是硬的和圓的，也是大約這個尺寸大小，也可以像它那樣拋擲向空中後成圓弧形落下。現在，我們即可就這類屬性來檢驗我們眼前的資料，以探求其相似性和差異性。雖然，我們可能仍無法說出它的名字，但至少我們會知道它並不是一個「足球」。進而言之，我們能開始依據尺寸大小、堅硬程度、形狀、和空中旅行的能力等，來描述此一未知的物體，然後，我們才能賦予它一個名字。這個比較的實例，並不提供我們資料，而是，它刺激我們去思考或促使我們更敏覺到實際資料中的各種屬性。換句話說，進行比較（making comparisons）促使分析者去檢驗資料的面向。我們使用比較的底涵邏輯，即是刺激對資料的屬性和面向做出思考，以獲得一些對資料的新觀點。

另一項保持距離（gaining distance）的技術是採取對事件採取多元觀點。意即，試圖去判定置身於情境中的不同行動者如何看待該情境。另一項技術是以不同的方式來蒐集同一事件或現象的資料，例如訪談、觀察或書面報告等。而訪談或觀察具有多元或不同代表性的人物、場地、事件和時間等，也是重要的。（此類以不同方式來蒐集資料的技術和策略，即稱為「三角檢定」）。我們並不想在本章討論欲獲得有關事件、行動／互動、和事物之不同意義和詮釋所需的三角檢定技術。我們想要知道如何協商情境之意義，以及如何獲致和維持有關這些意義的共識。例如，醫生（一位外科醫生和一位癌症專家）對於病患的管理常會有不同的策略，在他們對處遇治療達成共識和擬定相互支援的計畫之前，經常會進行相當多次的討論和協商。在組織機構中的輪班制常需從事不同類型的工作，或以不同的方式來做相同的工作。所以，所訪談或觀察的人們、場所或事件愈多，研究者愈能對事件採取可替代性的解釋，並檢核其理解，同時發現相關連概念的屬性和面向範圍。已相當熟悉訪談的讀者深知，雖然有些受訪者很有禮貌且願意告訴研究者他們認為他想要聽的話；但也有一些受訪者只會願意告訴研究者，關於他的詮釋有些什麼錯誤。所以，另一項分析策略是，與受訪者及新近蒐集到的資料一起檢核其假定和假設。簡單地說即是向受訪者解釋你認

為你在資料中所發現到的內容，並詢問他們有關你的詮釋是否符合他們對此一現象的經驗；以及，如果並不符合，那是為什麼？

此外，研究者最好也能定期地往後退一步來回顧，並詢問：「這兒究竟發生什麼事？」及「我認為我所看到的，符合資料中的現實嗎？」資料本身不會說謊。以下所述的，是我們之一（Corbin）如何學會這個困難的功課。當我從事一項有關患有慢性疾病的婦女如何處理其懷孕狀況時，我很快地明白她們的行動目的是做好任何要生下健康寶寶所必須做的事。進而言之，我注意到在整個孕程之中，風險程度是不同的，有時會有較高的風險，有時則較低。有人可能會預期這些婦女所採取的處理策略會符合其可能發生風險的程度。然而，研究者很挫折地發現到，她們的行動並不總是符合其風險程度。研究者在一再嘗試之後，仍無法將其假設強加諸於資料之上。為什麼不能呢？研究者最後所發現到的是，她係依據自身對風險的覺察來分類這些懷孕的婦女，而這些並非婦女本身的覺察。換句話說，因為研究者的訓練背景是一位護士，她帶進了風險的醫療模式，然而這些婦女卻並不如此。相反地，她們有自己對風險的詮釋，雖然這些詮釋也可能包含於或是奠基於醫療模式，卻也不受其所限制。事實上，這些婦女對風險的覺察，經常很不同於醫生們的覺察。一旦研究者回到資料中，依據婦女本身對風險的界定來加以重新分類，她們處理懷孕狀況的行動就可以理解了。

另一項獲得客觀性的策略是，保持懷疑論（skepticism）的態度。所有透過分析所獲致的對資料的理論性解釋、類別、假設和問題，都應該被視為暫時性的，應該藉由後續的訪談或觀察資料來加以驗證。此一驗證歷程（validation process）對使用從研究文獻中所衍生類別（先前研究所界定之變項）的研究者，特別重要，因為類別總是具有特定之背景脈絡。概念可能僅適合於它們所取自的研究，也許對目前所探究的難題有些關連性和可解釋力；然而它們的屬性及其如何表達這些屬性，不同組的資料也會有相當大差異，因為概念的形式（如屬性和面向範圍）會因不同情況條件而產生變異。

最後，我們所要提出的忠告是遵循研究的程序。雖然研究者可能會從我們所提供的多種分析技術中，挑選出其所適用的技術，<u>進行比較、詢問問題、和基於演化中的理論概念來抽樣等程序</u>，均為此一方法論的基本特徵，提供發展理論的主要工具。這裡所指的並非僵化地固守著這些程序，而是將這些程序作可變的且有技巧的應用。分析者並非漫無章法或興之所至地進行編碼。要使用不同的資料蒐集和分析方法，必須要有充分的理由。這不僅使得抽樣能奠基於逐漸顯現的概念之上，更促進對發展中的概念和假設的驗證。那些最後被發現不能「符合」的概念，則會在研究歷程中被捨棄、修正或加以改變。

發展對資料意義的敏覺力

具有敏覺力，意指能對資料中發生的事件有所洞察領悟，並賦予意義；意指能看到明顯事物之下所隱含的意義，並發現嶄新的理解。研究者的此一特質，顯現於能和資料共處、進行比較、詢問問題，以及向外探尋並蒐集更多資料。透過這些資料蒐集和分析的歷程，一開始甚為混淆的意義將更為清晰。沈浸於分析中，會導向突然的洞察或頓悟，即從事質性研究者所熟悉的「啊哈」（aha）經驗。

但是，洞察領悟也不會隨便地發生；相反地，它們經常發生於不斷思索資料、已有所準備的腦海中。無論我們是否願意承認，我們不可能完全從我們的身份或我們所知的抽離開來。我們腦海中所承載的理論，會以許多方式來知會我們的研究，即使我們在使用之時並不自覺（Sandelowski, 1993）。如同我們稍早曾說明的，客觀性所伴隨的知識，並不會使分析者準備好去瞭解。此處，我們要引述Dey（1993）所說的：「簡而言之，開放的心靈和空洞的腦子之間是有差別的。為了分析資料，我們必須應用累積的知識，而不是丟棄這些知識。此一議題並非是否要應用這些既存的知識，而是如何應用？」（p. 63）。當我們在資料中看到有興趣的事件時，我們會問：「這是什麼？」而稍後，當我們開始進行分析，我們的知識

和經驗（專業的、性別的、文化的等）都會促使我們去辨認出一些具有相似或不同概念的事例，並加以概念性命名。我們藉由運用此一有系統地且知覺地帶進資料的方式，我們能敏覺到資料的意義，而不是將我們的解釋強加於資料之上。

　　作為專業人士，我們大多熟悉該專業領域之文獻。如果我們謹慎小心地思考其理論性詞彙，文獻也能用作為分析的工具。此時，文獻可提供豐富的事件來源，以刺激對屬性的思考，並詢問概念性的問題，提供可用於理論抽樣（theoretical sampling）的初步想法（參見第十三章）。

　　專業經驗（professional experience）是敏覺力的另一項潛在來源。雖然它很可能會阻礙我們的覺察，卻也能促使研究者較為快速地移進一個領域，因為他無須花費時間在形成對周遭或事件的熟悉度。有兩件事很重要，必須要記得。第一，<u>總是在屬性或面向的層次上，去比較我們認為所看到的與我們所真正看到的，因為這會促使分析者運用經驗，而非將經驗本身強行加諸於資料中。</u>第二，<u>重要的並不是研究者的覺察或觀點，而是研究參與者如何看待所發生的事件。</u>例如，我（Corbin）可能知道醫院中一項特定的儀器設備是用來照射X光，但其他人可能將之視為過時的儀器、對身體的威脅，或意味著有更多工作要做。研究者所要探尋的，即是這些其他的詮釋。研究者擁有一個比較的基礎會是相當有幫助的，使他可用來**評量其他人所賦予之意義的範疇，並據以羅列初步的屬性和面向，以促使其可對其他人的解釋獲致更大的理解。**

　　個人經驗如能被正確地使用，亦能增加敏覺力。雖然研究者可能從未有離婚的經驗，但經歷所愛的人死亡，仍有助於研究者理解悲傷和失落的意義。同時，這也提供了一個比較的基礎，使研究者能詢問有關離婚之悲傷和失落的意義。一旦，研究者擁有了一些一般性的屬性，即可試著用之於界定離婚經驗中之悲傷和失落的意義。研究者也應該要尋找相對或相反的事例。例如，一個人可能會對某人的死亡感到高興，因為那人是虐待狂（雖然這麼說並非社會所容許的），就像是離婚也可以是令人感到自由的。

令人驚異的是，洞察領悟可以激發更多的洞察領悟，而發現則會促成更多的發現。有時候，分析者面對著一些資料片段時，會遇到僵局，無法區辨出其意義來。而我們所發現的是，研究者在從事其日常資料蒐集活動時，經常會在腦海中充塞著分析的難題。然後，當他們讀著報紙、透過電話或e-mail與同事交談、或剛從清晨甜夢中醒來，洞察領悟會突然出現，而分析者即能頓然理解先前所無法解釋的資料。即使理解也會從其他經驗中被激發出來，但技術上，這些頓悟仍係從資料中所顯現出來的。最後，研究者所要記住的的基本程序，是在客觀性和敏覺力之間維持平衡。

運用文獻

奠基於研究者的專業背景，其對相關學科領域文獻的知識也會被帶進研究之中。此一背景的取得，乃在研究者為了通過學科考試而研讀材料，或者單純致力於「跟上」這個領域的發展趨勢。在研究歷程中，分析者也經常會發現與其所探究領域相關的傳記、手稿、報告或其他材料。問題是如何運用這些材料以促進—而非侷限—理論之發展。當然，研究者所專精的學科、派別和視野觀點等，都會對他所涉獵的文獻及如何運用這些文獻，有相當程度之影響。此處，我們要向讀者聲明的是，在從事研究之前並無必要像使用其他研究策略的分析者一般，去檢閱所有的文獻。因為在從事深度的探究之前，你並不可能得知什麼是最可能出現的難題，或者哪些理論性概念會浮現出來。此外，研究者也不想深深地陷溺在文獻中，以致被文獻所框限住或受到嚴重阻礙。許多研究生在從事本身的探究之前或期間，常會因著迷於某一先前的研究，以致幾乎嚴重癱瘓其本身的分析工作。除非他們能夠放手一搏，相信自己有能力去產生知識，否則他們將無法創造自己的發現。

使用技術性文獻

下文所列舉的事項，只是提供我們有關如何使用技術性文獻的說明，並未涵蓋全部的可能性。

1. 從文獻中所擷取的概念，在面向的層次上，提供為資料做比較的來源。如果從資料中顯現的某一概念，與從文獻中所提出的概念相似或相反，概念即可依據其屬性和面向來進行比較（參見第八章和第九章）。這促使分析者能區辨概念，並賦予從資料中顯現的概念一些特定的意義。

2. 對相關文獻的熟悉度，能促進研究者對資料中細微變化的敏覺力，同時也能阻礙研究者的創造力。雖然研究者並不希望在進入研究之前即具備完整的概念清單，但某些文獻中一再出現的概念，也同樣會出現在資料中，所以應具有重要意義。研究者所要詢問的重要問題，包括下列各項：這些概念真的是逐漸顯現出來嗎？抑或是因為我相當熟悉這些概念，以至於容易在資料中看到它們？如果它們真的是逐漸顯現的，且與資料相關連的，那麼，它們與文獻中所見的概念有何相同與相異之處？

3. 已出版的描述性材料可用於促進敏覺力。這些作品經常對現實作出了翔實的描述，而不是依據少數主題來組織材料所作的有限詮釋。就像是閱讀由其他研究者為了相同或其他目的所蒐集的實地札記一般。閱讀這些材料，可促進分析者更敏銳覺察到其在資料中所要探尋的，並有助於產生問題來詢問受訪者。從其他研究中所借用來的主題或概念，可能與研究者所欲探究之難題有關，然而，研究者必須非常小心謹慎地在其資料中尋找可闡明的事例，並描繪出概念在當前研究中所呈現的形式。

4. 哲學思維和既存理論的知識，在某些特定情況下是有用的。研究者的理論觀點，無疑會影響其對研究所採取的立場。例如，一位將自己視為符號互動論者（symbolic

interactionist)，可能會探究人群或組織的互動、結構和
其間的關係。一位現象學者（phenomenologist）可能會研
究各種類型經驗的意義。一位馬克斯主義者（Maxist）可能
會探究深植於某一情境中的權力和剝削。如果研究者有興趣
擴展一個既存的理論，他可能在進入實地之時即擁有了一些
概念和其間的關係，並探求這些概念的屬性和面向，在不同
的情況條件下會有哪些變異。例如，研究者可能從其對瀕死
經驗的研究，衍生出「覺察」（awareness）的概念，以探討
人們如何運用互動策略來處理有關死亡之知識（Glaser &
Strauss, 1965）。若研究者希望擴展其理論，以研究那些無
婚姻信仰者和同性戀者如何處理其隱藏或洩漏其秘密的問
題，則無疑會浮現出新的類別和與現有覺察之類別有關的進
一步資訊。

5. 文獻可用作為資料的次級來源。研究的出版報告經常包括從
   訪談和實地札記所直接引述的材料，而這些引述可被用來作
   為資料的次級來源。這些報告中也包括與事件、行動、場域
   和行動者之觀點有關的的描述性材料，可作為資料，並應用
   本書後續章節所描述的方法來分析。事實上，質性研究的一
   種形式，是對理論或哲學陳述和論文之分析。

6. 在展開一項研究案之前，研究者可以先作文獻探討，以形成
   問題，作為初步的觀察和訪談的起始點。在初次訪談或觀察
   之後，研究者則轉向關注從資料分析中所顯現出來的問題和
   概念。最初從文獻中擷取出的問題，亦可提供一系列將在研
   究中探討的概念領域，而被用於通過以人類為研究對象之委
   員會的審查。雖然新的領域將會顯現出來，但至少這些初步
   的問題彰顯了研究的企圖。

7. 技術性文獻也可被用於在分析歷程中激發出新的問題。例
   如，在研究者所掌握的資料和文獻中所報告的發現之間，可
   能存在著相當大的歧異，而這些差異應該能刺激研究者去詢
   問下列問題：發生了什麼事？我是否忽略了哪些重要的事？

此一研究具有不同的情況條件嗎?如果是的話,有何不同?
對於我所看到的事有何影響?

8. 文獻也能提供理論抽樣的領域,特別是在研究的初期階段。
   文獻可以為研究者提供洞察,領悟到可能要往何處(場所、
   時間、報告等)去,才能探究一些相關的概念。換句話說,
   它可以將研究者引導向一個他可能從未曾思考過的情境。

9. 當研究者已經完成其資料蒐集和分析,且正處在撰寫報告的
   階段時,文獻可用於確認這些發現;而反過說,發現也可用
   來闡述文獻有哪些是不正確的、過度簡化、或僅能對現象提
   供部份的解釋。將文獻帶進到告撰寫之中,不只是展現研究
   者的學術素養,而且也有助於擴展、驗證與修正對於此一實
   地的知識。研究者所應避免的是,對其發現感到不安且缺乏
   信心。倉促地擷取現成出版的文獻來驗證或否定研究者的發
   現,只會阻礙研究的進展和研究者的創造力。

使用非技術性文獻

非技術性文獻包括信件、傳記、日記、報告、錄音帶、報紙、
產品型錄(科學性和其他),以及其他各種材料。非技術性文獻可
用於達成前一節中所列舉的所有目的。此外,它還具有下列的用
途:

1. 可用來作為基本資料,尤其是在歷史或傳記研究中。因為研
   究者很難確證且判定一些歷史文件、信件、和傳記的真實
   性,所以藉由檢視大量且多樣的文件,進行資料的交叉檢
   核,或輔以訪談和觀察資料,即能補文件資料的不足之處。

2. 可用於補助訪談和觀察資料。例如,藉著研究組織機構的報
   告、往來信函和內部備忘錄等,我們即可學到關於該組織機
   構、其結構和功能的知識(這些未必能立即見諸於在觀察或
   訪談中)。

本章摘要

　　本章包括三個主要領域：(a) 選定一項難題，並陳述研究問題；(b) 在客觀性和敏覺力之間保持平衡；以及 (c) 使用文獻。研究者在展開研究之前，必須仔細地逐一加以考量。

　　選定一項難題和陳述研究問題。最原始的研究問題和其措辭的方式，將導引研究者從某一特定的視野觀點來檢視資料，並使用特定的資料蒐集技術和資料分析模式。研究問題為研究案設定了基調，促使研究者在面對大量資料時仍能維持聚焦。質性研究中最初所陳述的研究問題，經常是廣泛的，且是開放性的。當研究逐步推展，且所欲探究的議題和難題逐漸顯現時，研究問題也會變得更為精鍊和特定。最原始的研究問題，可能是由教授或同事所建議的、擷取自文獻、或來自於研究者的經驗。無論難題的來源為何，重要的是研究者要對研究對象具有熱情，願意與之相處一段時日。

　　在客觀性和敏覺力之間保持平衡。在研究和研究者之間的交互作用，意味著在質性研究中，研究者是主要的分析工具。所以，當進行資料分析時，在客觀性和敏覺力之間保持平衡，相當重要。客觀性促使研究者有信心宣稱其發現是合理的、不偏頗的、能表徵所探究之難題；另一方面，敏覺力則促進研究者的創造力，以從資料中發現新的理論。

　　使用文獻。在一些不同且特定的層面上，文獻經常是有用的。聰明的研究者在使用一些常見的技術性文獻之外，也經常會運用其他各種類型的已出版或未出版的材料，以輔助其訪談和實地觀察資料。雖然報告和傳記是最容易被想到的，產品型錄（特別是科學性的）也是資料的來源。非技術性文獻可以提供問題、初步概念、和想法，以作為理論抽樣之用；也可以用作為資料（基本資料和輔助資料），或進行比較；並可作為發展一般性理論之基礎。研究者所要記住的是，如果將文獻橫阻在研究者和資料之間，文獻也可能會阻礙研究者的創造性。但當文獻被用作為分析工具時，則能促進資料之概念化。

第二篇
编碼程序

◉ 編碼程序 ◉

在旅程之初，我是天真無知的。尚不知道當一個人持續其旅程時，已知的答案會逐漸消失不見，情況只會愈來愈複雜，彼此間的關係愈盤根錯節，問題則愈來愈多。(Kaplan, 1996, p.7)

雖然Kaplan所寫的是有關旅行的感觸，這些文字敘述也同樣適用於形容研究。我們透過從事研究所發現的，正是這個世界的複雜性。當我們回答了一些問題，我們會面臨更多的問題。無論我們在研究初期如何仔細地構思該研究案，總是會出現一些無法預期的轉折，促使我們必須重新思考我們所處的位置和問題、及我們所使用的方法，讓我們不得不明白，我們並不像自己所認為的那樣機智或無所不能。

我們的分析眼光促使我們去看到我們所能見的，但不可能是完美的。此處，我們所提供的只是一些指導原則和技術，以協助研究者完成其分析的歷程。我們也提供了一些建議，有助於研究者能提出和回答問題。我們討論進行比較的藝術；探索各種形式的編碼，並解釋分析者運用每一種分析形式所要達成的任務。我們希望我們的說明將能有助於讀者理解編碼程序背後所底涵的邏輯，促使分析者能彈性地且創新地來運用這些編碼的程序。

我們並不創造資料，我們是從資料中創造理論。如果我們做得正確，我們將不是為我們的參與者來發聲；而是促使他們能以可被清楚理解且具代表性的方式，來為自己發聲。我們的理論，無論如何地不完整，提供了一種共通的語言（一組概念），使研究參與者、專業人士和其他研究者可一起討論一些想法，並找出問題的解決之道。是的，如果我們以為自己可以「無所不知」，那我們就是天真無知。但即使只是一小部份的瞭解，仍然可以締造相當大的不同。

Chapter 5

資料的顯微檢驗

名　詞　定　義

微觀分析（Microanalysis）：在研究初期所須進行的細部逐行
　分析，以產生初步的類別（及其屬性和面向），並建議類別之
　間的關係，以及開放編碼和主軸編碼之組合。

　　本章旨在以實例闡明如何進行分析，使我們的讀者明白真正的
分析歷程。我們相信一種細部的分析形式，如本章所舉例的，在研
究案的初期是必要的，以產生初步的類別（及其屬性和面向），並
發現概念之間的關係。雖然微觀分析（microanalysis）有時也被
稱為「逐行分析」（line-by-line analysis），相同的歷程也可應
用於分析字詞、句子或段落。

　　當你閱讀本章時，你須特別注意微觀分析的一些特徵。首先，
是開放編碼（open coding）和主軸編碼（axial coding）的特
徵，它們將在第八至第十二章作更為詳細的說明。其次，分析並不
是結構的、靜態的或刻板僵化的歷程；相反地，分析是自由流動的
（free-flowing）和創造性的（creative），分析者要在各類編碼之
間迅速地前後移動，自由地運用分析的程序和技術，以適切因應分
析者所面對的分析任務。本章**旨在闡明編碼究竟是什麼**。它與後續

章節所呈現的逐步操作程序，有所不同。後者乃試圖將編碼程序加以分解動作，以解釋編碼之邏輯和其程序步驟。本章則在呈現出我們如何將這些編碼程序放在一起。我們將之放在各章之前，似乎有些奇怪，但我們有很好的理由這樣做。我們希望在讀者陷入分析細節的泥淖之前，讓他們對應該要做些什麼有個概括的理解。我們希望讀者會將我們書中所提供的實例牢記在心。很顯然地，本章所闡明的技術和程序僅是工具而已，係用來協助分析者，而非指使分析者應該要如何如何。

微觀分析包括開放和主軸編碼，且運用後續和前述章節中所提供的許多分析技術。微觀分析包括對資料作非常小心且細微的檢驗和詮釋。當我們提到「資料」時，我們意指訪談、觀察之實地札記、錄影帶、日誌、備註、手冊、產品型錄，以及其他書面或圖片材料 (Silverman, 1993)。我們將資料分解，並逐一處理圖片、字詞、短語、句子、段落和其他片段的材料。

顯微檢驗 (microscopic examination) 包括兩個主要的分析層面：(a) 資料，乃參與者對其所記得的真實事件和行動的重述 (recounting)，或者是研究者所蒐集到的文本、觀察、錄影帶等這類文件；以及 (b) 觀察者和行動者對事件、事物、發生情況、和行動的詮釋 (interpretations)。而第三項層面，則是研究者在進行資料蒐集和分析時，與資料之間所產生的交互作用 (interplay)。本質上，此一交互作用絕不可能如某些研究者所要我們相信的那樣，是完全客觀的。此一交互作用，在本質上，是意指研究者主動地反應並處理資料。我們相信，雖然研究者試圖盡可能地客觀，但在實務上幾乎是不可能的。所以，研究者最好能自我覺察到他會將其學科和研究經驗帶進分析之中，這麼做是用來促進分析的創造性，而非驅策分析的進行。經驗 (experience) 和知識 (knowledge) 促使研究者能敏銳地覺察到資料中所顯現的重要難題和具爭論性的議題，讓他能看到其他可替代的解釋，並辨認出概念的屬性和面向。**然而，我們並不是說經驗可用作為資料。相反地，我們係指當研究者對其行止能保持相當自我覺察時，經驗可促使研究者更能敏覺到資料中的屬性和面向。**

班級實例

　　本章所呈現的微觀分析實例係擷取自班級活動單元。當我們教導分析程序，尤其是開放編碼，我們經常會從舉例逐行分析開始。我們這樣做，是為了讓學生在開始學習個別分析程序之前，先對分析歷程有些看法；並能體會到一些質性分析的趣味。

　　對學生而言，進行微觀分析可開闊其視野，因為此一程序可具體地顯示出，質性分析可以相當不同的方式來思考資料。它不同於其他研究傳統，因此學習此一新的思考模式，有時會讓學生感到相當困難。他們必須學習傾聽，讓資料自己說話。他們必須學習放輕鬆，以更具彈性、較少預先計畫、或較少控制的策略來進行研究。

　　一個學習微觀分析的班級，看起來會像下述這樣：首先，我們要求全班瀏覽一段訪談的逐字稿；其次，我們接著詢問此類問題：「你如何詮釋受訪者所說的話呢？」，以及「在這些材料中蘊含些什麼？」。一般而言，學生很容易能說出許多主題，因為他們的個人和學術經驗已促使其能敏銳覺知到廣泛的議題（issues）和難題（problems）。我們會在黑板上逐一寫下學生所說出的這些主題；最後指出它們所涵蓋的可能範疇。但我們也注意到在這些議題、難題或主題之間的關連性，可能仍是隱而未現的，或尚無法有系統地加以處理。

　　然後，我們會要求全班瀏覽從一篇質性研究論文中所摘述的簡短訪談段落（雖然有時我們也會從新聞報導中引述記者的一段話）。接著，我們會要求大家一起進行逐行分析，這會包括對作者如何使用單一字詞、短語或句子的慎重討論。

　　我們的討論／檢驗經常會從該段引文的第一個字詞開始。「這個字詞意味著什麼？或者可能意指什麼？」此外，「思考這個字詞的本身，就像你並沒有閱讀整段文字一般，即使實際上這是不可能的。這個想法是為了讓你能專注地聚焦於你眼前的資料。」通常而

言，對引文第一個字詞的討論會花上一些時間，甚至一個小時，取決於討論內容的豐富程度和該字詞可能被深入探索的意義範圍。如同我們在本書第一版中所說的：

> 通常，當任何人看到一些字詞時，他會立即賦予其意義，而這些意義是擷取自該字詞的一般用法或個人經驗。我們相信，由於我們通常會以特殊的方式來行動或感受，而這也是受訪者賦予字詞意義的方式。此一信念並不一定是正確的。拿一個字詞－任何字詞－來詢問人們認為該字詞的意義為何。「紅色」這個字詞是一個好例子。一個人可能會說：「股票上漲、口紅、血」，而另一個人可能會說：「熱情」。也許對你來說，這字詞意味著你最喜歡的一件洋裝、一朵玫瑰、一部豪華跑車，或者什麼都不是。在練習中，我們會建議你條列出當你想到「紅色」這個字詞時所有出現在你心中的想法。很令人驚訝，不是嗎？紅色絕不僅僅是顏色而已。它蘊含著情緒、感受、質料、感官、嗅覺和行動等等。這些聯想都衍生自多年以來在個人或文化經驗中與該字詞的連結。（Strauss & Corbin, 1990, p.81）

在上述的討論中，學生幾乎都相當訝異他們竟能賦予一個事物或事件如此多不同的意義。此一練習／研究技術事實上具有許多重要的功能，但也許最關鍵的是，促使學生體會到每一個人都會有不同的詮釋，而任何詮釋都有可能是正確的。在詳細說明微觀分析的功能之前，我們將再現部分的班級討論單元。雖然這個班級總共花了三個小時來處理整個段落，我們僅呈現他們對開頭幾句文字的一些論點。

班級討論單元

實地札記引述

> 當我聽到這個診斷時，真是令人害怕。我非常驚慌。在我懷孕初期，狀況一直都很順利，我也覺得很好－清晨不會嘔吐，我也充滿了活力。然後，突然間，醫生告訴我得了糖尿病。這太令人震驚了，因為這是我的第一個孩子。我只是擔心這個孩子。我非常想要這個孩子。我真的很害怕，因為我等待了這麼久才獲得了這個孩子，我不希望出任何差錯。

討論和評論

教師：讓我們聚焦於第一個字「當（時）」（when）。「當」可以意指什麼呢？

學生：對我來說，這是指時間。時間中的一個點。過去非限定的一些時間。

教師：對了。它還可以代表未來的一些時間。就像是，「當電話鈴響時，我會去接，因為我期待他會打電話來。」

學生：「當（時）」也代表一個情況（condition）。[指出]某些事正在發生。[這是一個]問題，促使你去尋找[答案]。

教師：假設這個字不是「當（時）」，而是「無論何時」（whenever），那又會如何呢？

學生：對我來說，這是指重複出現的時間。某些事發生的組型。

教師：所以，接著發生的一些事，會有不同的情況。假設如果那人說的是「在這時」（at the time），而不是「當（時）」呢？

學生：噢！那麼它可能意指比說故事當時更往前的一個時間點。

教師：好的，到這兒我們已聚焦於單一的字詞和一些可變動的選項。現在，「當（時）」會有哪些可能的屬性呢？

學生：可能是突然發生，或者不是突然發生。或者是非預料中的（或者不是）。或者是只有你才注意到的相關連事件，而其他人並未注意到....或者是它並不重要，或者是很重要。

教師：我們可以想像到許多有關「當（時）」的屬性，及其所伴隨的事件。這些甚至沒有終點。雖然只有一些可能與你的探究和所欲蒐集的資料有關，但這需要進一步去發現。注意我的問題如何促使你去省視屬性和面向（參見第七章對屬性和面向的解釋）....現在，讓我們一起來思考「我聽到這個診斷」的短語，想想看第一個字「我」？

學生：可能是我們聽到一被告知這個診斷一或是他們，像是家長。這會有些不同。

教師：那麼是在什麼情況下（under what conditions），醫生告知的對象可能是親屬、家長或病患呢？這會產生不同的結果嗎？....現在，想想看這個動詞「聽到」？

學生：噢！診斷書可能是書面的、或是拿給病患看，像是X光檢驗，如果她的診斷是針對結核病或是骨折等問題。

教師：假設說，可能會發生這許多不同的情況，而且也很可能會造成
不同的後果。結核病很有趣，因爲此類診斷常會使聽到的人抱
持高度質疑的態度，所以醫生通常會拿X光片給病患看。當然，
病患不可能有能力去加以詮釋，所以他必須信賴這個診斷－或
者乾脆不相信而拒絕接受－所以我們正在討論的是有關診斷之適
當性的議題。也促使我們去思考一些和診斷有關的許多不同的
屬性。那可能是些什麼呢？

學生：由學生所指出的屬性之部份清單，如「很難做出診斷，曖昧不
明的相對於顯然明白的，象徵性的（像是癌症）或是不特別具
有象徵性的，重要的（對自己、其他人、醫生或所有人），預料
之中或是預料之外，無法置信、或是當歷經數日焦慮等候之後
所能預期的最壞情況，或是可輕易相信的。」

教師：接著，關於診斷的宣告，也有一些有趣的理論性問題
（theoretical questions），以及底涵於每個答案之後的結構性
議題（structural issues）。誰（who）和爲什麼（why）？你
所熟知的家庭醫生、一位陌生的專家、醫院中的病患、或是
（如果你是個孩子）你的母親？如何（how），以及爲什麼如此？
想想看，如果是一位母親在急診室外突然接到一個正好在那兒
出現的病患稍來的噩耗：「你的孩子死了」，和由一位驗屍官正
式地向敲門進來的夫婦宣告其孩子死亡的訊息，這會有什麼不
同呢？另一個問題可能是何時（when）？立即，在明智而審慎
地思慮一段時間之後，或者當父親到達和母親一起聆聽孩子死
亡的宣告之時？在醫院中，如果某人在夜間死亡，護士通常不
會透過電話來告知親屬，但很可能會讓家屬知道事情愈來愈
糟，等到家屬到達醫院時，才由醫生做出明確的宣告。「何時」
在這裡也包括父母或夫婦向其他家屬宣告－稍後，有時是幾小時
之後，問題是他們如何宣告，是否當面宣告或透過電話
等....。這些問題是否會激發出訪談中可進一步詢問的問題
呢？是的，它們當然能激發出描述性問題（descriptive
questions）....現在，在接下來的句子中，注意「一直都很順
利」，這很可能會成爲一個實境概念（in vivo concept），一個
懷孕婦女常用的短語，以至於代表著對她們而言很可能是重要
的事情－所以對我們研究者而言也應該是重要的。所以，我們

要將之記下來，以防萬一它可能會和我們的研究工作有關....
像這樣的一個短語，在分析上可能意味著什麼呢？

學生：嗯，它讓我想到這似乎意味著暫時性，某些事的進程
（course）...而此一進程是可預料的，是一個常態進程（以及
所有可能發生的事）...這意指著他們正在評估這是否正常。

教師：是的，但這也意味著必定會有一些準則（屬性），事實上她也在
稍後的句子中提及了....但我們也要注意到那是她將自己歸位
在這個進程中。就分析上來說，我們會問為什麼是她「使用常識
性的準則」，而不是醫生或護士來進行此一歸位。此處我們所談
論的是一個歸位歷程（locational process）和歸位主導者
（locational agents）。如果你以比較方式來，你可以很快地看
到在其他情境中、為了其他結構性的理由，會有許多不同的歸
位主導者。就像如果不是經濟學家告訴你，你正進入一個經濟
衰退期，你可能從不會體認到這個狀況....現在一個相關的短
語是「在我懷孕初期」，暫時不管「我」—她將之與其他人相比
較一想想「初期」，她如何得知呢？

學生：每一個母親都知道懷孕的孕程有九個月，所以她可以據此來歸
位一文化的、常識性的知識。

教師：再次以比較方式來思考—我們用一個極端但可以刺激比較分析
的方式—想想看在德國當希特勒贏得最高權位時，發生了什麼
事。人們以非常不同方式來詮釋此一事件，雖然以我們的後見
之明，我們看到德國從此之後就進入納粹主義革命。但誰是此
一歸位的主導者呢？他們如何知道德國將處在其革命進程中的
哪處？他們如何達成其合法性？對於當時能夠正確或不能正確
解讀此一革命進程的任何人而言（如果你是個猶太人的話），會
有什麼樣的後果呢？藉由此類比較性案例所引發的問題（而且
極端的案例在研究初期相當有用），可以促使你應用同樣的問題
來思考上述女性受訪者的情況，「歸位」（locating）其如何回
應其懷孕情況的屬性....你也要注意這些類型的比較，即使不
像希特勒的例子那麼極端，仍能刺激你去質疑你自己對懷孕資
料的假定和詮釋。這些問題可以撼動你對懷孕及其性質所採取
的標準化、或視為理所當然的想法，迫使你去思考你的假定在
此一分析中的應用性。

學生：這對我來說像是兩個相互交叉的暫時性進程。一方面是母親期

待成功順利的懷孕進程，一方面是嬰兒的成長進程，在生理上取決於母親的身體狀況，但涉及不同的關注層面（引文的其餘部份會提到）。社會上來說，他們也涉及不同的行動，像是準備接納嬰兒進入這個家庭，以及在懷孕期間能有「正確的」行動，以確保嬰兒未來的福利。

教師：你正指出不同的現象，而你也可以聚合兩個不同的概念，來表示一個概念代表你所謂的「相互交叉」（crisscrossing）。如在主軸編碼中，我會說這是「相互交錯」（intersecting）或「連結」（linking）。你也指出行動和事件的順序（sequence）和階段（phases），是我們稍早所稱「暫時性」（temporality）的其他層面。還有透過行動階段的歷程（process）（見第十一章）或移動（movement）。

有關微觀分析的主要論點

此一類型的檢驗—對單一字詞、短語、句子等—對學生和熟練的研究者而言，是極具價值的。它能讓初學研究覺察到一小撮資料中包含了多少內涵，也促使他們能覺察到其有能力來處理這些資料，資料中的細節不會自己展現出來。尤其是，它會讓學生明白此一類型的分析代表著一種處理資料的風格或策略，相當不同於他們以前所做過的任何分析模式。

在很快地摘述我們對引文的分析討論之後，我們現在要列舉出數項對資料進行顯微檢驗的重要功能。你可以在我們的討論中輕易地發現這些功能。

1. 總體來說，此一程序是相當聚焦的（focused）。這樣的焦點促使研究者去考慮似真性的範圍（the range of plausibility），避免對資料採取特定的立場。請注意，我們認為這是研究者本身須先撼動其日常的思考模式，而不是強加諸於資料。資料不能受到任何勉強，它們必須為自己發聲。

2. 顯微分析促使研究者去檢驗資料的特定性。如同一位學生所說的：「我常以非常一般性的方式來省視資料，但這樣的分析促使我去注意細節。」指導者回應道：「是的，但不僅是描述其細節，更要去分析其細節。」這就是說，在屬性和面向的層級上來進行比較，讓分析者能將資料加以區分，並重新建構，以形成一個詮釋性的架構。

3. 進行微觀分析促使分析者去仔細**傾聽** (listening) 受訪者所說的話，以及他們如何說這些話。這是指我們試圖去瞭解他們如何詮釋特定事件，以避免我們陡然跳躍至自己的理論性結論，而是去**考量受訪者的詮釋**。它幫助我們避免完全仰賴對資料的初步詮釋，促使我們去考慮可替代的解釋。同時，如果我們幸運的話，參與者會提供我們能激發進一步分析的**實境概念**。

4. 我們藉由詢問**大量的問題**來進行微觀分析，某些是一般性的問題，其他則較為特定性。這些問題中某些是描述性的，有助於我們在後續的訪談中詢問更好的問題。更重要的是，他們也會激發我們去詢問抽象的理論性問題（探問式問題諸如誰、何時、什麼、如何和為什麼等，可激發對屬性、面向、條件和結果等的發現）。這些理論性問題，在研究案的初期階段特別有用，可抽取出概念及其關係。

5. 從分析的立場來說，瞭解到：**與研究有關的是資料**，而不是一個案例、個人或集體的特定性，這是非常重要的。在開放編碼和主軸編碼中（詳見第八章和第九章），有系統地使用本章中所呈現的分析技術和程序，有助於提供**分析的距離** (analytic distance)。在仔細「傾聽」資料（從資料中抽離）和其相對的理論和概念（在資料的上端）之間，有著根本的差異。

6. 在進行分析時，我們會將事件、行動、和結果加以**概念化** (conceptualize) **和分類** (classify)。這些從資料中顯現的類別及其關係，是我們發展理論的基礎。此一抽象化

(abstracting)、縮減（reducing）和關連（relating）的技術，**使得理論性（theoretical）和描述性編碼 (descriptive coding)（或理論建立和進行描述）之間，有所差異**。進行逐行編碼時，類別及其屬性和關係會自動地顯現出來，使我們能超越描述，帶領我們進入**分析的概念性模式**（conceptual mode of analysis）中。

7. 分類指的是依據概念的明顯屬性，亦即相似性和差異性，來群集概念。我們所詢問的不只是——描述發生了什麼事，而是此一事件如何在相關屬性上來和已被明確界定的事件進行比較。

8. 如同你會在第六章中所見的，我們的概念（分類）是「類別」 (categories) 會依據其屬性和面向來顯現其差異性。

9. 在想像上**進行理論性比較（making theoretical comparisons）**（不同於我們有時會提及的經常性比較）是產生問題及發現資料之屬性和面向的重要輔助工具，並可增進研究者的敏覺力。理論比較是我們建立理論方法的重要部份，亦是我們在進行顯微分析時所使用的重要技術之一。

10. 比較具有額外的重要性，能促進我們去辨認資料中所顯示之組型的**變異（variations）**。它不僅是一種類別或組型的形式，而且是組型在不同面向上的變異，此一變異會因在不同情況下對屬性和面向的比較而彰顯出來。有時候，這些差異在我們的資料中立即可見。其他時候，我們必須做理論抽樣，即透過有目的地觀察或訪談，來尋找資料中的相似性或差異性。然而，我們進行理論抽樣的場合，係由研究者所決定。例如，從上述複雜的懷孕資料中浮顯出來的一個概念，可能是「風險」，似乎隨著時間而改變其類型和程度。為了要知道何處、何時和如何進行理論抽樣（例如，到何處去發現對風險的覺知因不同情況而在面向上有所變化），研究者必須具備有關在懷孕期間可能會產生風險情況的知識（奠基於經驗、和他人的談話、或聽聞一些事情），像是不可控制的糖尿病等。接著，研究者會想要去訪

談和/或觀察患有糖尿病的懷孕婦女，以確知他們對懷孕、風險及如何處理其懷孕和糖尿病的説法。藉由理論抽樣在孕程之不同階段罹患糖尿病或其他病情的婦女，並在屬性和面向上來比較所浮現出的概念，研究者可以去驗證、修正、釐清、擴展或捨棄其有關風險之知覺及如何影響孕程的假設。雖然風險的觀念係從資料中產生出來，研究者如果不是依賴其經驗、詢問問題或閱讀相關的文章，將不會知道要到何處去尋找可作為進一步比較的資料。

11. **暫時性假設** *(provisional hypotheses)* （對概念間關係的陳述）很可能會從逐行分析中產生出來。在什麼情況下，會發生什麼事，或造成什麼結果。一開始，這些假設的陳述方式會較為粗糙；稍後，其陳述則會更為精確。

12. 最後，進行微觀分析能促使研究者去檢驗他們視為理所當然的假定。直接將自己的假定來和資料相比較，必然會使底涵的假定浮出台面。當嚴謹地比較各類事件中的資料時，錯誤的假設就不再有立足之地。資料會為自己說話。此外，進行經常性的和理論性的比較，亦可促使研究者去**挑戰受訪者的假定** (assumptions)，並對這些假定的應用性產生暫時性的假設。

我們試著以下列實例來闡述後者的論點。

訪談者：現在，當你說所有女孩子都有一點「賤貨」，你指的是什麼？

受訪者：「賤貨」會賣她的身體，不是嗎？賤貨會拿她的身體來賣。當然女孩子表現得較不那麼明顯。我可能和一個女孩子談話，但不會約她出去。我也可能不會買她，你知道的，不會在她身上花一毛錢。她不會什麼都不給我，她會為我做一些事。所以我為她做什麼事，她也會為我做什麼事。所以，如果我有錢，如果我拿到一些錢，我需要一些錢，我就會買一些東西給她。她，她一開始不會覺得欠我什麼。所以如果我說，我可能會說，我們何不做愛呢？或

者做一些像那樣的事？她可能會說，不。然後，我如果買其他的東西給她，然後，她可能會想，這個男人買這麼多東西給我，我應該為他做一些事。但是，他自己有錢，他有自己的錢，他會幫自己買衣服。所以，不管我買給她什麼，她會想說他也可以買給自己呀！所以，她就會想，那麼還有什麼是我可以給他的呢？或者，如果我說，我什麼都有了，你還能給我什麼其他的呢？你有一些東西是可以給我的呀！這會讓女孩子想，是啊，我有一些東西是可以給這個男人的啊！這就像和一個傢伙玩遊戲。她就會說，你知道的，她會說，好吧，我可以給你一些性，你知道的。然後，你會裝傻說，這是真的嗎？你真的想這樣做嗎？（實地札記，Steve Eyer的記錄，加州大學，舊金山，青少年醫學系）

評論

在班級討論單元中，學生閱讀這段引文，並加以討論。這些資料是取自舊金山加州大學的一位學生Steve Eyer對黑人青少年男性的研究。Eyer曾接受過人類學和心理學訓練，是一位年輕但有經驗的研究者。他評論道，他無法拋開腦中充塞著有關交換理論（exchange theory）的想法，因為受訪者的陳述中很顯然是用禮物來交換性愛，這是男孩子的詭計。事實上，這個交換歷程在他所訪談過的男孩子間相當常見。<u>他很難不在這些訪談中看到交換理論，他似乎無法動搖這個想法。</u>

1. 另一位學生很快地提出修正的看法，他認為這反映了青少年男孩的意識型態（ideology）—有關交換的通俗理論（folk theory）。但這個理論不應該是研究者的觀點，因為資料中還有其他的東西。「還有」，指導者評論道：「你看到交換理論，是因為你的心理學訓練背景，使你深陷在這個視野觀點中而無法自拔。也許它是有關的，但也許一點關係也沒有。此一理論必須經過對資料作小心謹慎的檢驗，才能在你的詮釋中佔一席之地。」

2. 指導者還説：「即使你，作為一位研究者，對該引文中所反映的交換理論想法甚感興趣，你也應該詢問有關交換的問題，以及資料本身所牽涉的問題。在交換中，真正的互動是什麼？交換了什麼？誰開始了這項交換？對方立即的反應是什麼？在多少人之間進行交換？他人可以看見這項交換嗎？這項交換要花多久時間？這項交換被彼此認為平等嗎？對於被提出交換的項目有些什麼準則？等等諸如此類的問題。」

3. 接著，指導者繼續説：「除了交換之外，這個引文中還反映了些什麼其他的？」於是，全班學生即試圖從分析上來回答這個問題。學生們所提出的一些想法，包括：操弄和協商，與男女關係和性有關的文化規約，親密感及其在互動過程中的發展，甚至是美國社會中「消費者主義的宰制」(dominance of consumerism) 及其滲透—即使是處女。

透過此一討論，Eyer（及班上其他學生）即能夠理解到，我們全都隨身攜帶了一組特定的可辨識或不可辨識的假定（recognized and unrecognized assumptions）。如果我們想要在知識上更為精進，我們最好能突破這些假定，或者至少學會如何來處理這些假定。Eyer在討論單元結束時，已能發展出新的洞察領悟，以不同的方式來省視其資料，並超越了原先交換理論的想法。

微觀分析在分析歷程中的位置

在探討了許多關於微觀分析的作法後，讀者很可能會詢問自己一個問題：什麼時候開始進行微觀分析呢？—研究的開端，自始至終，或者有時候？我們知道，進行微觀分析會花費大量的時間和心力。通常的回答如下所述：

1. 在研究案的開端，當然有必要進行這樣細節型態的分析，以發現類別（及其屬性和面向），並發現概念之間的關係。一旦類別被建立起來，分析會更為聚焦於填充這些類別，並驗證其關係。

2. 這並不意味著研究者總是要將每一個文件中的每一筆資料逐字逐句地編碼。那會花上太久的時間,而且分析出來的資料很可能會比所需要的更多,甚至派不上用場。而是,研究者最好能學會快速地瀏覽一次訪談或其他資料(如實地資料、錄影帶、文件等),尋找可能是有趣的或有關的分析材料。當某一個段落被挑選出來,逐行分析的程序可能會應用於處理該段落的部份或全部資料。在研究的較後期階段,則可能較少運用此一程序,只是偶而仍會用到。

3. 何時?當某些新的資料看來令人感到困惑,或者當重新省視舊資料卻感到該資料的分析並不充分,或者當資料的特定段落中有更多要費心思量的,或者當新的類別已顯現出來,或者當你發現舊有的類別並不十分完整時。

　　無可避免地,仔細檢驗資料,對研究者是相當有用的,無論研究者的經驗或技能如何。事實上,嚴格說來,如果沒有進行顯微分析,將會很難有系統地發現相關的面向,以建立類別和次類別的關連,或去追蹤因果關係的細微層面。

本章摘要

　　進行微觀分析是理論發展的一個重要步驟。透過對資料進行逐行而仔細地檢視,研究者能夠發現新的概念和嶄新的關係,且有系統地依據概念的屬性和面向來發展類別。本章闡明分析的自由流動和創造性層面,以及分析者和資料在分析歷程中的交互作用。然而,如果研究者並不瞭解一些可用於開展文本及發現其意義和變異性的特定技術和程序,即無法進行此類微觀分析。接下來的幾章,乃呈現一系列的分析工具,使研究者能學會一些分析的程序和技術。雖然我們分別討論之,並以結構性的方式來促進瞭解,但透過微觀分析,可培養分析者以彈性和創造性的方式來統合運用這些技術,以促使分析者能超越其常識判斷,而發展出真正創新但紮根的理論。

Chapter 6

基本操作程序

名 詞 定 義

詢問問題 (Asking questions)：一項應用於開展探究線，且指
導理論抽樣的分析設計。

理論比較 (Making theoretical comparisons)：一項應用於刺
激有關類別之屬性和面向之思考的分析工具。

理論抽樣 (Theoretical sampling)：依據顯現出的概念來抽
樣，目標在於探索促使概念屬性有所變異的面向範圍或差異
情況。

對於使用我們的分析方法來進行理論發展的研究而言，有兩項
操作程序是最為基本的。第一項是**詢問問題**(*asking questions*)。
每一種類型的探究，都依賴於詢問有效的問題。在我們所揭示的方
法論中，主要的問題是用來提昇我們對於理論議題的瞭解。第二項
操作程序是**進行比較**(*making comparisons*)。詢問問題和進行比較
兩者具有不同的功能。在本章中，我們將以一般性的方式來做說
明。在第七章至第十二章中，我們則將進一步解釋如何在編碼分析
中，運用這些操作程序。

詢問問題

　　每一位研究者都很關心如何詢問「好的問題」（good questions）。亦即能促使研究產生建設性結論的問題。在這本書中，我們提供了許多建議，都是導向此一關注。然而，即使缺乏耐性而想快速進行操作細節的讀者，也應該會從此一對問題及其在研究中的角色的一般性討論中獲益。

　　我們一些老舊的但仍在使用的字典中，對「探究」（inquiry）的定義是「對資訊的探詢且有系統的調查」（Merriam-Webster, 1984, p. 624）。為了蒐集資訊和進行探究（或調查）的目的來使用問題，有其相同的特質。請注意，雖然此處的陳述將「問題」和「探究」作為名詞，但它們實際上指涉了行動（actions），例如詢問、進行、處置和搜尋等。

　　邏輯學家和哲學家John Dewey曾試圖說明此一行動連結的微妙之處：

> 探究和詢問，在一定程度上是同義字。我們在探究時詢問問題，而我們在探究時也在尋找任何能回答所詢問問題之答案。所以，是這種非限定性的情境性質，激發出可詢問的（questionable）探究....非限定情境（indeterminate situations）....是困擾的、麻煩的、曖昧不明的、令人困惑的、充滿了一觸即發的衝突、緊張和阻礙。（Dewey, 1938, p. 105）

　　Dewey指出了非限定（或問題）情境，但事實上這些情境只有在人們界定（define）其如此時，才成為如此。有經驗的研究者知道定義（defining）的特殊行動可能會導向某特定所在。而且，Dewey也指出問題情境（problematic situations）可刺激探究或調查，但我們所要強調的是，作為指導勢力的來源，並不是此類情境，而是研究者所詢問的有關情境問題。而如同Dewey所指出的，

問題／探究和答案的交互作用，會刺激研究者去詢問更多的問題。

此外，問題有其多重的層次 (multiple levels)—抽象的 (abstract) 和理論性的 (theoretical)，實質的 (substantive) 和世俗的 (mundane)。在我們試圖回答一些問題時，可能會需要一些非常複雜的活動；然而其他的問題則可以快速且輕易地回答。不同類型的方法論技術，可能也會被應用於回答特定的問題。

前述的段落僅是開始闡述研究者在提出和回答問題時，所涉思考和行動的複雜性 (complexity)。科學家經常會從其他學門或專業領域來借用問題和答案，並以特定形式的技術、程序和科技等，來推進其自身的調查探究。某些問題（在社會科學和自然科學二者中）會刺激出更多且更進一步的問題，擴展了探究的問題連鎖。

進而言之，某些問題可能會具有令人振奮的建設性，促使我們去回答問題；或者更有趣的是，提出比它們能解決的更多的難題。例如，電力的發現，使得科學家們連鎖性地產生更具建設性的理論和實務性問題及答案。不幸的是，如同研究者所知道的，某些問題則不知所終；而其他問題可能受意識型態所驅使，而只能自我回答（即使並不正確），卻阻礙了進一步探究的可能性。「好的」問題有時候有賴運氣，但更常來自於相關的知識、「有些疏漏之處」(something is missing here) 的感覺，以及（更重要的）對資料真正在說些什麼的敏覺力。然而，即使問題有很好的遣詞造句，但不正確回答的結果，可能使得研究者對那些答案感到半信半疑。

進一步探究問題和答案之間關係的微妙之處，有兩點特別要提醒讀者的。第一點是不同的問題和議題，會產生於探究過程中的不同時點。例如，在探究的一開始，研究者可能對探究的焦點應設定在何處，即研究領域的中心現象 (central phenomenon)（問題）為何，更為關心或更感困惑。當決定了探究焦點之後，將會產生許多關於現象的特定問題，及其與所被觀察的發生事件有何關連的問題。更後來，更吸引研究者注意的議題，可能是如何將我們的思考和資料加以統整成一個具有內部一致性的理論模式。即使當理論模式更為清楚之後，許多細節及由其所衍生的特定問題和答案，均需做進一步的釐清。

第二個重點緊接著先前所談的。某些問題與較為實質的情境有關，例如：「青少年最可能會使用的是藥物類型通常是什麼？」其他則會導向較為理論性的議題，例如：「青少年想像中的未來傳記，會如何影響青少年的藥物使用情況？」此處，問題必須處理兩個類別─「想像中的未來傳記」（future biography imaging）和「藥物使用」（drug taking）─如何（how）和是否（if）相關連。此一問題要求研究者進行理論導向的探究，也就是，研究者需從僅是表列藥物類型清單，轉移至仔細地檢驗新蒐集的資料，以尋找能指明青少年如何看待自己的線索，以及這些對自我的覺察如何改變或影響其藥物使用之情況，以及使用劑量和使用類型。

必須強調的是，我們在研究歷程中所詢問的問題，事實上只有一些是「理論性」（與理論發展有關，就像：「這兩個概念有何關連？」）許多問題本質上是實務性的，例如：「我如何獲得進入此一機構的管道？」或者：「我如何能善加運用此一電腦程式，以有助於我的資料分析？」

我們所詢問的所有問題及其答案，與研究案的進程均有一定的連結，當在研究進程中的社會變遷產生新的現象時，會使問題產生轉型。一旦這些社會變遷（social changes）被辨認和界定出來，即會激發出更多的探究。然而，由於舊有的現象產生嶄新的變異，研究會有較為長程的發展性和持續性。例如，德國社會學家Max Weber曾分析德國帝制時期政府官僚體制的功能（Weber, 1958）。他的論文激盪出無數有關政府官僚體制在美國其他地方發展的研究。當研究者遭遇到一個與其過去所知道的完全不同的現場時，或者是當新的概念闡述似乎較通常的理論性解釋更為適當時，藉由回顧有關那些現象的舊有分析，可能會使好的問題被激發出來。此處所舉的例子，是有關「協商」（negotiation）和「協商秩序」（negotiated order）的雙生概念（Strauss et al., 1964; Strauss, 1978）。

任何研究的核心，是詢問問題，並探詢其答案。研究者如何知道什麼是好的問題呢？此一問題甚難回答，因為其很大程度上取決

於研究者所使用的特殊探究策略，及其專業經驗。一個好的問題，是能促使研究者去回答，並藉此發展理論模式的問題。許多問題可以被回答，但也會將研究者導向較不具建設性的道路，可能也是有趣的，卻無助於演化成理論。事實上，某些問題甚至會使研究者誤入歧途，以致現有的研究不會有任何收穫。雖然我們並不願意提供一系列問題類型的清單，因為初學者常會擷取特定的部分，而忽略了我們所要說明的本質，但我們仍在此處提供了一些建議。

1. 首先，有一些是**覺識性的問題**（sensitizing questions），促使研究者明白資料所指明的內涵。這類型的問題，可能看來像下列這樣：這裡發生了什麼事（如議題、難題、關注事項）？牽涉在內的行動者是誰？他們如何界定此一情境？對他們來說，意義為何？不同的行動者做些什麼？他們的界定和意義是相同或有所差異？他們何時和如何行動，而行動的結果為何？對於不同行動者和不同情境來說，這些如何相同或相異？

2. 其次，有一些是**理論性的問題**（theoretical questions），有助於研究者看到歷程、變異和此類事項，以形成概念間的連結。他們可能看起像下列這樣：一個概念和其他概念之間的關係為何（像是，它們在屬性和面向的層次上，如何比較和關連）？如果.....，會發生什麼事？事件和行動如何隨著時間而改變？較大型的結構性議題是什麼？這些事件如何運作或影響我所看到或聽到的事？

3. 第三，有些問題具有較為**實務的**（practical）和**結構的**（structural）性質。這些問題能為抽樣提供方向，並能促使演化中的理論，更具有結構性。這些問題包括下列所述：哪些概念已被發展出來，哪些尚未發展？接下來，我要去何處、何時及如何蒐集資料，以發展理論？我需要哪些類型的許可？要花上多久時間？我正在發展的理論符合邏輯嗎？哪裡不符合邏輯？我已經達到理論飽和點了嗎？

4.第四，有一些*指引性的問題* (guiding questions)，指引研究者去訪談、觀察、和分析文件。這些問題會隨著時間而改變，奠基於演化中的理論，在特殊研究中具有其特定性。所以，這裡很難提供實例。它們一開始是開放性的，並在研究進行中會逐漸變得更為特定和精緻。在一系列訪談之初的問題，可能像是：你曾經使用過藥物嗎？如果是的話，那是什麼樣的經驗呢？在稍後的訪談中，同樣的一般性問題，仍然是有關的；然而，研究者也會想要詢問一些能為特定概念及其屬性和面向提供更多資訊的問題。那些較後期所詢問的問題，能將兩個概念連結在一起，像是：藥物「容易取得」的事實如何影響你自己「藥物使用」的頻度、數量和類型？（詳見第七章關於詢問問題的更多實例）。

進行比較

比較分析 (comparative analysis) 是社會科學研究的顯著特徵。它通常可見於研究案的設計中，無論其是外顯的或是內隱的。例如，一位社會學家在研究人類的性活動時，會去比較性別行為；一位犯罪學家會比較不同種族群體的殺人犯罪比例；一位人類學家將其所研究社會的儀式或其他文化行為，和其他社會所呈現的相比較。當然，此類比較研究經常是相當有價值的。

我們的分析方法也使用了比較，但其性質和使用具有些程度上的差異。進行比較，是我們方法論的基本特徵，即使你很快地瀏覽本書也能顯而易見。我們不只是談論到將各個事例逐一比較，以將其分類，而且應用我們所謂的*理論性比較 (theoretical comparisons)* 來刺激我們對於屬性和面向的思考，並指導我們的理論抽樣。在本節中，我們再次討論進行比較的一般性層面，細節部份則在分析的章節中呈現。

將各個事例逐一比較（comparing incident to incident）
（如Glaser & Strauss, 1967中所見），以分類資料，是其理自明
的。在屬性和面向的層次上，每一個事例都被拿來和其他事例相比
較（見第八章），以顯現其相似性和差異性，並加以群聚或置放入
一個類別之中。然而，在進行編碼分析時，我們有時會遇到一些顯
露出其重要性或意義的事件，但我們並不知道要如何來將之命名或
分類，因為我們無法辨認或掌握其屬性和面向。也許是屬性或面向
並不涵蓋於資料之中，或者他們雖在其中，而我們卻沒有足夠的敏
覺力來辨認他們。那時，我們會轉而進行我們所謂的理論性比較。
進行理論性比較需要進一步的說明。人們通常即是以比較的方式來
思考，並在談話中使用了隱喻（metaphors）和明喻（similes）
（這是比較的一種類型，或者用某一事物來代表另一些事物）。我們
使用了這些技術，來釐清或增加瞭解。例如，我們可能會說：「昨
天，我的工作像是在動物園一般。每個人都想立刻從我這兒要到一
些東西，匆忙奔走的人看來似乎沒有目的或方向」。當我們以此方
式來說話時（「工作像是在動物園一般」），我們並非試圖要傳達特
定的東西，而是要傳達一種心情（mood）或基調（tone）。我們所
要傳達的是此一情境的屬性，以及那些超越特定情境的屬性。像是
「要求甚殷的」（demanding）、「鬧烘烘的」 （hectic）、「沒有方
向的」（directionless），都是此一情境的屬性，傳達出我們賦予
這一天的基調和經驗之意義。我們並不是說我們被關在動物園中，
而是我們想到的某些屬性與動物園中的日常生活有關，可應用於理
解我們這一天的工作。我們再提供另一個更具特定性的實例。當我
們去到雜貨店購物時，我們看到兩籃橘子，每一籃標著不同的價
錢。為了理解它們為什麼會有不同的標價（price）（一個價錢的屬
性），我們會依據其他特定的屬性如顏色（color）、大小（size）、
形狀（shape）、氣味（smell）、硬度（firmness）、多汁度
（juiciness）、甜度（sweetness）等，來比較它們。我們希望藉由
這些特定的屬性及其面向來檢驗這兩群橘子，我們會瞭解為什麼他
們會有標價上的差異，然後選擇最實惠（cost-effective）的橘
子，而這不必然是由價錢本身所決定的。如果較便宜的橘子乾癟而

嬌小，可能不會是個好交易。然而，常識性比較（commonsense comparisons）並不會像我們在研究中所使用的那樣有系統，也不會探討理論性議題，諸如這兩籃橘子彼此之間有何關連？或者他們在大小、形狀、和／或甜度等有何差異，以促使我們更進一步去探討有關橘子生長中的照顧、土壤、溫度，及之後的價錢控制等的議題。我們首先尋求的是分類（classification），其次關注的是理論（theory）。

簡單地說，在屬性和面向層次上的比較，提供人們一個知道或理解其周遭世界的方式。人們並不創造世界，或創新每一天；而是，他們依據其所知道的，以試圖去理解他們所不知道的。這並不是說他們會將沙發稱作床鋪，或將大樹看作是花朵；而是，他們引用某一事物的屬性，並據此與其他事物的屬性來加以比較。以此方式，他們發現了每一項事物的相似性和差異性，並據此來界定事物。人們會學習到床鋪可被用作為沙發，反過來亦然；但同時，他們也會更充分地知道或瞭解每一項特定事物的功能或特徵，以及在何種情況下，該事物可被用作為另一項事物。

我們在分析中使用理論性比較，其目的和我們在日常生活中所使用的相同。當我們對資料中某一事例或事件的意義感到困惑，或無法釐清；當我們希望以不同的方式來思考事件或事物的意義（潛在意義的範圍），我們轉向使用理論性比較。使用比較有助於帶出屬性，以用之於檢驗資料中的事例或事物。我們在進行理論性比較時，所使用的特定事例、事物或行動，都可以擷取自文獻（literature）或經驗（experience）。這並不是說，我們使用文獻或經驗來作為資料，而是我們使用從比較性的事例中所擷取出來的屬性或面向，來檢驗我們面前的資料。就像我們並沒有重新再造我們周遭的世界與日常生活，在分析中，我們係依據我們所知道的，來協助我們瞭解我們所不知道的。理論性比較是以較為客觀的方式來省視某些事的工具（一系列屬性），藉由對事物的屬性和面向進行透徹地檢驗，將事物加以命名和分類。如果在資料之中，屬性是顯而易見的，我們即不須依賴這些工具。然而，由於我們不善修飾的雙眼常無法窺見細節，而且由於作為人類的我們，無論多麼努力

去「解構」（deconstruct）事件、事例或訪談，仍會在詮釋事物時產生許多謬誤，我們總有時必須退後一步，詢問「這是什麼？」。在詢問此一問題時，我們即開始（即使是無意識地）依據我們所知道的屬性，來進行比較。

我們所擷取用來進行理論性比較的事例，可能在性質上相當類似於資料中的事例，也可能有相當的差異（見第七章）。這是很可能的，因為我們總是處理概念，而不是資料或事例的特定性。不是特定的事例，而是該事例象徵了或表徵了什麼。例如，假設在一次訪談中，一位護士說：「當我獨自在夜間工作時，我偏好和另一位有經驗的護士合作。當我和一位較無經驗的護士一起工作時，最後我總會擔負了大部份的工作量。」在此一陳述中，為了瞭解她所意指的是什麼，我們轉向比較性地思考有關「有經驗的」（experienced）和「無經驗的」（inexperienced）兩個詞彙，似乎並不是說這位護士不喜歡和這些人一起工作。我們可能會說：「讓我們來看看沒有經驗的女裁縫師或司機，而不是護士，看我們能學到一些什麼」。因為我們是對「有經驗的」和「無經驗的」這兩個概念感到興趣，而不是女裁縫師或護士的特殊狀況，我們的比較群體包含哪些並不重要。我們只是要尋找能用於檢驗資料中事例的一系列屬性。**我們並非將這些屬性直接應用於資料中，而是作為檢驗資料的一項工具或手段。**一位無經驗的女裁縫師或司機，可能有過度謹慎、容易憂慮、經常尋求指導、害怕違反常規、易於出錯、對自己沒把握、害怕處理危機等等屬性。現在，當我們對於無經驗的工作者可能會有的屬性，有了一些想法之後，我們即能省視資料，看看這些屬性是否也存在於我們的資料之中，並協助我們更為明確地判定這位護士究竟意指的是什麼。由於我們已經對無經驗所指涉的意涵有所理解，我們即能更敏銳地覺知在資料中要尋找什麼。再說一次，我們並不是說，這些屬性存在於資料之中，或是這些屬性可描述這位護士所指稱的意涵。所不同的是，我們係在屬性和面向的層次上思考。這很重要，因為若要界定「有經驗」和「無經驗」的意義，我們必須能夠陳述其所包含的屬性。（然而，我們總要謹

記在心的是，也許有經驗和無經驗並不是議題之所在，而是某些其他的東西。不過，我們可以先忽略這點，或至少暫時予以擱置保留，等到我們在資料中找不到屬性或面向時再予處理）。在進一步的訪談或觀察中，我們可以詢問問題或觀察那些可提供我們更特定且可明確定義的資訊。例如，我們可以觀察有經驗和無經驗的護士，注意他們如何發揮功能，以及如何在不同情況下（如例行性或危機情境）處理難題，據此進行**理論抽樣（theoretical sampling）**，或者在概念的基礎上抽樣，且使抽樣的情境具有最大的變異性。（見第十三章有關理論抽樣的更多資訊。）

在我們討論開放編碼與主軸編碼的章節中（第八章和第九章），讀者將會注意到，當我們有所懷疑或感到困惑時，我們即會進行理論性比較。然而，此一活動的性質可能隨著我們試圖要解決的不同分析難題而有差異。有時候，我們使用了相當類似的比較。其他時候，我們使用了所謂的**「遠端比較」**（far-out comparisons）。我們的作法是依循社會學家E. C. Hughes所提供的實例，他喜歡做令人驚異且震撼的比較，例如比較精神治療師和妓女的工作，他發現二者均隸屬於某些專業領域，有當事人或受輔者，因其工作而獲得報酬，而且「要小心避免和因私密問題前來求助的當事人產生個人的情感涉入」（Hughes, 1971, p. 316）。比較的進行甚至可以在研究案的初期，即對不同層級的事物、事例或行動來實施。<u>其目標是要敏銳覺知可能和現象相關的屬性之數量和類型，否則這些屬性可能不會被注意到，或只在研究後期才受到注意。</u>

我們還想提供有關如何進行比較的其他實例，以有助於我們瞭解，並擴展我們對於屬性和面向的思考。請注意，進行比較將有助於我們打破標準化的思考方式，並刺激我們去詢問有關資料的問題。我們在此處所要檢驗的概念是「花園」（gardens）。我們試圖要擴展我們對此一現象的理解。假設我們正在研究英國鄉間的小型花園之**性質**（nature）。我們注意到在英國中產階級的房屋前面，有些花園開滿了花朵，看起來卻有些凌亂不堪、毫無秩序。我們想

要找出答案來回答一些問題，像是：為什麼這些花園看起來是這樣，而不是那樣？它們用來做些什麼？它們怎麼會變成這個模樣？以及誰會欣賞這些花園？等等問題。一個有關其屬性的扼要清單，可能包含了小型、看來毫無秩序、五顏六色、和隨意，及其隱含的相對面向（大小、程度、和時間等）。現在，假設我們要拿這些花園，來和觀光客經常到訪的著名花園相比較。這些著名的花園保留了十七、十八世紀法國宮廷的堂皇富麗，它們的特徵包括其形式（formality）—某些人說「呆板生硬」（stiffness）或「靜態」（static）—以及樹形枝葉的對稱性（symmetry），卵石路面限制行人的通行路徑，壯麗的噴泉和雕像，以及其貴族感。接下來讓我們想想看玫瑰花園，僅專精於百花中的一類（一種非常具象徵性和受歡迎的花），卻種植著各式各樣玫瑰的花園，其花園的安排方式係讓人們可以觀賞之，而不會採折之。其次，還有如在Botswana的鄉村花園，有一位來自Botswana的學生曾將之描述為「社區共有的」（communal），具有許多的「社會性」（sociality），其設計基本上是為了生產食物。回到我們的討論焦點—英國家居花園，我們將依據從檢驗其他類型花園中所抽取出的屬性，來詢問有關的問題。**我們並不是說，英國花園必定也具備了那些屬性，而是說，我們使用這些屬性來作為工具，以檢驗英國的花園。**透過此一比較歷程，們學習到思考和詢問有關花園的問題，較之尚未進行此類比較之前，更迅速地會想到且詢問這些問題。我們可能會詢問，為什麼在這些花園中沒有雕像或沒有種植蔬菜？為什麼它們是個人的花園，而不是社區共有的花園？以及為什麼它們的設計是用於觀賞，而不是用於採折—或者它們既可觀賞也可採折。我們所提供的實例，並非要強調進行比較的程序層面，其主要功能是用來加速且促進分析。

進行理論性比較還有其他的功能：促使研究者較快速地將注意力從描述個案的特定層面（如這個花園非常美麗）轉移出來，<u>以更抽象地思考這些不同類型花園的共通性和差異性。</u>會使質性分析初學者感到困難的是，他們常會聚焦於鑽研確切的「事實」（facts），以致投入了大量的心力去檢驗和爭論細節，卻無法抽象地思考，或無法將注意力從特殊性轉移至一般性。我們所討論的議

題，並不是一匹馬有多少顆牙齒，而是要如何省視其牙齒（數量、大小、照顧、齒齦的紅潤度等），並將之和其他匹馬的牙齒來加以比較，以使我們明白這匹馬的健康情況，以及預測其贏得賽馬的能力。我們想要知道要將我們的賭注下在哪一匹馬身上。

如果你討厭或喜歡前述花園中的任何一種類型，比較很可能會促使你去挑戰你會有此反應的原因（或偏見）。進行這類比較將促使分析者去質疑其假定，並詢問這些假定如何影響其研究的進行。至少，這類檢驗將會迅速地突破對花園的刻板化看法，諸如它們只是種植蔬菜且應該井然有序，以及它們只適合於有錢人或窮人、都市人或鄉下人、大廈公寓或獨棟房屋等等。

我們還要提醒的是，這類比較可以使用於理解任何現象。例如，假設你想要研究電腦工業。這個工業先前係由一家大型企業集團（IBM）所主導，在過去的十年之前快速繁衍興盛，增加了許多公司、消費者、外圍工廠，並和同樣迅速擴展的軟體工業有著堅實的連結。快速瀏覽其他工業，將會使你的眼光更為銳利地觀察這個工業可能發生的事，以及不會發生的事。想想看伐木業。它有著悠久的歷史，有很強的地區性，經常和環境保護者及地區中的其他團體發生衝突。或者，想想看石油工業，其組織多涵蓋國際性範疇，關注各項國際事務。可以理解的是，石油工業和伐木工業二者都擁有強力的遊說策略。此外，他們擁有大量且層次分明的消費者關係，與許多其他的工業組織相連結，而且當然也廣泛地吸引了大眾的目光。或者，想想看某些擁有實質的且經常是大型的政府周邊組織的工業，如美國的農業。依據上述列舉的這些屬性，在我們蒐集有關電腦工業的資料時，將會注意到這些屬性（如與其他工業的關係、遊說策略、興趣的衝突等）是否能在我們的資料中發現。這些都可能會在我們的資料中顯現出來，並影響人們在該工業中或對該工業所採取的行動，以及工業代表的行動。從此類比較中所擷取而來的心理刺激，擴展了我們的視野（例如，使我們更能敏覺到資料中有些什麼），促使我們能描繪出屬性和面向，以界定現象之意義，並賦予理論之特定內涵。

本章摘要

我們以列舉出詢問問題和進行理論性比較的功能,來摘要本章所述的重點。

詢問問題和進行比較

1. 協助分析者理解事件或正在發生之事的意義 (meaning),否則其意義可能曖昧不明。
2. 促使研究者敏銳覺察資料中可能存在而尚未發現的的屬性 (properties) 和面向 (dimensions)。
3. 建議進一步的訪談問題,或奠基於演化中的理論分析 (theoretical analysis) 來做觀察。
4. 協助分析者較迅速地從描述 (description) 的層次,轉移至抽象 (abstraction) 的層次。
5. 藉由立即將分析者帶到較抽象的層次,挑戰研究者過於聚焦在單一個案的傾向。
6. 迫使分析者檢驗其基本假定 (assumptions)、偏見 (biases) 及其視野觀點 (perspectives)。
7. 迫使研究者對演化中理論 (evolving theory) 進行更仔細的檢驗 (examination),有時會使初步架構更具理論性,或是產生改變。
8. 促使分析者更可能去發現各種不同的變異性 (variation),及一般性的組型 (patterns)。
9. 確保對資料分析採取一種更具流動性和創造性立場的可能性。
10. 增進類別 (categories) 之間的連結 (linking) 和密度 (densifying)。

最後，我們要再次強調，當我們詢問問題和進行比較時，我們並不是將這些問題的答案，或者我們所辨認出的屬性和面向，用來作為資料；而是，我們係使用其作為工具，來協助我們對於眼前的資料能獲得較佳的理解。

Chapter 7

分析工具

在第六章中，我們介紹了進行比較和詢問問題的基本操作程
序。這些是本方法論的基本程序，應該在分析歷程中一致地和有系
統地來使用。在本章中，我們呈現一套分析工具，不同於所述之基
本程序，但在分析歷程中具有相同的重要性。分析者所使用的這些
設計或技術，有助於進行比較和詢問問題。所有以手工營生的人，
無論是藝術家或工匠，都需要工具來協助其工作，這些工具係被用
為身體的延伸，並促進使用者有效地執行其工作。想像一位房屋油
漆工正試圖粉刷牆壁，卻找不到刷子或滾輪。或者，想像一位音樂
家正試圖演奏一首曲子，卻沒有樂器。他可能輕哼著曲調，但絕不
會有和樂器演奏相同的品質。工具須賴使用者謹慎地運用，並適合
來處理其手邊所進行的工作。而「分析工具」則有相同的功能，其
目的是增加敏覺力，協助使用者辨認「偏見」（bias），並克服「分
析障礙」（analytic blocks）。我們此處所描述的分析技術，只是
我們在分析歷程中所使用到的部份技術之實例。其他研究者則會因
為類似或經常不同的目的，例如排序和組織資料，而使用其他分析

分析工具

工具（參見Dey, 1993所使用的多項不同技術；Feldman, 1995討論了俗民方法論、語意學、演劇學、和解構等技術；Miles & Huberman, 1994有關矩陣的使用；和Weitzman & Miles, 1995應用電腦的實例）。即使是有經驗的研究者，亦需要深入探查和組織資料的方式，尤其在分析歷程中面臨分析障礙時，更仰賴適當的技術來克服障礙，向前推進。我們在分析歷程中如何實際運用這些工具，已在第五章微觀分析中做了部份的說明。

如我們所說的，分析工具對於促使我們能敏銳覺察到類別中相關連的屬性和面向，甚有助益。記得稍早我們曾說，我們分析的目的是為了建立理論，而我們建立理論的方法，並不只是處理單一的個案，之後接著處理下一個個案，並視之為分離獨立的個案。而是，我們希望知道這個個案究竟教導我們些什麼，以理解其他的個案。我們希望**從特定性（the specific）轉向較一般性移動（the more general）**。所以，我們使用個案來開啟我們的心靈，以理解潛存於任何一筆資料內的潛在意義之範圍、屬性、面向和關係。所以，當我們轉移至下一個個案，以及接下來的其他個案時，我們會更為敏覺到新個案可能教導我們的各種可能性及其他。換句話說，如果我們分析花園中的百花，並辨認出這個花園中的花卉有其特定之顏色、大小和形狀等，我們會希望在下一個花園中來檢驗那兒的花卉，並依據同樣的屬性、面向來做比較。因此，我們就可以知道他們和先前經過檢驗的花卉有些什麼相同或是不同。這使我們能非常精確地界定一個現象。

特定的個案可提供我們省視所有個案的指導原則（屬性和面向），促使研究者從描述（description）轉向概念化（conceptualization）移動，並從特定性轉向一般性或抽象性移動。當我們說，我們正在進行理論性編碼時，我們意指依據概念來編碼，並掌握其屬性和面向上的變異。我們不會只是緊盯住一個個案。而是，<u>藉著詢問有關這個個案的理論性問題</u>，並依據類別之屬性和面向進行比較性思考，我們開啟心靈接納所有的可能性，進而應用於抽取其他個案。當我們檢視了其他個案，並逐一比較事例時，我們將更能去辨認出類別的相同性和變異性，並看到適用於一

個個案的類別也可能與下一個個案有所關連，以及這兩個個案之間有何差異。我們要再一次提醒我們的讀者，在研究歷程的初期，分析是暫時性的，因此必須藉由對新蒐集的個案進行經常性比較（constant comparisons），來驗證我們的類別（事實上，我們也在命名或詮釋所發生的事）。下表的摘要，說明了有關分析工具之目的。

分析工具之目的

1. 將研究者的思考從專業文獻和個人經驗的限制中轉移開來。
2. 避免研究者對現象採取標準化的思考方式。
3. 刺激歸納的歷程。
4. 聚焦於資料的內涵，而不將任何事視為理所當然。
5. 促進澄清，或卸除對被研究現象之先前假定。
6. 聽人們所說的，和所做的事。
7. 在檢驗資料時，避免倉促地略過「粗石堆中的鑽石」。
8. 推進問題的詢問，並提供暫時性的答案。
9. 促進對概念做多樣化的命名，即使是暫時性的。
10. 發現類別中的屬性和面向。

提問的運用

我們在此要討論的第一項分析工具，是提問的運用（the use of questioning）。我們希望詢問好的問題，能促使演化中理論的發展。雖然詢問問題在前一章基本操作程序中已有相當的探討，我們此處所要討論的提問之類型，較具特定性，包括諸如下列的問題：誰（who）？何時（when）？為什麼（why）？何處

(where)？什麼（what）？如何（how）？多少（how much）？產生什麼結果（with what results）？這些問題在稍後探討主軸編碼和選擇編碼的章節中（第九章和第十章）會在做深入的說明。當研究者在其分析歷程中受到阻礙，似乎除了以標準化方式來解釋現象之外，已看不到任何其他事時，這些問題將會特別有用。在 Lamont（1994）所著作的一本書中，問題的使用被認為是開展文本寫作的一種方式。她建議，詢問問題有助於寫作者克服不知從何處開始的初步障礙。雖然 Lamont 所討論的是寫作，而非分析資料，但我們在進行比較和資料分析中仍為遭遇類似的障礙。我們要牢記的最重要一點是，我們使用問題並不是要產生資料，而是要產生省視資料的想法或方式。

為了進一步闡明我們所說的，讓我們向前躍進一步，使用第八章開放編碼對概念命名的練習中，所產生的一個概念。這個概念與違法藥物的使用（illegal drug taking）有關。讀者如果想要知道細節，可以先翻閱第八章。然而，因為大部份的人對違法藥物的使用至少都有一些常識，先行閱讀不見得是必要的。這個概念是「**贊助供應網絡**」（obliging supply network）。關於這個概念，我們可能會詢問的問題，包括：「**誰**」在供應違法藥物？「**誰**」在購買違法藥物？我們可能會去看看資料中是否能找到答案—其他學生、朋友、特別的男朋友或女朋友、其他學校的學生、局外人、幫派成員、成癮的販毒者？詢問這些類型的問題，不只促使我們藉由持續的訪談和文件分析，去瞭解更多關於這兒是怎麼一回事，而且也會激發出其他我們想要去探詢的議題。例如，藥物使用的情形可能有相當大的變異性，取決於誰在供應，以及誰在購買，和為什麼？一個男生可能會在嘗試嗑藥中感到興奮愉悅，如果是他的女朋友或足球隊成員鼓舞他去嘗試嗑藥的話。另一方面，也許一個青少年雖對藥物感到好奇，卻不希望女朋友或足球隊夥伴知道，他可能會向連朋友們都不認識的校外人士購買。現在，我們提出了這些議題，我們即可以藉由將「藥物使用」（drug use）概念和「供應者」（supplier）概念區分開來，在這組資料中或透過進一步的資料蒐集，開始對藥物使用量的差異性進行理論抽樣。（注意我們所處理

的是要藥物使用量的屬性。)

下一個要詢問的問題是**「何處」**。這個供應網絡最有可能是在何處運作的呢？在舞會中、在學校校園中、當學生離開校園去午餐時，或是學生放學之後，在當地青少年聚集場所？這個問題幫助我們去思考「地點」(site)，並提供一些場所可作為「供應」(supplying) 概念的理論性抽樣。

接下來的問題是**「什麼」**。所供應的是什麼藥物？或者，讓問題更為複雜一些，在哪些場所供應什麼藥物？現在我們須區分「藥物類型」(types of drug) 和「供應者」。我們接著轉至問題「如何」。某人如何知道或涉入這個供應網絡呢？或者，某人如何讓其他人知道，他在從事藥物供應的買賣？青少年是否使用了一些語言或非語言代碼，顯示他們想要購買或販賣藥物？是否有一個檢驗程序來判定某人是嗑藥者或販賣者，而不是警察？以藥物換取金錢的交易的可見度為何？要如何才能讓交易在暗中進行？如果青少年無法負擔嗑藥所需的金錢，或者如果他們因為販賣或使用而被逮捕，會發生什麼情形呢？假設藥物隨處可得，那麼為什麼不是每個人都知道，或不是每個人都嗑藥呢？

還有另一個問題是**「多少」**？哪些類型的藥物供應了多少？這樣的供應是無限的且隨時可得的嗎？在舞會中是否有足夠的藥物供應量，讓每個人進入亢奮狀態？或者在舞會中使用藥物的目的較多是創造團體的凝聚力，以至於只要讓每個人吸一小口就足夠了？

研究者可以持續不斷地提出這類問題。沒有人能說答案可在資料中找到，或者是問題能產生更多資料。然而，這些問題可以刺激我們去思考到何處去做理論性抽樣，或是要詢問受訪者哪些更進一步的問題，以及研究者應該還要做哪些觀察？逐漸清楚的是，藉著詢問問題，我們能理解到有關「贊助供應網絡」的概念，還有許多是我們可以去學習的。它不再只是一個命名或標籤，一個事件的標題，而是一整組新的想法，只要我們依循著這些問題來蒐集資料，即能告訴我們許多有關青少年和藥物的知識。

另一類有用的問題，是**時間性 (temporal)** 問題，諸如頻率 (frequency)、期間 (duration)、速率 (rate) 和時機

(timing)。另一類問題則是空間性 (partial) 問題,諸如多少空間 (space)、何處 (where)、是否受到限制 (circumscribed),以及開放 (open) 或封閉 (closed) 等。這些問題更能促進我們領悟洞察。販賣和購買藥物的青少年,會將其藥物藏匿在校園中的何處呢?他們在何處買賣?多常買賣?每次買賣要花多久時間?其他人會不會看到呢?研究者也可以詢問**技術性** (technological) 問題,諸如:販賣或使用藥物時,需要特殊的設備或用具嗎?如果是的話,這些設備或用具從那裡來?誰會販賣?或者,研究者可能會詢問**資訊性** (informational) 問題,諸如誰知道誰在使用、販賣、和何處去購買藥物。此外,研究者可能詢問有關**規則** (rules)、**文化價值** (cultural values) 或**道德** (morals) **及標準** (standards) 等問題(純粹就藥物的案例來說)。所有這些問題都會刺激我們對於青少年和藥物的思考,而且也會促使我們更敏銳覺察到在現有及未來的資料中,還有些什麼值得探究的內容。

 ## 對字詞短語或句子的分析

接下來,我們要闡明當我們受困於「分析轍槽」(analytic rut) 中時,我們經常會藉由字詞、短語或句子的分析,將自己拉拔出來。這項技術特別有用,是因為它可促使分析者產生關於可能意義 (possible meanings) 的問題,無論是假設性的或是蓄意的。它也有助於分析者去覺察到他對所蒐集到資料的假定,省思資料中的其他可能意義和詮釋。此項練習可作為棋局上開展新機的一著關鍵棋,對於有經驗的研究者而言,則是一項檢核自身之先前概念的方式。

通常,當研究者看到或聽到一個字詞時,他會賦予其一個意義(詮釋),此一意義係衍生於該字詞的一般文化用途或研究者之經驗。這是我們—分析者—知覺到受訪者的行動所試圖要表達的,或是事例所指明的。無論我們多麼努力要維持分析的立場,我們的詮

釋可能正確，也可能不正確。拿這個字詞「藥物」（drug）來說。對一個需要特定藥品來維生的人來說，這個詞意味著「供給生命」（life giving）。對另一個人而言，則意指藥房櫃檯中所賣、用以治癒頭疼的藥丸。對一位成癮者，則意味著「紓解」（relief）。對成癮者的重要他人來說，它卻可能意味著「痛苦」（pain）。某些人會說，所有藥物的使用都是具有「破壞性的」（destructive），然而其他人會說這取決於誰在使用、為什麼使用和何時使用。當然，「使用」此一概念的背景脈絡，應該指出其意義。然而，這意義並非總是顯而易見的；而且，有時受訪者告訴我們的話也並不一定就是他所意指的。我們必須尋找被隱藏著或受到遮蔽的意義，而這些意義並不會立即顯現於資料之中。

在分析字詞、短語或句子時，須瀏覽文件，或者至少文件中的數頁，然後專注於處理吸引分析者注意的字詞或短語，這些字詞或短語可能是具有重要意義或是在分析上是有趣的。然後，分析者開始羅列出他腦海中想到的關於該字詞的所有可能意義。依據這份清單，分析者即可轉向文件，尋找能指陳出意義的事例或字詞。舉一個青少年在談論藥物使用時所提及的短語為例，青少年使用藥物作為「挑戰成人的立場」（challenge to the adult stance）。「挑戰」這個字可以有許多不同的意義。因為我們的受訪者並未明言她說這話時意指為何，我們只能推測她試圖要說的意涵。「挑戰」可以意指一種獨立感、一項叛逆的方式、一項學習關於自己和關於藥物使用的方式、一項掙脫父母權威的方式、一項界定自己是誰的方式。所有這些都是可能的詮釋。分析者須藉由仔細檢視資料，並進行比較分析，以判定哪一項詮釋最為正確。其他的青少年是否表達了同樣的想法，作為他們為什麼使用藥物的理由？或者，他們是否提供了其他可替代性的解釋？我們也許會發現，當我們將其和資料進行比較時，這些意義都無法通過仔細的查驗；但至少當我們檢視資料時，對於要尋找些什麼會有一些想法，而不會只是呆呆地盯視著資料，卻浮顯不出任何東西來。

透過比較做進一步分析

　　如同我們在基本操作程序（第六章）中所討論到的，進行比較基本上是為了辨認出類別，和發展類別。我們討論了兩類比較。第一種類型是逐一比較事例或事物，以尋找屬性的相似性和差異性，並加以分類。例如，藉由比較兩種花卉的大小、形狀、顏色，和其他特徵，我們學習到其中一種花卉具備了我們所知道的「玫瑰」的特徵，而另一種花卉則有著「紫羅蘭」的特徵。

　　第二種類型的比較，是進行理論性比較，包括比較類別（抽象概念）和相似或相異的概念，以帶出分析者尚未明顯看出的可能屬性和面向（它們可能就在那兒，但也許分析者受到阻礙而無法辨認出來）。接下來，我們要討論兩類理論性比較，就是「凹凹凸凸技術」（the flip-flop technique）和對二個或更多概念進行「系統性比較」（systematic comparison），而後者可進一步再區分為「近端」（close-in）比較和「遠端」（far-out）比較。**再說一次，我們並非意指這組資料具備了這些屬性，或者這些屬性可以在未來資料中找到；我們只是說，這些具有可能性，我們必須要檢視資料，才能以更大的和敏覺力去看清資料中有些什麼。理論性比較也提供了一些有關理論性抽樣的想法，以發現資料的變異性。**

凹凹凸凸技術

　　第一個比較的技術是凹凹凸凸技術（the flip-flop technique）。指的是一個概念被轉為「內向外」（inside out）或是「上朝下」（upside down），以獲得對事件、事物或行動/互動的不同視野觀點。換句話說，我們藉著省視反面或極端事例，來找出有意義的屬性。例如，另一項與青少年藥物使用有關的概念是「取得管道」（access），具有著「容易」（easy）的特徵。為了更加瞭

解「容易取得」（easy access）所隱含的意義，我們必須詢問其反面事例。如果藥物的取得是「困難的」（difficult），那青少年藥物使用會是怎樣的光景呢？也就是說，如果青少年必須旅行甚遠的地方才能獲得藥物、詢問許多人、或在獲得藥物之前須通過特定的檢驗，青少年的藥物使用情形會如何呢？「困難取得」（difficult access）會使得青少年在嗑藥的數量和類型上有所不同嗎？一旦我們思考了「困難取得」可能意指的涵義，我們就能回到我們的訪談中，依據使用藥物的數量、類型和頻率，詢問更多有關「容易取得」可能的涵義。繼續以這個例子來說明，如果研究者想到藥物是「困難取得」的，他可能會做個結論：甚少地方可買到藥物、藥物在舞會中較少流通，而且藥物可能會較為昂貴。回到「容易取得」的概念，研究者可能會尋找一些屬性，像是藥物可取得的**程度**（degree），藥物**多少價錢**（how much），以及購買藥物的**場所**（places）等。這會產生其他的重要問題。如果「容易取得」是讓青少年較易於嗑藥，那麼為什麼不是所有的青少年都嗑藥？究竟是什麼原因讓一些青少年利用了藥物取得的便利性，而其他青少年卻不然？是否一些青少年更具冒險性、更叛逆、更好奇，且更易於受到同儕壓力？這些問題會促使研究者在蒐集資料時，更進一步沿著概念線來抽樣。另一項策略則是將青少年嗑藥反轉過來，省視「未嗑藥」（non-drug use）的青少年，看看會產生什麼領悟洞察。研究者可以接著訪談完全未嗑藥的青少年，將其訪談內容和嗑藥青少年的談話相比較—當然，要思考的不是特定的訪談內容，而是概念的事例，及其屬性和面向。

二或多個現象的系統性比較

另一項比較技術是進行**系統性比較**（systematic comparison），意指將資料中的事例，和從經驗或文獻中擷取的事例來加以比較。比較的目的是促使研究者敏銳覺察資料中的屬性和面向。由於研究者常不知道要尋找些什麼，而忽略了這些屬性和面向。比較性的或是「其他」類別，會刺激分析者去思考其屬性和面

向。記得我們先前曾經說過，當我們在進行理論性比較時，我們係比較概念，而不是個人或個案。**我們有興趣的，不是有多少人顯示出這個概念，而是這個概念多常出現，和它在不同的情況條件下看起來像是什麼（即，它的屬性）。**比較性的概念可能是「近端的」(close in)（即，與研究者想要探索的概念具有相似的性質），或者是「遠端的」(far out)（即，與所探索的概念並不相似）。一個近端比較的實例，是將「有限度試驗」(limited experimenting)的概念和酒精「偶而使用者」(occasional user) 的概念加以比較，因「有限度」和「偶而」可被視為頻率屬性之面向，而且酒精和藥物使用二者都有可能成為成癮性物質。我們可能會詢問下列問題。作為一個酒精的「偶而使用者」意味著什麼呢？偶而使用的屬性有哪些？一旦這些關於酒精濫用的問題被提出來，而且獲得答案，分析者就可省視藥物的「有限度試驗」，看看是否有一些屬性也出現在資料中，如多常使用、使用量多少，和效應的強度等。一個遠端比較的實例，則是將「有限度試驗」藥物的概念，拿來和「專業小提琴家」(professional violinist) 相比較。首先，研究者列舉出「專業小提琴家」的屬性（如練習頻率、演奏密度、時間和旅行的需求、對演奏和對其他活動的興趣程度等）。然後，研究者須看看這些屬性是否有任何可以應用到藥物使用的。雖然此一練習看起來遙不可及，事實上，它卻能將分析歷程向前推移相當大的哩數。研究者可以思考藥物使用的頻率、該經驗的密度、花費在獲得和使用藥物的時間數量、對此一活動的興趣程度、使用藥物時對其他活動的興趣程度等等。所有這些議題，都會產生出更多關於藥物使用的問題，並對「有限度試驗」的剖面圖提供更深入的洞察。**雖然實際的屬性係從資料中顯現出來，此項技術則有助於分析者辨認屬性，跳脫出經常會阻礙我們看清資料內涵的分析迷障。**

　　研究者係依據他所知道的，無論是取自於經驗或取自於文獻，來進行理論性比較。例如，研究者可能閱讀了一篇有關酒癮者的傑出研究報告，於是列舉出該論文中所提及的所有酒癮者的屬性及其面向。然後，他可能會詢問這些屬性是否和藥物使用有任何關連性。這樣一來，分析者就能省視資料，以發現屬性和面性的指標，

以及這個概念在面向連續體上所顯現出來的變異。一旦敏覺到所要尋找的，分析者就會開始從實際資料中建立屬性和面向的清單，並透過進一步的分析和資料蒐集來加以驗證和擴充。**最後，研究者的理論性解釋更為充分、更為特定且更紮實，因為一旦能敏覺到這些屬性和面向，即使是先前尚不可見，都已在此時變得顯而易見。當然，它們係從資料中顯現出來，顯現於敏覺的心靈，而非阻塞的心靈。**

搖紅旗

我們在本章所要討論的最後一項技術，是「搖紅旗」(waving the red flag)。分析者及研究參與者會將其偏見、信念和假定帶進研究之中。這並不是一個負面的特質，畢竟，人們是其文化、生活之當代、性別、經驗和訓練等的產物。重要的是，我們要能辨識我們或研究參與者的偏見、假定或信念於何時侵入分析之中。辨識此一侵入情況通常是困難的，因為當人們分享了共通的文化，意義就會被視為理所當然。研究者有時太過專注於其探究中，以致甚至未明白他們已接受了參與者的假定或信念。也就是說，他們「本土化」(go native) 了。然而，為了爭取參與者的公平正義，並給予他們適當的「聲音」(voice)，我們必須能夠後退一步，以有些客觀的方式來檢驗資料。**我們強調，研究者不可能完全沒有偏見。**然而，有愈來愈多的徵兆顯示偏見可能會在某些特定情況下侵入分析之中，因此我們必須後退一步，詢問自己：「這兒究竟是怎麼一回事？」

偏見侵入的指標之一，是接受了受訪者所用字詞或所做解釋之表面價值，或者是完全排斥而不去詢問受訪者究竟說了些什麼？無論何時，當我們聽到「總是」(always) 和「從不」(never) 的字眼，我們最好在腦海中搖紅旗。此外，一些短語像是「不可能那樣」(It couldn't possibly be that way) 和「每個人都知道就是這樣」(Everyone knows that this is the way it is.) 也是如此。請記住，我們思考的是面向性範圍，而「總是」、「從不」、

「每個人」和「不可能那樣」都只是代表了這個連續體上的一個點。我們也會想瞭解其他面向性變異，例如「有時候」(sometimes)和「偶而」(occasionally)，以及導致這些變異的條件。例如，我們班級中的一位學生研究對亞洲女性進行臨床處遇時的「詮釋員」(interpreters) 之運用。該學生解釋，當找不到女性詮釋員時，可能會找一位男性的詮釋員來為女性當事人做詮釋，但在這種場合使用男性人員是有問題的，因為一些涉及性的議題和婦科問題，在不同性別者面前討論會是很敏感的。從分析者的立場來看，「禁忌」(taboo) 和「從不」(never) 的概念被凸顯了出來，我們就要立刻在腦海中搖紅旗。接受此一立場且不會產生任何進一步的問題，對於熟悉亞洲文化的人是相當容易的。然而，「禁忌」的概念會帶出一些非常有趣的問題。如果一位女性的生命危在旦夕，處在此一威脅到生命的情境中，會發生什麼事呢？該女人或詮釋員會眼睜睜看著她死去，而不願意談論她發生了什麼事嗎？或者，是否有些微妙的方式可以碰觸這些禁忌的問題，如藉由推論、藉由提供細微的線索、或藉由使用非語言溝通？一位熟悉這個族群且敏銳的臨床工作者，是否能覺察出她沒有說出口的話，進而有所處理？這位女性會找到下次再回來就診的藉口嗎？單純地接受我們所聽到的話，卻從不發問或對議題做更完整的探索，將阻礙了我們去發展更具包容性和不同詮釋的機會。

分析的道德，就是不將任何情境或話語視為理所當然。重要的是去詢問每一件事，特別是當我們發現自己或參與者「本土化」或不假思索地接受了一般性觀點時。同時，當我們聽到一個字眼，如「有時候」，我們會想去探索這個「有時候」的情況條件，並判定是否有其他情況會產生「從不」或「總是」。我們想要去尋找牴觸或反面案例，以便發現概念隨著條件改變而產生變異的實例。即使在「從不」的情況，我們也想要知道為什麼是這樣，以及是什麼條件導致「從不」。我們應該要記住，人們周遭充滿了非常豐富的資源，許多年來，他們應該已找到了一些策略，來處理許多不同類型的情況。

特定的字詞，如「從不」和「總是」是一些訊號，引導我們更仔細地省視資料。我們必須詢問諸如下列的問題：這兒是怎麼一回事？「從不」或「總是」意味著什麼？從不，是在什麼情況條件之下？一個「從不」的狀態如何維持（如，藉由什麼交互作用的策略）？或者，一個人可以藉由什麼策略來規避這種情況呢？也就是說，如果有些人無法覺察到這種情況而打破了交互作用的規則或禁忌，會怎麼樣呢？最後，我們需要詢問的是，在什麼條件之下，規則可能會被打破或維持，以及接著會發生什麼事？

這是我們對於分析工具這章的結論。如果我們無法瞭解到工具和程序的設計目的，工具和程序就不會有何作用。我們留待下一章再做討論。

 本章摘要

在這一章中，我們呈現了一套分析工具或技術，以促進分析。我們期待分析者像任何優秀的手工藝師般，彈性地運用這些工具，以擴展其自身的技能。作為分析者，我們希望建立創造性的、紮根的和密實的理論。這有賴研究者能敏銳覺察到資料中所說的內容，並有能力辨識出我們自己或參與者的偏見於何時侵入了我們的分析之中。雖然某些分析者宣稱能夠將其信念和對資料的視野觀點「放入括弧」（bracket），我們發現那是說來容易做來難。我們知道自己從來不會完全沒有偏見，因為這許多偏見是無意識的，且根植於我們的文化遺產。我們發現，去承認這些對我們思考的影響，是較有幫助的，然後我們才能致力去找出突破或超越偏見的方式。將這些研究經驗記錄在研究日誌中，是追蹤研究者在資料蒐集和分析歷程中如何思考的有用方式。許多研究者已成功地使用了這項技術。此外，分析者也能夠運用本章中所提供的這些工具。雖然我們無法百分之百保證，但這些工具確實能刺激思考，提供可替代的詮釋，而且促進想法的自由流動。

Chapter 8

開放編碼

名 詞 定 義

開放編碼（Open coding）：用以界定資料中所發現之概念，及
　其屬性和面向的分析歷程。

現象（Phenomena）：由概念所表徵的資料的核心意涵。

概念（Concepts）：建立理論的構成要素。

類別（Categories）：代表現象的概念。

屬性（Properties）：類別的特徵，以界定類別，並賦予意義。

面向（Dimensions）：類別之一般屬性產生變異的範圍，使類別
　具有特定性，且使理論具有變異性。

次類別（Subcategories）：與某一類別有關的概念，可進一步
　釐清該類別，以使其更具明確的意涵。

　　在微觀分析那一章（第五章），我們闡明了開放編碼是一種動
態而流暢的歷程。在本章，我們希望讀者心中仍保有這個影像，但
同時我們則會將開放編碼的歷程，分解成為一連串的活動。將分析
歷程分解成為系列動作，是一種人工化但卻是必須的做法，因為分
析者必須了解在分析背後的邏輯。這是分析者所嘗試要藉由分析技
術與程序的運用來完成的任務。如果缺少了這種理解，我們將比較
不能正確地運用程序與技術，因為我們將對於何時、何處、如何使

用這些技術、何時可以忽略這些技術、或是如何修正這些技術等等，都將一無所知。本章將由討論一些概念以及概念化的形成開始。本章將會以取自於資料的屬性和面向，來解釋類別如何從資料中發現和發展出來。最後以開放編碼的不同策略來作為總結。

科學與概念

沒有**概念 (concepts)**，科學就無法存在。為什麼概念這麼重要？從我們一開始為現象命名的時候，我們就一直關注概念的問題。一旦我們保持對概念的關注，我們就可以開始以比較的方式來檢驗概念，並且詢問有關概念的問題。這些問題不只可以使我們有**系統地確認**我們所看到的，同時當它們以**假設 (hypotheses)**或**命題 (propositions)**的形式出現時，它們就指出了現象與現象之間可能的**相關**。最後，研究者之間的溝通—包括討論與論證之間必要且關鍵的互動，促使科學得以開展—皆因概念及概念間關係的明確表述，而成為可能。在Blumer (1969, pp．153-182) 的著作中，以上的觀點曾被詳細地討論過。

概念的發現是本章的重點。那麼，為什麼本章的標題叫做「開放編碼」(open coding)呢？因為，為了要發現、命名與發展概念，我們必須要開展文本，將涵涉在其內的想法、意涵與意義揭露出來。如果沒有這最初的分析步驟，那麼分析歷程的其餘部分以及其後的溝通，皆無法達成。廣泛地說，在開放編碼的歷程中，資料是被分解成為獨立的部分之後，再被詳細的檢驗與比較其中的異同。事件、事例、事物、和行動／互動等，一旦被發現在性質上具有概念的相似性或是意義的關聯性，即被以更抽象的概念來加以群聚，這些更抽象的概念就稱為「類別」(categories)。詳細檢驗資料中的異同，可以仔細判別出類別與類別之間的差異。在其後的分析步驟裡，例如主軸編碼 (axial coding)與選擇編碼 (selective coding)，資料可依據各個類別與次類別之間關係性質的陳述，而

被被重新加以組合。這些對關係的陳述（statement of relationship），通常被稱為「假設」。假設中所涵涉的理論架構，促使我們可以對現象的性質形成新的解釋。

本章之內容延續前幾章，尤其是第五章至第七章。然而，本章的主題更在於討論個別的分析任務，而非程序和技術，這些分析任務包括命名概念、定義類別，以及依據其屬性與面向來發展類別。

概念化

理論建立的第一個步驟，是**概念化（conceptualizing）**。概念是一種**被標定的現象**（labeled phenomenon），它是研究者從資料中所指認出的重要事件、事物、行動／互動等的抽象表徵。對現象命名的目的，是為了讓研究者能夠將相似的事件、事例、事物等，加以群組，並歸類在一個共通的標題或分類之下。雖然事件或事例可能是獨立的元素，但是事實上，它們也可能具有共同的特徵或相關的意義，使得它們能夠被群組起來。

概念化產生分類

概念的實例，包括龍捲風（a tornado）、飛行物（a flight）與政府部門（a government agency）等。每一個概念，皆代表了一個特定的現象。當概念被運用於溝通互動之中時，它們經常會激發一些共同的文化意象（common cultural imagery）。這是因為概念具有共同的屬性。例如「飛行物」（flight）這個字，就與飛鳥（bird）、風箏（kite）或是飛機（plane）等具有相同的屬性意涵。雖然物體本身的形式或大小可能不同，但是上述每一個例子皆擁有可以飛行的特定屬性。當我們想到上述這些物體時，我們就會在腦海中浮現該物體在空中翱翔的畫面。因此，一個被標定的事物，就可以和相似的物體被置放於同一個地方，簡單地說，就是可以**被分**

類（classified）。在一個特定的分類之內所涵蓋的任何事物，皆擁有一個或多個「可辨識的」（recognizable）（實際上被界定的）屬性（特徵），例如大小、形狀、外觀、體積、或是（在此例中）可以在空中翱翔的能力。比較不明顯的是，當我們在分類某些事物時，分類也隱含了該類事物所可能採取的**行動（action）**，不論是外顯的或是內隱的。飛行物包含了起飛與降落，以及在空中的移動，不論是自我推進（如飛鳥），或是藉助人力或與風力（如飛機和風箏）。

以多元方式分類事物

讓我們現在來看看一個更完整的分類實例。當我們在會議桌上擺著一個裡面裝有迴紋針的小塑膠盒子。我們詢問：「這是什麼東西？它有什麼用途？」當然，每一個人都答對了。然後，我們繼續問：「它還會是什麼其他的嗎？」學生的眼神一片茫然。所以，我們繼續問：「它還可能是什麼？它還可能用來做什麼？」學生們對這個想像力的遊戲很快就進入狀況了—它可以是紙鎮、武器、設計工具、玩具、或是一個很成功的工業產品。這些有關它還可能是什麼的補充，即是**多元可能分類（multiple possible classification）**的實例。也就是說，

> 任何可以命名的特殊事物，也可以用無數的方式來加以定位。此一命名歷程，將事物置放於一個可能具有相當不同層級關係的情境脈絡中。一個事物的性質或本質，並非神秘地存在於事物的本身，而是取決於它如何被定義（Strauss, 1969, p.20）。

不過同時，

> 活動的方向亦取決於事物被分類的特殊方式。.....這個有關該物體「是」什麼的定義，使得該定義所指涉的行動可以發生。馬克吐溫曾描寫過一個飛機實習駕駛員的故事，他錯把防風礁（無危險性的）當成是陡懸礁（有致命危險的），為了取悅可能已「正確地」看到該危險訊號的老闆，他竟表演了一手奇蹟式的滑翔動作，來閃避危險的虛擬陡懸礁（pp.21-22）。

為了達成分析的目的，重要的是要瞭解事物、事件、動作、行動／互動如何依其特性被分類，以及瞭解研究者如何定義並解釋這些特性（或是賦予其意義），即決定了概念如何依不同方式來加以分類。例如，迴紋針的盒子有足夠的重量可用作為紙鎮；它也有銳利的邊緣，可被用作為武器的功能。一個成熟的柳橙含有多少汁液，以及其大小、顏色、形狀、重量都可能影響到它在市場上的售價。

概念化或抽象化

　　現在讓我們來看看概念化的作法。我們在進行概念化時，就是將其抽象化（abstracting）。資料被分解成個別獨立的事例、想法、事件和行動，然後再賦予一個名稱來代表。研究者可能係在資料脈絡中進行比較檢驗時，藉由事物所喚起的意象或意義，而賦予能反映該意義的命名；或者，該命名也可以從受訪者本身所使用的字詞中所擷取出來。後者經常被稱為「實境代碼」（in vivo codes）（Glaser & Strauss, 1967）。當我們繼續進行資料分析時，我們會透過*比較分析（comparative analysis）*來指認出其他事物、事件或行動是否與某一事物或事例具有共通的特徵，如果是的話，我們就給它相同的命名，也就是說將它置放於相同的代碼。（另一種說法就是，事物或事件的特殊屬性，會在我們腦海中引發了相似的意象，因此，我們可將它們群組在一起。例如當我們看見飛鳥、飛機或是風箏，我們可能會被它們能夠在空中停留與移動的共通能力，留下深刻印象，以致將它們歸類為飛行物）。因此，當我們將相似的事物歸類在一起，並將我們認為不相似的事物區別出來，我們就是在對事物所具備的的一些相關特徵或屬性做出反應。在我們腦海中所激起的意象，可能會與一般人對這些事物的通俗文化觀點相當不同。如果我們對於事物的意像，與一般或標準的想法不同，且能以嶄新的思維來看待這些事物、事件或事例，那麼我們就可以創造出嶄新的理論性解釋（theoretical explanations）。這就是為什麼我們要像理論家一般，對資料作如此詳細的分析。我

們想要探討現象新的可能性，並以其他人以前從未曾想過的方式來
加以分類（或者，也許以前曾有人想到過，但是未曾依據其屬性與
面向來做有系統的發展）。

概念化的闡示

在《質性研究入門》(Basics of Qualitative Research) 的
第二版中，我們選擇使用實際的實地札記，來舉例說明分析的程
序。之所以這麼做，是因為我們相信未經過修改的實地札記，會更
近似於研究者正在處理的材料。從同一個訪談中所摘錄的材料，將
同時使用於本章和第九章中。這個訪談的參與者是一位廿來歲的女
子，內容則是有關青少年使用藥物的問題。請注意受訪者常需要以
直接詢問方式的刺激，才能夠說出她的想法。對於別的受訪者，訪
談者或許只須說：「請告訴我有關青少年使用藥物的情況」，他們
就會滔滔不絕地說上數個小時。此處的情況並非如此，然而很重要
的是，我們必須指出訪談者並沒有拿著預先擬定好的問題清單來提
問。相反地，她是針對前一個問題的答覆，再提出問題來詢問。這
些實地札記是擷取自我們所做的一個更大型研究的一部份資料，該
研究旨在探討與個人生命歷程相關的事例。

本章第一節中，我們試圖闡明*命名（naming）*或*標定
(labeling)* 的技術。與一般人的認知正好相反，概念化是一種蘊
含了一些創意的藝術，但也是可以經由學習而得到的一種藝術。由
於我們的目的是在於闡明**命名的作法，而不是實際上如何分析資
料**，因此我們只使用了訪談逐字稿的前幾頁。而且也不是將每一個
詞語或意涵都加以概念化。同樣地，我們所使用的命名是相當武斷
的，其他的研究者可能會使用別的命名或標籤，取決於他們的焦
點、訓練和詮釋。**而且請注意—這是非常重要的一點—概念化的命
名或標籤，應該要能夠顯示出事件所處的情境脈絡**。我們所說的
「情境脈絡」(context)，意指此一事件所存在的條件背景或情況，
例如我們談到青少年的嗑藥問題，而不是成年人的嗑藥問題。我們
發現青少年問題經常帶有一種探索的性質，需要或渴望去挑戰成人
世界的價值觀，有時候是對成人世界的叛逆，因此我們得到一個與
成人嗑藥成癮者相當不同的情境。

（注意：粗體字是概念化命名）

訪談者：請告訴我青少年及其使用藥物問題。

受訪者：我想青少年之所以使用藥物，是想要從他們父母處獲得釋放〔**叛逆行動**〕。哦，我不知道，我只能談我自己。對我而言，那是一種經驗〔**經驗**〕〔實境代碼〕。你會聽到很多有關嗑藥的事〔**嗑藥經**〕。你會聽說嗑藥是很不好的事〔**嗑藥經的負面意涵**〕。但它們卻到處都有〔**供應無缺**〕。你很自然就會嗑藥，因為很容易取得〔**容易取得**〕，而且因為它是一種新奇的玩意兒〔**新奇經驗**〕，太〔ㄅㄧㄤˋ〕了。你知道它是對你不好的一種東西、一種禁忌、一種「不」〔**負面意涵**〕。每一個人都反對它〔**成人的負面立場**〕，如果你是一個青少年，你首先要做的事就是去試試看〔**挑戰成人的負面立場**〕。

訪談者：青少年會嘗試很多藥物嗎？

受訪者：大多只嘗試一點點〔**有限度試驗**〕，端視你所處的環境，以及藥物是否容易取得而定〔**取得的難易程度**〕。大多數的青少年不會真的成為重度嗑藥者〔很好的實境概念〕〔**重度嗑藥vs. 有限度試驗**〕，許多青少年吸食大麻及一些有機藥物〔**輕度嗑藥**〕，就看你是處於生命中的哪一個階段而定〔**個人發展階段**〕，有一點像是漸進式的〔**漸進使用**〕。你由基本的藥物如大麻開始〔**基礎藥物**〕〔實境代碼〕，然後繼續嘗試更強烈的藥物如海洛因〔**強烈藥物**〕〔實境代碼〕。

訪談者：這些藥物的取得容易嗎？

受訪者：不論在那裡都可以取得〔**容易取得**〕，你只要告訴一些人〔**網絡聯繫**〕。你只要去參加舞會，那兒到處都是。你可以在學校中取得。你去問別人，他們就會直接告訴你，有誰可以供應給你〔**贊助的供應網絡**〕。

訪談者：嗑藥者會被貼上任何標記污名嗎？

受訪者：在你的同儕之間不會〔**同儕接納**〕。如果你所處的青少年團體中，每一個人都嗑藥，而你卻不嗑藥，別人會對你怒眼相向〔**同儕壓力**〕。你會想要告訴他們你也曾經嗑藥過，就像週遭的朋友一樣〔**分享同儕經驗**〕。在你自己的團體裡面，這不會是標記污名〔**成為圈內人**〕。很明顯的，圈外人像是老一輩的人會看不起你〔**圈外人的容忍度**〕，但在你自己的朋友圈子裡，這絕對不會是標記污名〔**同儕接納**〕。

訪談者：你說你是爲了要有經驗而嗑藥。青少年會談論嗑藥經驗嗎？

受訪者：那比較像是在分享經驗，而不只是談論經驗〔**參與其中vs. 對話談論**〕。你們談論的是去嗑藥，而不僅僅是嗑藥的感覺〔**嗑藥經**〕，我想這是由你嗑藥量的多寡來決定的〔**重度vs.有限度試驗**〕。在中學，嗑藥是一種風潮，所以大多數的青少年都嗑藥〔**社會現象的一環**〕。他們這樣做，並不是爲了獲得更高層次的經驗〔**非自我探索**〕，而是爲了要跟隨群衆的流行〔**同儕模仿vs. 自我探索**〕。

訪談者：你是不是說青少年之所以會被藥物吸引，是爲了與嗑藥相關連的大膽、冒險、和考驗？

受訪者：這就好像是活在快車道上一般〔**誘惑的命運**〕。你看看好萊塢的那些人，大多數的青少年將他們視爲偶像，他們有名氣且生活浪蕩〔**偶像模仿**〕。這些明星通常都嗑藥。

訪談者：你是不是受到好萊塢現象的吸引而嗑藥？

受訪者：或多或少是吧！我認爲這是很酷的事〔**很IN的事**〕，是一種充滿危險性的浪蕩生活〔**誘惑的命運**〕，我或多或少也是隨波逐流吧〔**同儕模仿**〕！我想要像每一個人一樣，但是我也是因爲聽厭了人們總是說藥物是邪惡的，他們根本就不知道嗑藥是什麼〔**挑戰成人立場**〕。我看到週遭的人嗑藥，卻沒有負面的長期效應，他們沒有變得邪惡，也沒有眞的上癮〔**與事實不符**〕。我討厭透了大人從來沒有嘗試過，就對藥物說教，他們只是藉此來表現他們的優越〔**呈現片面觀點**〕。他們所說的全都是負面的〔**負面意涵**〕，但是在你周遭的大多數人，並沒有這種負面的效應〔**與事實不符**〕。

訪談者：嗑藥對你產生了什麼影響？

受訪者：嗑藥時我會有不一樣的感受〔**經驗的知識**〕，它擴大了我的視野〔**擴大經驗**〕。我想，對嗑藥的說教都是太誇大其詞了〔**誇大成癮**〕，並不是每一個嘗試藥物的人都會上癮〔**反駁論證**〕。是的，我知道的，你可以吸食看看，它就像其他的東西一樣，你可以決定還要不要〔**自我控制**〕。嘗試一種藥物還不會上癮，必須要吸食許多才會〔**成癮是複雜的歷程**〕，並不是每一個會喝酒的人，都是酒鬼〔**嚴苛的界定**〕。如果你無時無刻都在喝酒，那和無時無刻嗑藥沒有兩樣〔**比較分析**〕。許

多藥物對你的身體可能造成的損害，不會比酒來得更嚴重。舉例來說，像大麻－是的，它會影響你，但是比起你喝醉酒或僅僅是喝了一兩杯，你還比較能夠好好控制自己〔**以控制作為準則**〕。

訪談者：再回頭來談談你的經驗....

受訪者：我一開始先吸大麻〔**初次經驗**〕。第一次吸食時，你並沒有亢奮狀態的感覺，所以就再試一些〔**延宕的經驗**〕。大多數人都必須先吸食個兩、三次，才會感覺到非常High〔**身體的調適**〕。在我感覺到很High〔**亢奮狀態**〕之前，我大概吸了五、六次〔**反覆嘗試**〕。我是在一個舞會上開始嘗試的〔**社會行動**〕。青少年彼此傳來傳去，沒有人會去質疑〔**同儕接納**〕。似乎每個人都知道，這些藥物會在人群中傳來傳去，而且每個人都會試試看〔**同儕壓力**〕。我那時很年輕，我想，才十三歲吧！後來，我發現我對大麻產生過敏反應〔**負面反應**〕，就再也沒有嗑藥了〔**負面增強**〕。

對分析的深入探討

此處我們不想要再討論命名的作法。現在我們已經有了一些概念，但是我們對事件、事物、事例加以命名的結果，是否有助於發現新的東西？或者我們對於概念所代表的意義並沒有更多的理解？這個問題的答案是「不一定」。想要在資料中發現新的東西，並獲得更多的理解，我們必須做更多詳細且能區辨的分析類型，我們稱它為「微觀分析」（microanalysis）。這種分析的形式，運用了比較分析的程序，詢問問題，並運用分析工具來將資料分解為部分，突破表層、深入底層。我們希望能辨識受訪者所使用的字詞中，所隱含的潛在意義的範圍，並依據它們的屬性與面向來充分地發展。命名的作法或許有部分這種行動。研究者無論何時將資料加以分類、選取、或賦予其概念性命名，都隱含著某種程度的意義詮釋。意即，對屬性的辨認，將會促使分析者去為某一事件命名，進而將之分類，且界定其用途（例如，如果我們看到一個東西有四條腿、有一個平面、有靠背和一些枕墊，我們可能就會將它命名為「椅

子」，並試著坐上去看看會怎麼樣。其他的人看到這個東西，或許會稱它是「一件藝術品」，或是一個「支架」，取決於他們對該東西的詮釋而定）。不過僅僅是對於事物命名，並不能夠對所發生的事做更深入或完整的解釋。**重要的是要注意，我們並不是要詳閱整份文件，在事件上貼上標籤，然後回頭再做更深入的分析。事實上，我們所使用的命名標籤，是對資料作過詳細而深入的分析之後的結果。**因此，我們要用同樣的資料，來闡示我們是如何解讀文本。在這個簡短的分析段落裡，我們對資料進行微觀分析，反映了我們初期的編碼歷程。我們要向讀者介紹一些新的名詞，如「備註」（memos）。讀者無須太過擔心，重要的是要明白我們所要進行的事。在稍後的第十四章中，我們會解釋備註的用法，同時也請注意我們如何運用前面各章所介紹的程序與技術，來解讀文本。在這裡，我們只提供一個簡短的例子。

名 詞 定 義

備註（Memos）：研究者對分析、想法、詮釋、問題、和進一步
　資料蒐集之指引的記錄。

我們從第一個段落開始，來進行逐行分析（line-by-line analysis）。

1. 訪談者：請告訴我青少年及其使用藥物問題。
2. 受訪者：我想青少年之所以使用藥物，是想要從他們父母處獲得釋放。

備註：在這個句子裡面，最先讓我感到震撼的是「使用」（use）這個字眼。這是一個奇怪的字眼，因為當我們抽離出嗑藥的背景時，這個字指的是一件事物，或最一個人被某些目的所運用。它指的是一種具有意志與方向性的動作。讓我們來做個比較，當我想到電腦，我想到

運用它來完成工作。我想到的是，我可以在自己的意志之下來處理
它。我可以控制何時、何地、以及如何使用它。我之所以要使用它，
是因為它讓我書寫更方便，它是好幫手，是我在某些條件之下所能夠
使用的身外之物。現在當我回想起「使用」藥物這個字眼，或許只不
過意味著「吸食」（take）或「吞服」（ingest）而已，不過它也可能
暗指一些其他的意涵。例如因某些理由而使用、能對自身的作為有所
控制、讓事情更容易，以及在某些特定的情況條件下使用等等。這使
得「使用藥物」（drug use）一詞，有了更廣泛的詮釋，因為現在這個
語詞可能意味著比「吞服」還要寬廣的涵義。它也可能涵蓋了一些議
題，諸如對藥物使用的自我控制，是一種有目的和方向的行動，可以
得到想要的效應，再加上嗑藥有其特定的時間和地點等。雖然到目前
為止，在資料中還沒有出現明顯的證據，但當我繼續進行分析時，我
必須將之謹記在心。

備註：如果這一次我用一個更為相近的比較，例如喝酒，我想它會幫
我去對「使用」這一個字眼作更多的思考。如果有人說「我使用酒
精」，那麼這句話意味著什麼呢？它或許是說在特殊場合才喝酒，或者
是天天都喝酒。我可能只喝一點點酒，或者喝很多酒。我可能飲用各
類不同的酒，如啤酒或伏特加。它可能是說我攝取了酒，或是我用酒
來烹煮菜餚。或者用它與朋友交際應酬，或是受到晚餐邀宴時帶著它
當作禮物。然後，還有我喝酒的時間有多久了—長期或是短期。我或
許在家裡喝，在舞會、或是在酒吧喝。或許它能給我信心，在每天的
辛勤工作後幫助我放鬆心情，或是當我緊張時幫助我入眠，或許我用
它來忘卻或逃避每天的煩惱憂慮。這些都告訴我，喝酒有一些特定的
屬性，如頻率（frequency）、持續度（duration）、程度（degree）、
類型（type）、目的（purpose）、飲用方式（way of using）、以及飲
用場所（place of use）等。有了這些屬性以後，我才可以在這些屬
性的面向上找到自己的落點。這些屬性也可以應用在藥物使用上，因
此當我繼續分析這個及其後的訪談歷程，我要尋找的是嗑藥的頻率有
多常、到底有多久、吸用量有多大、目的為何、在何時和何地嗑藥、
使用藥物的類型、與誰一起使用等等。運用這個方法，我才能開始對
於青少年藥物使用的變異情形有了一些概念，並看看會不會還再出現
其他新的使用藥物的組型。

備註：本句子中另一個有趣的字眼是「釋放」（release）。我腦海中所浮現的第一個說法是「叛逆」（rebellion）。但是這一個字眼也可以是意指其他的事情，例如逃開、脫離、有所不同、或是不受父母操控等，但在這個例子中，它似乎並不是父母主動釋放青少年，而似乎是青少年脫離父母。這是很有趣的想法，當我想到從監獄「釋放」，我想到了自由、能夠去做任何我想要做的事、決定何時要做、以及如何來做。我掌握自己的時間、償還債務、獲得了獨立。我現在可以掌握自己的命運，不再需要依照監獄的作息表來生活起居。但是如果我說我是從監獄「脫逃」（escaped），而非被「釋放」，我雖然仍然取得了自由，但是我會一直害怕被逮捕回去。所以從監獄獲釋，及我們的青少年從他們父母處獲得「釋放」，有何異同之處？一個相似點是自由（freedom）與控制（control）的意涵，自己擁有了生命選擇的權利，而且可以做一些自己想做的事。與監獄不同的是，釋放是由高層來執行，然而青少年是自己主動脫離父母。這又引發了以下各種問題。對於青少年而言，「父母」（parents）這個詞代表什麼意義？是威權、缺乏獨立性、或是無法主導自己的選擇？還有，釋放是不是暗指獲得獨立？邁出自我，並做出自己的決定？從更深層的意義來說，青少年使用藥物對於其自我認定的問題有何涵義？使用藥物或是類似的行動，是否代表在想法或選擇上獲得更大的獨立性？除了嗑藥以外，其他的活動是否有同樣的效果？（畢竟並非所有青少年都嗑藥）同時，為什麼是嗑藥而不是其他的活動？是不是因為藥物容易取得？或者是有其他的意涵，使得藥物對於青少年具有吸引力？這些問題都是我要謹記在心，想要看看它們會不會再出現於後續的訪談與資料分析中。

備註：身為一個分析者，現在我必須回顧我最初對「釋放」的概念化歷程。我一開始將之標定為「叛逆行動」（rebellious act），在思考過這個字的許多不同可能意義以後，現在有了一個問題：我是否仍然以同樣的方式來標定命名？當我思考「叛逆行動」時，我對它的解釋是對權威的挑戰，或許它確實隱含挑戰，挑戰父母可能是青少年之所以嗑藥的其中一項理由。但是當我對「釋放」做更詳盡的思考時，我想叛逆只不過是其中的一個原因而已，至少在這些青少年當中還存在著更深層的原因。釋放也可以解釋為放手一搏，向前邁進，在思想與行動上從依賴到邁向獨立。雖然可能不是最佳的道路或選擇，但是這是邁向成長的一大步。我想，經由這些分析的練習，現在我對於「釋

放」這個字詞的可能意義，有了更透徹的理解。即使有人選擇稱之為「叛逆行動」，他必須詢問下述問題：在這裡，叛逆的意義為何？包含哪些屬性？對誰叛逆？以及叛逆什麼？當我繼續進行分析，我將會注意去蒐集更多能幫助我對「釋放」一詞做更佳理解的情境、事件和實例。

發現類別

　　一旦我們解讀了文本，獲得了一些概念，接下來我們要做些什麼？在分析的歷程中，一位分析者可能得到許許多多的概念（對於一個初學者而言，帶著三到四頁的概念來上課是很正常的）。最後，分析者會瞭解到某些概念可以以一個或多個更抽象、更高層次的概念來加以群組，取決於概念對所發生事件的解釋能力。例如，如果一個人觀察到天空中有十個物體，並把它們命名為「飛鳥」；然後再觀測到了五個不同的物體，且界定其為「飛機」；再觀察到七個更多的物體，並稱之為「風箏」。遲早有人會問這些物體有什麼共通性？然後我們會得到一個「飛行物」的概念。「飛行物」這個字眼不僅可以讓這些物體得以被歸類，也解釋了它們正在進行的行動。將概念群組成類別，是相當重要的，因為這樣可以使分析者減少他所處理的資料單位份量。此外類別具有分析力，乃因它們有能力去解釋和預測。舉例而言，當我們談到飛行物的概念，我們可能會詢問下列的問題：是什麼促使飛機、飛鳥與風箏可以飛翔？他們擁有哪些屬性，使他們能振翅高飛、停留在空中，且安然返回而不至於墜落地面？它們可以在空中飛行多久、多高、多遠？有了這些資訊，我們就可以開始解釋飛鳥、飛機與風箏有什麼共通的屬性，使它們能夠飛翔；而且，如果這些能力屬性產生改變，像是飛鳥折翅了，會有什麼後果？

類別和現象

類別即是概念，擷取自資料中，代表著現象。我們所使用的「飛行物」類別，就是一個例子。現象是從我們的資料中所顯露出來的重要分析意涵，它們回答了「這到底是怎麼一回事？」的問題。它們描述了對於被研究對象而言相當重要的難題、議題、關注與憂慮。研究者選定作為類別的命名，通常是邏輯上看來最能夠描繪這是怎麼回事的說法。這個命名可以如圖示般具象，足以快速地提醒研究者它所指涉的事例。因為類別代表現象，所以它們也可能會有不同的命名，完全取決於分析者的視野觀點、研究主題、（而最重要的是）研究的情境脈絡。例如，某一個分析者可能將飛鳥、飛機與風箏等標定為「飛行物」；但當情境脈絡完全不同時，另一個分析者可能說它們是「戰爭的工具」。在後一個案例中，空中飛鳥可能是用來在敵後傳送軍情的軍用運輸鴿，風箏可以作為發起攻擊的訊號，飛機則是戰鬥機或是運送後援物資的補給機。回到我們青少年與使用藥物的例子，看看我們的第一個分析段落，就出現數個不同的概念（例如容易取得、新奇經驗、叛逆行動），然而，如果我們再回頭並問一問究竟是怎麼一回事時，我們可能會說這些青少年正在「試驗」（experimenting）藥物，而受訪者也提供了我們一些有關他們如此做的理由。換句話說，其他的概念已經變成了「試驗」這個類別的屬性，或解釋性的描述了。

研究者需謹記在心的是，**一旦概念開始累積，分析者也應該要開始群組的歷程，並將概念以更抽象的解釋性名詞—即類別—來歸類**。一旦類別被指認出來，它就變得比較容易記憶、比較容易回想，而且（最重要的是）依據其屬性與面向再做發展，並將之進一步分化拆解為**次類別（subcategories）**，以解釋可能存在於某一類別中的何時、何地、為何、及如何等等問題。

類別和次類別的命名

學生經常會問類別是如何命名的，有些名稱來自於資料中發現

的概念群，當分析者檢驗概念清單時，可能會發現有一個概念比起其他的，更具有抽象的和廣泛的意涵，譬如在前面的例子中，「飛行物」的概念就比「飛機」、「飛鳥」或「風箏」更包羅廣泛，因此更具有綜合性、更為抽象的標籤，即可用來作為擁有相同特徵之事物的命名。或者，當分析者埋首於處理資料之時，突然領悟到有些說法可以用來解釋怎麼一回事。舉例來說，假使研究者正在研究遊戲中的兒童，注意到兒童們的行為，並把它們標定為「抓取」(grabbing)、「躲藏」(hiding)、「逃避」(avoiding) 和「漠視」(discounting)。然後在繼續觀察後續的事例時，研究者突然理解到孩子們所做的，是試圖要以這些行動來避開一些事情。因此抓取、躲藏、逃避與漠視，就可以用一個更抽象的標題「策略」(strategies) 來將它們群組在一起。但是策略的目的是什麼呢？最有可能的答案是避免「分享玩具」(toy sharing)。因此，在研究遊戲中的一群兒童時，所顯現的一個重要的現象就是「分享玩具」；而兒童運用「策略」來分享或不分享玩具，即成為概念的次類別。

　　另一個概念的來源是文獻 (literature)。諸如「照護者的疲累」(caretaker fatigue)、「疾病經驗」(illness experience)、「身分變遷」(status passage) 等名詞，都是很強的概念，有其既定的分析意義。如果它們被證實和目前所研究的資料有關，那麼藉著使用這些既定的概念，而不再重新命名，分析者就能夠繼續擴展對某一專業領域而言可能是相當重要的概念。另一方面來說，使用既定的概念，也可能引發一個嚴重的問題。「借用」(borrowed) 概念或命名來標定現象，也經常附帶了這些概念已約定成俗的意義和相關意涵：也就是說，當我們想到這些概念時，特定的意象也會隨之出現於腦海中，而這些意義可能會使我們對資料的詮釋有所偏差，並妨礙分析者與讀者從資料中看出新的意義來。因此，即使分析者從文獻中借用辭彙，有時可能會有一些好處，但是他應該要謹慎為之，一定得確定這些概念是從資料中產生出來的，並能精準地掌握其在目前研究中的意義（相似、相異和延伸意義）。

為類別命名的另一個重要來源是實境代碼（in vivo codes）。當應用至類別時，它們是很容易讓人記得住的名詞，可以立即吸引我們的注意力（Glaser and Strauss，1967；Strauss，1987）。我們再次以我們的研究案來闡明此一論點。這個場景是醫院病房，我們所研究的是護士長的指揮工作。當護士長與研究者正在討論醫院病房的政策和程序時，護士長指向一名有執照的職業護士，說道：「她是本單位的傳統維護者」。護土長解釋說，這位資深護士負責告知所有新進人員與病人，有關本單位的規矩、政策與傳統，她也是規則的執行者，當她注意到某些規則遭到破壞時，她會嚴詞譴責。「傳統維護者」（traditional bearer）一詞就是一個很好的類別名稱，它容易被記住，且能夠解釋事情是怎麼一回事。我們也知道其他單位可能必須有傳統維護者，因為每家醫院都會有自己的政策、程序、規則和傳統，這些都必須強制執行，才能維護社會秩序。試想如果沒有了傳統維護者，將會是何種光景？

以屬性和面向來發展類別

一旦類別被確認出來，分析者就能開始依據其特定的屬性與面向來發展類別。例如，我們將具有飛行物共通特性的事物，標定為「飛鳥」、「風箏」與「飛機」，乃因它們都可以在空中飛翔。我們提出「飛行物」這個字，是因為當我們比較了資料中每一個事件與其他事件的異同，我們注意到這些事物具有下列共同的特質：它們能停留在空中、且在空中移動，但是汽車和腳踏車卻只能在地上活動。我們現在要做的是，定義我們說的「飛行物」之意義—為何、何時、多久、多遠、多快和多高？透過對這些特徵的定義，我們就可賦予一個類別特定明確之意涵。我們有興趣知道，這些屬性在其面向範圍內的變異情形。例如與許多飛機相比，飛鳥飛得較低、較慢、時間長度較短。雖然這些不同的物體都具有飛行的能力，但是當我們比較其特定的屬性與面向時，就會發現它們畢竟是不同的，這也使得我們對「飛行物」概念的變異情形有了不同的體認。我們確認了「高度」（height）屬性的分布範圍係從高到低，「速度」

(speed) 屬性上則從慢到快，「續航力」（duration）的屬性則有長有短等等。當研究者注意到每一個額外的屬性及其面向上的變異，我們對於「飛行物」概念的知識就增加了。

透過對於屬性和面向的描述，我們可以將某一類別和其他類別區隔開來，並賦予其精確的意義。例如，我們拿嗑藥的「有限度試驗」（limited experimenting）對照於「重度嗑藥」（hard-core use）的概念，我們就想要知道究竟是什麼特質會造成這兩者之間的差異？是劑量、持續度、何時使用、和或藥物的類型嗎？

為了進一步釐清，**屬性是一個類別的一般性或特定性特徵，面向則代表在屬性在一個連續範圍內的落點。**例如，我們可能會說，能區分藥物的「有限度試驗」和「重度嗑藥」的一個不同屬性是「頻率」（frequency），或是這個人在一星期內出現亢奮狀態的次數。我們將「頻率」屬性加以面向化，就是說，有限度使用的人只是**偶而（occasionally）**會出現亢奮狀態。如果我們想要再對「有限度試驗」一詞做進一步的解釋，那麼我們就可以說青少年只有在與其他同儕一起參加舞會的場合，才會使用藥物，在那兒，藥物很容易取得，而且傳來傳去。然而，我們也許會說重度嗑藥者，經常會出現亢奮狀態，一星期嗑藥三到四次，無論是獨自一人或與少數朋友一起，會自行尋求藥物，而不是在舞會中傳到手上的。藉由特定的屬性與面向來界定類別，是很重要的，因為我們可以開始依據它們之間的**變異性（variation）**來建立**組型（patterns）**。例如，我們可能會說，基於使用藥物的「頻率」和「藥物類型」，這個情況可以被歸類為藥物的「有限度試驗」組型。也許我們做了另一次訪談，發現嗑藥和出現亢奮狀態的組型，並無法和任何一個已被確認的組型相契合；那麼，分析者就可以發展出第三種組型，如「娛樂型嗑藥」。**當屬性在各個不同的面向上聚合成群時，就形成了組型。**在前述的例子中，我們注意到**青少年藥物使用的組型，在面向上的變異情形係從有限度試驗到重度嗑藥等。**

為了更精確地說明我們以屬性和面向所指涉的意涵，我們以「顏色」（color）的概念來作為另一個例子。顏色的屬性包括明度（shade）、色度（intensity）和彩度（hue）等。每一個屬性，都

可以自成一個面向。因此顏色在明度上可以從明到暗，在色度上從高到低，而在彩度上從亮到沈等。明度、色度和彩度，可以稱之為「一般屬性」(general properties)。不論我們研究的物體是什麼，這些屬性均可應用於描述其顏色。

無論何時，當我們在資料中發現某一類別的屬性時，我們都會試著將之置放於面向的連續體上，因為每一個類別通常都有一個以上的屬性，我們會想要找出每一個屬性在其面向範圍內的落點。例如，一朵花不只有顏色，它也有大小、形狀、開花期等屬性，每一個屬性都可以分解成不同的面向。我們可能會想要根據其中某一個特定的屬性如顏色，並依其明度、色度和彩度等的附屬面向，將這些花卉加以群組歸類。或者，我們可能想要做更複雜的分組，不僅依據顏色（明度、色度和彩度）來區分花卉，而且也要依其尺寸大小（大、中、小）、開花期（花期長 vs. 花期短）、高度（高 vs. 矮）和形狀（圓形花瓣 vs.橢圓形花瓣）等來區分花卉。一旦我們明確界定了這些屬性的特定組型，我們就可以根據這些組型來群組資料。舉例來說，具備了某些特徵組型的花卉可能會被標定命名為「玫瑰」，即使它們有許多不同的變種（如爬藤型、早開花型等不同類型的玫瑰）。**請注意，當分析者依據某個明確界定的特徵，將資料群組成組型時，我們應當瞭解到，不是每一個物體、事件、事例或人物等，都可以完全契合此一組型。**總是會有些案例，其面向會有些微差異，這些微的差異是可以被接受的。人就是人，無論他們是紅髮、黑髮、或黃髮。這取決於分析者想要多麼精確，或是想要將分類細分到什麼程度。

總結以上所說的，當我們比較事例之間的異同，我們係依據事例所固有的屬性和面向來做比較，將相似的群組起來。以使用藥物為例，我們檢視其使用的頻率、藥物的類型、使用了多久時間，然後將之命名為「有限度試驗」，或「重度嗑藥」，取決於在每一個情境出現的屬性。使用藥物的屬性促使我們能將事例置於一個更大、更抽象的分類架構中。

次類別

截至目前，我們甚少提及次類別的作法。當我們在主軸編碼中說明類別的發展時，這些次類別會更為釐清。基本上，次類別係藉著詳述現象於何時、何地、為何、和如何發生等資訊，以促使某一類別更為明確具體。就像類別一般，次類別也有屬性和面向。例如「藥物使用」的次類別之一，可能是「藥物類型」（types of drug），它解釋了「藥物使用」的「什麼」（what）。藥物的類型也可以依據其特定屬性來歸類。這些屬性顯示了藥物的形式、身體對於藥物的反應、藥物如何使用（如吸食、吞服或注射）等等。

開放編碼方式的變異

開放編碼可以有幾個不同的方式。其中一個方式是*逐行分析*（line-by-line analysis）。這種編碼的方式指涉對資料作詳細縝密的檢驗，有時是一個詞、一個句的分析，有時甚至是一個字、一個字的分析，就如同在微觀分析那一章（第五章）所闡示的一樣。這或許是最耗費時間的編碼方式，但也經常是最具有產能的。在研究初期，逐行編碼顯得特別重要，是因為它可以讓分析者很快地產生類別來，並且透過對類別之一般屬性的面向的做進一步抽樣，來發展那些類別。我們將此一抽樣的歷程稱之為「理論抽樣」。由於理論抽樣將在第十三章中作詳細說明，我們在此僅提供一個簡短的例子，來闡示我們的觀點。如果有一位正在研究餐廳情形的研究者，發現有這麼一間高格調且門庭若市的餐廳，擁有許多員工以及一位工作協調者；另外有一家餐廳雖然同樣生意興隆，但員工卻少了很多，也未聘用工作協調者。這情景必然會讓這位分析者產生疑問，這兩家餐廳的服務究竟有何不同？（注意我們正在以面向來進行比較—多忙、多少員工數、有無聘用工作協調者等）如果我們接著找到一家員工人數很少，沒有協調者、午餐大排長龍的餐廳，並觀察其服務的品質與數量，那麼我們就是在做理論抽樣。注意，我們並不是抽樣餐廳本身，而是以「服務」（我們的類別）的不同屬

開放編碼

Open Coding

123

性面向來做抽樣。我們想要知道在不同的情況條件之下,餐廳所提供的服務有什麼不同。

說到不同的編碼方式,分析者在編碼時可能會分析整個句子(sentence)或段落(paragraph)。當對一個句子或一個段落進行編碼時,分析者可能會問:「在這一個句子或段落中,什麼才是最主要的意涵?」然後,在賦予其命名之後,分析者就可以對這一個概念進行更細部的分析。此一編碼的策略隨時都可以使用,但是當研究者已經擁有了數個類別,且希望特別針對類別之間的關係進行編碼時,這個策略特別有用。

第三個編碼的方法是,詳閱整個文件之後,詢問:「這是怎麼一回事?」,以及「是什麼因素使得這個文件與我以前編碼的文件有所異或同?」在回答這些問題以後,分析者可以回到文件,然後對於其中的異同做更為精細的編碼。

撰寫編碼札記

開始進行編碼的方式之一,是只要一有概念在分析歷程中顯現出來,立刻在逐字稿或文件的頁緣處或卡片上記載下來。如果只是做概念的標定命名,那麼這個方式就足夠了。但我們發現,就像前一章所闡示的,藉由立刻將分析寫在備註裡,我們能做得最好。在發展理論的歷程中,有些更新、更精密的電腦程式,可以讓分析者在文本之中移動、分析概念、整合概念、撰寫備註、繪製圖表等(Richards & Richards, 1994; Tesch, 1990;Weitzman& Miles, 1995)。在第十四章,我們將進一步討論如何撰寫備註。有許多不同的方式可以用來記錄概念和理論性意涵(例如請看Dey, 1993; Miles& Huberman, 1994;Schatzman & Strauss, 1973),每一個人都必須找到最適合他自己的系統性方法。

本章摘要

在前一章節所討論的技術與歷程的目的，現在變得更清楚了。它們是設計來協助分析者逐步進行理論之建立—概念化、定義類別，並依據其屬性和面向來發展類別—然後，我們稍後將再以假設或關係的陳述，來連結類別之關係。概念化就是根據一些既定的屬性，來群組相似事項，並賦予一個能代表該共通連結的命名。在概念化的歷程中，我們係將大量的資料縮減成更小的、更可處理的資料單位。一旦我們有了一些類別，我們會想要去指明其屬性，並想要顯示這些概念（類別）如何在這些屬性的不同面向上有所變異。藉由特定化和面向化，我們就可以開始看到組型，諸如飛行物的組型，和藥物使用的組型。因此，我們所要建立的理論，擁有了穩固的基礎和最初的結構。

Chapter 9

主軸編碼

名 詞 定 義

主軸編碼（Axial coding）：關連類別與次類別的歷程，稱為「主軸」，因編碼係圍繞著某一類別的軸線來進行，並在屬性和面向的層次上來連結類別。

派典（The paradigm）：用以協助分析者統整結構和歷程的分析工具。

結構（Structure）：類別（現象）所置身的條件脈絡。

歷程（Process）：與某一現象有關的行動/互動之次序，隨著時間而演進。

　　生活於這個世界中的人類，不可避免地會對所發生的事件提出解釋。雖然對事件的解釋會因人、因時、因地而異，但瞭解事件的渴望，是人類所普遍共通的。然而，有些通俗的解釋係奠基於宗教或神蹟的信仰，其他則衍生於實務經驗或科學。解釋性架構（explanatory schemes）不僅指引行為，且提供了對事件的控制和預測。由科學家所操作的此類解釋性架構，經常是鉅細靡遺，且非常繁複的。從一位社會學家Leonard Schatzman的論文中引述的一段話，將有助於讓我們明白此類解釋應該包含的內涵：

解釋...告訴了我們一個有關事件之間關係、或是人們與事件間關係的故事。爲了說一個複雜的故事，人們必須描繪事物和事件，陳述或隱涉其面向和屬性...，並爲其提供情境脈絡，指明選取任何行動/互動的條件，作爲故事的核心，並指出或隱涉一個或更多的結果。（引自Maines, 1991, p. 308）

主軸編碼的目的（purpose），是為了將在開放編碼中被分割的資料，再加以類聚起來。在主軸編碼中，將類別與次類別相互關連，以對現象形成更精確且更複雜的解釋。雖然，主軸編碼的目的不同於開放編碼，但二者並不必然是具有次序性的分析步驟，標定命名的方式也與開放編碼有別。主軸編碼的確要求分析者擁有一些類別，但對於這些類別如何相關連的感覺，常在開放編碼中就顯現出來了。如同Strauss（1987）所陳述的，

分析歷程的早期所要做的最重要選擇，是圍繞著單一類別來做深度且調和一致的編碼。如此一來，分析者就可以開始聚焦於類別的軸線上，建立起類別之間稠密緊緻的關係。（p.64）

本章中，我們將說明主軸編碼背後的邏輯，並闡示如何在屬性和面向的層次上來連結資料，以形成密實的、充分發展且相關連的類別。

 # 編碼歷程

程序上，主軸編碼是<u>沿著屬性和面向上的直線，使類別和次類別相互關連的行動</u>。它省視了類別之間如何相互交叉和連結。如前所述，一個類別代表了一個**現象**，也就是，對受訪者具有重大意義的一個難題、一個議題、或一個事件。被研究的現象，可能像是兩國之間協商和平協議一般廣泛，或者像是自我知覺的身體意象在截肢後的改變一般狹隘。現象具有解釋怎麼一回事的能力。而**次類別**亦是一個類別，如其名稱所隱涉的。然而，次類別並不代表現象本

身，而是回答有關現象的何時（when）、何處（where）、為何（why）、誰（who）、如何（how）和有何結果（with what consequences）等等問題，以此賦予概念更大的解釋力。分析的初期，研究者可能不知道哪些概念是類別，哪些是次類別。這會在編碼持續進展時，變得更為明顯。

例如，假設分析者在訪談青少年有關藥物使用的問題之後，詢問自己：「這究竟是怎麼一回事呢？」如果，分析者反覆地獲得類似的答案，如大多數青少年是在「試驗」（experimenting）嗑藥，而且只在「有限度基礎」（limited basis）上這麼做，意指他們只是偶而嘗試嗑藥，並將其所使用的藥物侷現在較不強烈的類型，於是「有限度試驗」（limited experimenting）嗑藥可能會被指稱為一個類別。其他類別，如「嗑藥經」（drug talk）、「新奇經驗」（novel experience）、「容易取得」（easy access）和「挑戰成人立場」（challenge adult stance）等都有助於解釋青少年為什麼嗑藥、如何和他人分享其嗑藥經驗，以及他們從嗑藥中獲得些什麼。

此處，我們所要強調的一個主要論點是，雖然文本中已提供類別如何關連的線索，分析者實際上所要獲致的連結並不是描述性的，而是在概念層次上的連結。為了闡示此點，讓我們回到有關青少年藥物使用的訪談的第一段落。請注意，我們的受訪者對她為什麼會試驗嗑藥，提供了一個解釋。

受訪者：我想青少年之所以使用藥物，是想要從他們父母處獲得釋放。哦，我不知道，我只能談我自己。對我而言，那是一種經驗。你會聽到很多有關嗑藥的事。你會聽說嗑藥是很不好的事。但它們卻到處都有。你很自然就會嗑藥，因為很容易取得，而且因為它是一種新奇的玩意兒，太〔ㄅㄧㄤˋ〕了。你知道它是對你不好的一種東西、一種禁忌、一種「不」。每一個人都反對它，如果你是一個青少年，你首先要做的事就是去試試看。

　　雖然這位受訪的青少年在中**本文**告訴我們，她**為什麼會嗑藥**，但當我們分析資料時，我們試圖將文本轉換成概念，諸如**使自己自由**（從...獲得釋放）、**容易取得、新奇經驗、負面的嗑藥經、和挑戰成人立場**。藉由這些概念，分析者就可以發展出次類別，以解釋為什麼青少年會嗑藥。

　　程序上，主軸編碼包括數項基本任務（Strauss, 1987），茲列舉如下：

---

1. 陳列出某一類別的屬性及其面向，這個任務在開放編碼中就開始了。
2. 辨認出與現象有關的條件、行動/互動、和結果等的變異情形。
3. 將類別和其次類別相互關連，並透過陳述，指明這些類別如何彼此相關。
4. 尋找資料中可以指明主要類別如何相互關連的線索。

在面向層次上相互交叉

　　在主軸編碼中，分析者係在面向層次上（at dimensional level）來關連類別。請注意，此時所有已列舉出來的代碼均具有面向性。例如，自我是「**自由的**」（liberated）、取得是「**容易的**」（easy）、嗑藥經是「**負面的**」（negative）、經驗是「**新奇的**」（novel），且青少年係「**挑戰**」（challenging）成人的立場。當我們將這些代碼關連到「試驗嗑藥」，我們實際上係將「有限度試驗」關連到自我的「自由」、取得的「容易」、經驗的「新奇」、嗑藥經的「負面」和對成人立場的「挑戰」等。以此一方式，我們即能將「有限度試驗嗑藥」，與「重度嗑藥」區分開來，因二者在上述這些次類別面向的比較上，顯現出相當的差異。

在兩個層次上的分析

讀者可能已經注意到,當我們分析資料時,事實上有著兩個解釋的層次,它們是:(a) 受訪者實際上所使用的字詞,(b) 我們對這些字詞的概念化。「有限度試驗」是分析者用來指稱大多數青少年所參與的嗑藥型態。這些青少年可能以「只嘗試一點點」、留意「嗑的是哪種藥」、只「在舞會中」和「朋友」一起嗑藥、作為其「社會行動」之一環、使用「較不強烈」的藥物等等,來指涉其使用藥物一事。換句話說,他們告訴了我們何時、如何、和誰一起、以及在何處嗑藥。我們對此一現象或在該情境中發生什麼事的轉譯和定義,即是青少年所參與的是「有限度試驗」的嗑藥,這是我們對事件的詮釋。

 派典

當分析者依據主軸來進行編碼時,他們是為諸如為何或怎麼回事、何處、何時、如何、和有何結果等問題,尋找答案。這麼做,分析者即能發現類別之間的關係。回答這些問題,有助於我們將現象脈絡化(contextualize a phenomenon),意即,將現象歸位在一個條件結構(conditional structure)中,並指認出類別「如何」彰顯其意義。換句話說,藉由回答誰、何時、何處、為何、如何和有何結果等問題,分析者就能使結構(structure)和歷程(process)相互關連。為什麼分析者會想要使結構和歷程相互關連呢?因為,結構或條件架設了舞臺,締造了環境氛圍,使與一現象有關的難題、議題、事件等得以產生出來。另一方面,歷程指稱人們、組織、和社區在回應這些難題或議題時,隨著時間演進的行動/互動。將結構和歷程加以組合,有助於分析者捕捉生活中現象的複雜性。歷程和結構相互交織、緊密連結,除非分析者能理解其關係之性質(二者間關係及其與現象的關係),很難真正掌握到究竟

是怎麼一回事。如果分析者僅研究**結構**，他學到的是有關特定事件「**為何**」發生，而不是「如何」發生。如果分析者僅研究歷程，則他會理解到人們「**如何**」行動／互動，而不是「**為何**」行動／互動。分析者必須同時研究結構和歷程，才能捕捉到事件的動態和演化性質。

　　對為何、何時、和何處等問題的回答，在實地札記中可能是清楚明白的、也可能是隱晦不明的。也就是說，人們有時會使用一些字詞，像是「自從」、「由於」、「當...時」和「因為」等來說明一些事件或行動，例如，「因為我不喜歡這家咖啡館的樣子〔結構條件〕，我很快地掉頭就走。」所以「我決定去我平時常去的街尾那家館子」〔用來處理難題情境的行動／互動策略〕。人們在言談或行動中，也會提供我們一些結果，例如，「在那兒，我才能獲得一杯好咖啡，坐下來安靜地思考，而不被第一家咖啡館的擁擠吵雜所干擾。」

　　在前述例子中，我們相當容易可理解其中的邏輯。然而，當我們處理實際的資料時，事件之間的關係並非總是那麼顯而易見。因為類別之間的連結有時是相當微妙和隱晦的，擁有一個可被用來編排和組織逐漸顯現之關連性的架構，會是很有幫助的。像這樣的一個組織性架構，就是我們所謂的「派典」（paradigm）。實際上，派典是我們用來省視資料的視野觀點 (a perspective)，有助於系統地蒐集和排序資料，並以此來統整結構和歷程的一項分析立場。我們在派典中所使用的詞彙，係從標準科學詞彙中所借用來的，並提供熟悉的語言來促進科學家們的討論。此外，派典中所使用的基本詞彙，也經常遵循了人們在其日常生活描述中所使用語言之邏輯（諸如，「為此一理由」(for that reason)、「所發生的是」(what happened was)、「我的反應是」(my reaction was to)、「結果就是」(this is what resulted)）。派典的基本內涵如下所述。**條件 (conditions)** 是將為何、何處、如何、何時等問題的答案，加以群組的概念性方式。這些答案的組合形成結構 (structure)、或一組環境氛圍 (circumstances) 或情境 (situations)，使現象得以深植其中。**行動／互動 (actions/**

interactions）則是個人或團體對於在某些條件下所發生之難題、議題或事件的策略性（strategic）或例行性（routine）反應。行動／互動常藉回答由誰（by whom）和如何（how）等問題來表示。**結果（*consequences*）** 則是行動／互動之產物，所回答的問題是行動／互動的結果導致發生了什麼事，或者是個人或團體對行動／互動反應的失敗結局，構成研究的重要發現。

重點摘記

在接續我們對派典的討論之前，我們要強調幾個重要的論點。

1. 在進行開放編碼期間，許多不同的類別會被指認出來，這些類別中部份與現象有關。其他類別（稍後會成為次類別）則指涉了條件、行動／互動，或結果。在這些類別上所標示的概念性命名，也不必然會指明該類別是否涉及一個條件、一個行動／互動，或是一個結果。分析者必須要能加以區分。同樣地，每一個類別和次類別也會有其本身的屬性和面向指標。

2. 分析者的編碼工作是為了要解釋現象，並獲得對現象的瞭解，而不適為了獲得一些像條件、行動／互動或結果等的詞彙。這是許多初學者共通的誤解，以致他們會以相當教條性的方式來分析。他們僵化地為了派典內涵而編碼，而未真正了解到關係的性質和型態。然後，他們也會對某些事件在一個情況下作為「條件」來編碼，在另一個情況下則被視為「結果」來編碼，感到困惑。例如，當青少年在一個舞會中嗑藥而感到不舒服（結果），如何影響了他在接下來舞會（另一個情境脈絡）去嗑藥的意願。這是一組行動的結果，成為後續行動／互動的條件。我們理解到初學者需要結構，而將資料填充進每一個盒子中，會讓他們感覺到更能掌控其分析工作。然而，我們希望他們也能理解到，此類填充的工作會阻礙他們去捕捉到事件的動態流程及關係的複雜性質，

而這些才是使得對現象的解釋更有趣、更具擬真性、且更完整的分析重點。使得分析歷程僵化的分析者，就像是嘗試得過於用力的藝術家。雖然他們所創造的在技術上可能是正確的，他們卻無法捕捉到事物的本質，而讓閱讀者感覺到有些受騙。我們的忠告是，讓該發生的自然發生，嚴謹性（rigor）和有效性（vigor）就會隨之而至。

3. 我們所談論的並不是「因和果」（cause and effect）的語言，那太過於簡化了。容易取得本身，並不會導致青少年嗑藥，雖然那可能使得藥物較為唾手可得。青少年能做選擇，同時也有多元因素以各種不同組合的方式來運作，締造了一個**情境脈絡**（一組條件的聚攏，以產生特定的情境），使得某些青少年更可能會去嘗試嗑藥，但也**只是**特定的青少年、特定的藥物、在特定的時間等。辨認出所有可能顯示關係性質的因素，並加以編排，並不會導致一個「如果...然後」（if...then）的簡單陳述句。所導致的結果更是一個能帶領讀者走向相互關係之複雜路徑，每一個均有其自身的組型，以解釋這是怎麼一回事。將此謹記在心，我們現在即可以轉向對派典內涵進行較為充分的討論。

派典內涵之說明

現象，如前所述，是一個用來回答「這是怎麼一回事？」的詞彙。在尋找現象時，我們也在尋找事件或行動／互動的反覆出現的組型，以表徵人們所做或所說的，並回應現象中的難題和情境。在編碼中，**類別**即代表了現象。例如，「有限度試驗」嗑藥即是一個類別，它也是一個現象—在這個例子中，是一個青少年間嗑藥的組型。其他的嗑藥組型，包括「戒除」和「重度嗑藥」，本質上，表徵了青少年嗑藥在不同面向上的組型。每一種組型都有其本身的一組條件。

條件是一組事件，締造了與現象有關的情境、議題和難題。而且，在特定程度上，解釋了人們或團體為何和如何以特定的方式來反應。條件也可能產生於時間、空間、文化、規則、定律、信仰、經濟、權力或性別因素，以及型塑了我們個人動機和傳記歷史的社會世界、組織和機構。任何事件都是條件的潛在來源（對條件的進一步討論，請見第十二章）。除非研究參與者非常具有洞察力，他們可能並不知道他們為什麼做這些事的所有理由，即使他們可能也會向研究者提供一些有關其行為的合理說法。分析者必須在資料中發現條件，並追蹤其所有可能產生的影響。雖然研究者應該要力圖去發現所有有關聯的條件，但**他們不應該假定他們一定會找到與現象有關聯的所有或任何條件，除非他們能以解釋性的方式將這些條件連結到現象，並加以證明之。**

　　條件具有許多不同的屬性。他們影響行動／互動的路徑可能是直接的，也可能是間接的，或多或少是線性的。條件可能是**微觀的 (micro)**（例如，較接近行動／互動的來源，像是同儕壓力和試圖抵抗父母的權威），也可能是**鉅觀的 (macro)**（像是在社區中取得藥物的便利程度，以及對毒品藥物的文化態度）。為了更充分地說明，解釋必須同時包括微觀和鉅觀的條件，以及二者之間、與行動／互動之間如何相互交錯的指標（參見第十二章）。

標定條件

　　條件，如前所述，可以是微觀或鉅觀的，隨著時間而轉變，且對彼此發生影響，並在不同面向上依各種不同方式組合。此外，也隨時會有新的條件加入進來。置於條件上的標籤名稱，像是因果、介入、和脈絡等，均是試圖要處理條件之間、及其與後續行動／互動間複雜關係的方式。

　　因果條件 (causal conditions) 所表徵的是一組會對現象產生影響之事件，例如，置身於舞會之中或被供給以毒品藥物。**介入條件 (intervening conditions)** 則是那些用來緩和或改變因果條件對現象之影響的條件，諸如一位青少年突然感覺到嗑藥是不對

的。這些介入條件經常產生於偶發事件（非預期事件），必須藉由行動／互動的形式來加以回應。例如，青少年可能蓄意參加一個舞會，且知道藥物會在舞會中傳來傳去，以致他可能會試試看。然而，如果有位青少年的父母出乎意料之外地來到舞會現場，這些青少年可能就必須要改變計畫。為了避免發生此一情況，他們可能會去到一個戶外的青少年聚集地，在那兒分享他們的毒品藥物。或者，他們可能會決定當晚放棄嗑藥，將他們的試驗延到下一次或其他地方。介入條件也可能有助於解釋為什麼某些青少年繼續他們的試驗，然而其他人卻不這麼做。有些青少年可能在不知情下應邀參加這個舞會，他們嘗試看看，決定嗑藥很有趣，於是繼續嗑藥。其他青少年則很可能在嘗試嗑藥之後，感覺到不舒服，就再也不碰藥物了。因果條件和介入條件二者，都可能產生於微觀或鉅觀層次的條件。**脈絡條件 (contextual conditions)** 則是一組特定的條件（條件之組型）此時此地在面向上的相互交錯，締造了一組環境氛圍或難題，而人們則透過其行動／互動來反應。它們解釋了為什麼一個現象—如對某些青少年而言，為什麼「試驗嗑藥」的組型是「有限度」的；然而對其他人而言，「試驗嗑藥」卻可能導致「重度嗑藥」？脈絡條件有其因果和介入條件的來源，且是二者相互交叉以結合成不同之面向組型的產物。例如，如果我們指明「藥物取得的難易程度」是與青少年嗑藥有關的一個因果條件，而且我們知道這個概念有其在面向上的變異情形，從「容易」到「困難」；然後我們就會注意到，是取得藥物的「容易」面向成為促使青少年試驗嗑藥的條件之一。通常，會有許多不同的條件進入一個情境脈絡，每一個條件均有其特定的面向。藉由依據其面向來群組這些條件，分析者就能夠指認出締造一個情境脈絡之組型或一組條件。（討論情境脈絡的極佳實例，請見Strauss, 1978）。此處的重要議題，並不是指認出條件，或是列舉出哪些條件是因果、介入、或脈絡；而是，**分析者所應聚焦的是事件（條件）之間複雜的相互交織，以促成一項難題、一個議題、或一個事件，而人們則透過某些形式的行動／互動來反應，且導致某些結果。**此外，分析者可能會辨認出原始情境中的變化（如果有的話），以作為行動／互動的結果。

另一項有關條件的重要論點是，解釋需賴對**因果關聯**性 (relevance of causality) 的假定。然而，這些假定是什麼，以及因果關係的「性質」為何，一直都是許多科學哲學家們爭論不休的議題。不同科學學派和專門領域的學者，對於他們所認為的因果關係 (causality)、原因要素 (causal elements) 和原因序列 (causal sequences) 等，均有相當不同的看法。在演化論生物學中，因果關係並不同於基因生物學的觀點，當然也迥異於原子物理學家對機率的想法。在社會科學領域和許多實務範疇中，對因果關係的性質，也有著多如牛毛的論證。作為分析者，我們所關注的並不是因果關係，而是各種不同類型的條件，以及這些條件之間如何相互交錯以締造行動／互動的方式。當人們行動之時，我們想要知道為什麼、如何，以及引發他們反應的是什麼情境、難題或議題。這將我們導向另一項派典特性，即行動／互動。

　　策略性或**例行性程序，**或是人們**如何**處理他們所遭遇的情境、難題和議題，即被稱為*行動／互動*。表徵了人們、組織、社會世界、或國家做了什麼，或說了什麼。*策略性行動／互動* (strategic actions／interactions) 是人們為解決某一難題所採取的有目的或蓄意的行動，據此來型塑現象。例如，如果我們所研究的一個現象或類別是，有關在醫院專科診所中「維持工作流程的順暢」；而我們所面對的一項難題是，有一天負責該診所的五位工作人員中有三位同時請病假，我們會有興趣知道醫院會如何處理這個員工短缺的難題，好維持工作流程的順暢。護士長會從別處請來額外的工作人員嗎？病患照護會縮減到最基本必要的工作嗎？或者會將病患轉診到其他診所呢？

　　例行性 (routines) 的行動／互動乃傾向於以較為習慣性的方式，對日常生活中發生的事件做出反應。例如，當工作人員數量短缺時，會有一個既定的因應程序可供遵循。在組織機構中，這些例行性行動經常是以規則 (rules)、定律 (regulations)、政策 (policies) 和工作程序 (procedures) 等形式出現。雖然研究者傾向於將研究焦點設定在難題上，但檢驗例行性事務是一樣重要的，因為這些行動／互動 (先前曾經過策略性處置的) 是維持社會秩序的重心。

「行動／互動」一詞是一個相當重要的概念。不只是指涉了個人、團體、組織機構等類似機制中發生的事件（如青少年在舞會中傳遞且分享毒品），同時也包括了一些事務，像是談論嗑藥經驗、協商、或在團體情境中發生的其他型態的談話。此外，對於人們之間「所發生的事」—語言或非語言—行動／互動也指涉了發生於個人本身內在之事的討論和檢視，例如，衡量嗑藥的利弊得失（來自於教師和父母對嗑藥壞處的警告，對照於如果不嗑藥可能受到同儕的排拒），以及實際的嚐一口—可能導致深陷其中，或只是一個象徵性的動作。

在團體之中，個人間的行動／互動**可能是**、或者**可能不是盟約的**（in alignment）或**協調的**（coordinated）。當人們試圖界定一個情境或賦予其意義時，行動／互動也隨著時間演進。在某些情況之下，團體的盟約並不會發生，以致情境會轉為具有衝突性，或甚至最後完全崩解了。

最後一個在派典中出現的名詞是**結果**（*consequences*）。無論行動／互動於何時發生，或者在對議題或難題反應時並未出現任何行動／互動，或者是為了管理或維持一個特定的情境，均會出現許多不同的結果。某些結果是具有明確意圖的，某些則不是。描繪這些結果，以及解釋它們如何改變情境或影響現象，將能為所研究之現象提供更充分完整的說明。例如，雖然在某些案例中，有限度的嗑藥會對某些人有不良的影響，但我們研究中的受訪者實際上卻將試驗嗑藥描述成一個**成長的**經驗。即使可能有些經驗是具有**破壞性的**、有些經驗是**恐怖的**等等，但這些都不是她的經驗。她能夠嘗試嗑藥，界定嗑藥對她的意義，從中學到所有和嗑藥有關的事項；而且，當時間到了，她毅然戒除，使她的生活繼續邁向前進。結果，就像條件，有些固有的屬性，可能是單一的（並不常如此）或者是包羅萬象的。它們可能有持續期間的變異，可能是自己可以察覺而其他人卻無法得知的，也可能是其他人可以察覺而自己卻毫不知情的。它們也可能是立即性的，或者是累積性的；可倒返重來，或者不能重新來過；可以預見到，或者無法預見。他們的影響層面可能

是狹隘的（只影響了情境中的一小部分），或者是廣泛的（結果相互波及而造成連鎖事件，最後完全改變了一個情境脈絡）。作為分析者，我們希望能夠在分析中盡可能捕捉到這些可能的結果。

關係的陳述

　　在開始對第一次訪談進行分析之時，研究者就無法不去注意到概念之間彼此的關連。為了明確表露這些關係，研究者會開始將類別及其次類別相互連結，也就是，注意到一些類別似乎是條件、一些類別是行動／互動，而一些類別則是結果。我們將有關概念如何彼此相關的初步預感，稱為「假設」（hypotheses），因為假設可連結兩個或更多的概念，解釋了一個現象的什麼、為何、何處、和如何。此類關係性陳述的實例，如下所述：

1. 當藥物「容易取得」，又有「同儕壓力」，嗑藥被認為是一個「新奇的經驗」，且青少年想要去「挑戰成人立場」，青少年就很有可能會「試驗」嗑藥。
2. 「嗑藥經」是一個行動／互動，意味著透過有關嗑藥的談論，青少年可「獲得和傳播」有關嗑藥的資訊，以及他們的「經驗」。
3. 「有限度試驗」嗑藥的結果，青少年很可能會獲得有關嗑藥的「第一手知識」，並得到「同儕接納」。

　　雖然假設係衍生於資料之中，但因為它們是被抽取出來的（意即，陳述係依據其概念性層次，而非原始資料的層次），故重要的是這些假設應該要透過對資料中的事例做持續性的比較，來加以驗證和進一步推衍擴充。新蒐集的資料有時候會發生與假設相扞格或牴觸的情況。這不必然意味假設是錯的。當研究者發現了牴觸或扞格，要注意到資料是否代表了真實的不一致性，或者是指涉了一個極端的面向或現象的變異情形。發現牴觸或扞格，促使我們去進一步質疑我們的資料，以判定真正發生了什麼事；然而，發現變異情

形會擴展某一類別的面向範圍,並賦予該類別更大的解釋力(能說明差異性)。例如,一位研究老人癡呆症(Alzheimer阿茲海默症)照護者之心理性傷痛現象的學生,在遇到一個表露極少心理傷痛的受訪者時,感到相當震驚。在她聽過許許多多受訪者表達其傷痛之後,她對於這個出乎意料的發現感到困惑。最後,她理解到在這個案例中,受訪者代表了一個「經驗心理性傷痛」(experiencing psychological pain)的極端面向(低度傷痛)。接下來,重要的是要判定在此一特殊情境中運作的條件,以締造其變異性(Khurana, 1995)。

類別和次類別的進一步發展

如同本章開頭所提及的,主軸編碼和開放編碼並不是序列性的行動。當研究者正在發展概念之間的關係時,他並不會停止其為屬性和面向編碼的動作。主軸編碼和開放編碼二者相當自然地一起向前推進,就像我們在微觀分析那一章(第五章)所闡示的。面向和關係二者,為理論增加了密度和解釋力,並會在分析歷程中持續地顯現出來。

一旦在類別的編碼中似乎已不會再顯現出任何新的資訊時,亦即,當資料中已無法再發現新的屬性、面向、條件、行動/互動、或結果時,某一類別就會被認為是**飽和的 (saturated)**。然而,此一陳述說法是程度的問題。現實上,只要研究者花上一段夠長的時間、且夠認真地省視其資料,他總會發現額外的屬性或面向。總會有一些潛在的可能性,讓「新的」可以顯現出來。飽和(saturation)較像是一個頂點,此時研究者再蒐集額外的資料就可能會產生反效果;此時,所發現的「新的」已無法再為研究現象增加更多的解釋。或者,在某些情境下,研究者已將時間、金錢等消耗殆盡了。

在歸納和演繹之間移動

歸納（induction）的概念經常被應用於質性研究中。我們對歸納所持的立場如下所述。雖然關係的陳述或假設，係從資料中演化出來（從特定案例到一般性案例），當我們概念化資料或發展假設時，我們也在某種程度上做出詮釋。對我們來說，詮釋（interpretation）即是一種演繹（deduction）的形式。我們不僅奠基於資料本身，同時也奠基於我們閱讀資料時所隨身攜帶的對生命本質的假定、腦海中所存放的文獻、及和同僚的討論等，來對發生了什麼事進行演繹（這是科學之所以產生的歷程）。事實上，在歸納和演繹之間存在著交互作用（如在所有科學中一般）。我們並不是說，我們將詮釋加諸於資料之上，或者不讓詮釋逐漸顯現出來。相反地，我們是說，**我們承認分析之中所存在的人類要素（human element in analysis），以及意義可能發生的扭曲情形。這是為什麼我們會覺得分析者透過對資料進行經常性比較，來驗證其詮釋，是相當重要的。**

主軸編碼的闡示

接下來，我們簡單扼要地闡示我們要如何進行主軸編碼。我們所編碼的類別是「亢奮狀態」（getting stoned）。我們使用了和先前相同的格式，呈現一段訪談札記，並撰寫有關的備註。該札記擷取自第八章中所呈現過有關青少年和嗑藥的同一訪談。請注意，如同開放編碼一般，分析者在主軸編碼中也要持續詢問各類具有產能的問題，進行經常性和理論性比較，並運用先前所描述過的分析工具。同時，讀者還要注意到，如果我們沒帶進開放編碼中所顯現和演變的概念和想法，我們就不可能圍繞著「亢奮狀態」此一類別來編碼。

> **受訪者：**我一開始先吸大麻。第一次吸食時，你並沒有亢奮的感覺，所以就再試一些。大多數人都必須先吸食個兩、三次，才會感覺到非常High。在我感覺到很High之前，我大概吸了五、

六次。我是在一個舞會上開始嘗試的。青少年彼此傳來傳
去，沒有人會去質疑。似乎每個人都知道，這些藥物會在人
群中傳來傳去，而且每個人都會試試看。我那時很年輕，我
想，才十三歲吧！後來，我發現我對大麻產生過敏反應，就
再也沒有吸食了。

備註：「亢奮狀態」可能被描述為一個策略性行動，是一個行動／互
動。它包含了「吸食藥物」(ingestion of drugs)（個人和藥物之間
的關係），以及從吸食而產生的「身體經驗」(bodily experience)
（體能上和心理上的）。亢奮狀態也是一個歷程。他是一個隨著時間演
進的習得經驗（learned experience）。使得這位青少年在達到「亢奮
狀態」之前，共嘗試了五、六次大麻；你必須處理這個藥物，或是讓
藥物自行發揮其作用。在這段引文中所帶出的條件，與「亢奮狀態」
並不是非常有關，反而與「試驗嗑藥」較有關連。她的試驗發生於
「團體情境」的脈絡之中。這些條件包括「同儕接納」、「容易取得」。
該引文中未曾表明的是，她係自願參加這個舞會，顯然也知道那兒會
有些藥物。雖然她提到了年齡，但這個概念在嗑藥試驗中所扮演的角
色並不十分明確。年齡和「試驗嗑藥」的關係，必須在後續訪談中進
一步去探索釐清。「亢奮狀態」的結果則在這裡表達了。在這個案例
中，這些結果包括「產生嫌惡反應」，這可能接著影響了她只做有限度
的嘗試，至少以這類藥物而言。這段引文中所帶出的，還有「亢奮狀
態」和「試驗嗑藥」兩個現象之間的關係。她必須吸食一些毒品或試
驗嗑藥，才能達到亢奮狀態。

訪談者：請解釋。

受訪者：它讓我作嘔，所以我就丟掉了。剛開始，那是一項挑戰。我
嘗試過五、六次，但沒什麼事發生。你開始懷疑哪裡不對勁
了。你想要感覺到像其他人一樣。我揣測著，我已經吸了這
麼多了，我想要快點完成，感到high起來。當我第一次感覺
到high時，那真是有趣極了。我感到有些暈眩。我那時是和
朋友一起，但我覺得像是在另一個世界一般。那真是有趣。

我對大麻產生了相當強烈的反應。大多數人都把持得很好。但對我來說，那就像喝醉酒一樣。第二次，我也是和朋友一起，我們歡笑著、真的放手一搏，而且也相當有趣。但在那次之後，它就不再有趣了，因為它開始讓我感覺到頭暈作嘔，非常不舒服。在那之後，我偶而還會試試看，看看會發生什麼事，但總是同樣讓我頭暈作嘔。

備註：「亢奮狀態」的一些屬性，在這些接下來的句子中被帶出來了。她告訴我們，「亢奮狀態」可能是一個愉快的經驗（它很有趣），或者是不愉快的經驗。同時，她解釋了經驗到high的歷程，可能是緩慢的、也可能是迅速的。對她來說，那是緩慢的，而且也產生特定的結果——「感覺到和同儕不同」——這成為下一組脈絡條件的一部份，即她想要繼續嘗試大麻，使她能像同儕一樣經驗到high的感覺。她並未直接說明卻隱含在其中的是，其他青少年分享了他們的經驗，或透過「嗑藥經」來討論其「亢奮狀態」。該段引文還帶出其他屬性，如一個人對嗑藥的反應可能是強烈的或是微弱的。她的反應則是強烈的。她也告訴我們，結果會隨著時間演變，可能發生的變化從有趣（讓她還想要再試一次）到讓她頭暈作嘔（不想再嗑藥了）。會頭暈作嘔是出乎預料的結果，成為下一組脈絡條件的一部份，影響她再度試驗嗑藥的意願，雖然她偶而還會試試看，以判定是否會繼續發生不舒服的效應。「反應」屬性的另一個層面，是它可能反覆出現（每一次），或不再反覆出現（有時候或再也沒有）。此外，我們再加上一個構成試驗嗑藥之情境脈絡的條件，那就是「同儕模仿」（peer mimicry），此即渴望像其他人一樣經驗到high的感覺。

訪談者：請告訴我更多關於什麼時候嗑藥是有趣的。

受訪者：好的，你像是處在一個完全不同的心靈狀態，一個不同的意識狀態。有些東西進入你的心中，控制你思考的方式，以及你看世界的方式。你心中被這個外來物質給佔據了，使你的心靈耗弱了。這不同於平常你不嗑藥時所擁有的快樂時光。相反的，你讓自己被這個物質所左右，讓它指引你的心靈。大部分的人都可以脫離那樣的狀態，而且只要他們有需要也

會很快把持住自己。那只是他們讓自己放鬆，感到快樂。我們通常只是坐在一起閒聊。有時候，我們會說一些不切實際的事，只是為了開闊你的生活視野，讓你用新的方式來看事情-你以前不會採取的方式。它拓展了你的思考，讓你對事情有不同的覺察。你放下你的憂慮和偏見。我不知道該如何正確地解釋。

備註：此處，受訪者所描述的是達到「亢奮狀態」的實際經驗，使我們能夠依據其屬性來界定這個概念。她告訴我們。「亢奮狀態」就像是一個心靈上的「改變狀態」（a altered state），它是一個「放手」（letting go）的歷程，讓藥物發揮其自身的影響力。這可能就是為什麼「亢奮狀態」是一個習得經驗：一個人必須去學習如何處理藥物和放手。她也陳述了個人對其心靈的改變狀態仍有著某些程度的控制，他們可以在必要時脫離這個狀態。一個人也可能將此情境描述為「放輕鬆」、「心靈開放」、「鼓勵探索」，以及「轉化知覺」。

訪談者：繼續說，妳做得很好。

受訪者：即使酒精會打破你的禁制力，但大麻並不會這樣。當你感覺到像是喝醉酒那麼high時，你也不會告訴人們你的黑暗面或深藏的秘密。喝醉酒會讓你喪失禁制力，但吸食大麻時，你仍然保有禁制力。大部份的人，即使當他們很high時，仍然可以控制自己。他們確切地知道他們正在說些什麼，和做些什麼。就像我所說的，我對大麻的反應是相當少見的，我會有強烈的反應。幾乎百分之九十的人都能自我控制，沒有什麼問題。但它卻害我作嘔，它沒能讓我感到超級亢奮。所以，我就出來了。我並不是相當能控制我所做的事，我會頭昏眼花、精神恍惚。所以我戒掉了。那對我來說並不是相當愉快的經驗。

備註：維持對自我和對嗑藥經驗的「控制」(in control)，似乎是「亢奮狀態」的一個重要的屬性。她告訴我們，對她來說，維持控制必須要能夠不會「喪失禁制力」(losing inhibitions) 或「洩漏秘密」(revealing secrets)，且「知道」(knowing) 自己在說什麼和做什麼。她也提供了我們另一個概念「超級亢奮」(super stoned)，「超級」即是亢奮程度的一個面向，使得「亢奮狀態」的變異情形似乎是從「超級亢奮」到「維持控制」，這對我們的類別增加甚多定義。「超級亢奮」的某些結果（將「超級」的面向關連到結果），是擁有「不愉快的經驗 vs. 愉快的經驗」。對她來說，這些結果特別是「頭昏眼花、無法控制，且令人作嘔」。

迷你架構和其他記錄技術的使用

在主軸編碼時，持續做分析記錄是相當重要的。我們這裡所要介紹的兩項記錄工具，是使用**迷你架構 (mini-frameworks)** 和**概念圖表 (conceptual diagrams)**，二者均被設計來顯示概念之間的關係。**迷你架構**是小型的、圖示的理論性結構，是圍繞著某一概念編碼而形成的產物。**概念圖表**更是非常重要的工具，應該在分析初期即開始使用，可幫助分析者思考所有可能的關係。Dey (1993) 曾經清楚地說明這個論點，他說：「圖示陳列法並非只是裝飾結論的方式，它們更可提供達成結論的方式」(p.192)。在第十四章中，我們詳述了更多有關備註和圖表的使用。

一旦我們的分析達到這個階段，我們就可以應用迷你架構來總結摘要我們的研究發現（如圖9-1）。這會幫助我們在推進分析的同時，能將概念間的關係牢記在心。它也會指出我們演化中的理論所存在的溝隙，並指向應該要進一步去蒐集的資料，以充分地發展類別。注意在這個迷你架構中，我們如何將兩個主要概念—「試驗嗑藥」和「亢奮狀態」—放在一起，並指明它們二者如何在面向層次上相互交叉。

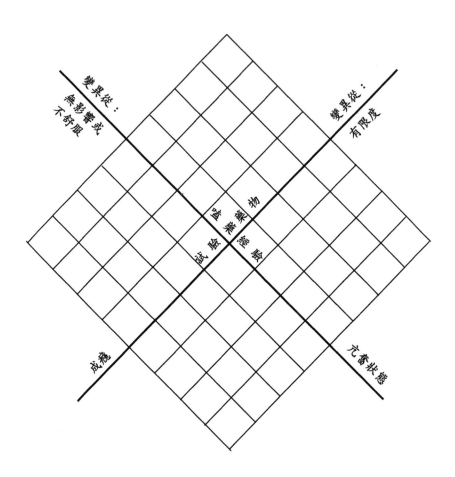

圖9-1　顯示兩個主要概念間交叉分析的迷你架構

注意：粗黑線代表主要類別的交叉。細黑線代表次要類別與主
　　　要類別和彼此的交叉。

本章摘要

　　本章討論了我們如何圍繞著某一類別的主軸來編碼,以增加該類別的深度和結構。它介紹了可作為概念分析工具的「派典」,以組織資料,並統整結構和歷程。在主軸編碼中,我們的目標是要系統性的發展和關連類別。因為我們要建立理論,這個分析的步驟甚為重要。釐清概念和次概念之間的關係,毋寧是困難的。初學分析者應該要謹記於心的是,對研究現象具有重大意義的並不是條件、行動/互動、結果等詞彙,而是去發現概念之間彼此相互關連的方式。派典只是一項工具,使分析者可用於思考概念之間的關係。派典雖然很有幫助,但也不應該以僵化的方式來運用,否則它會變成目的,而不是手段。

　　分析者所要牢記的,還有對概念如何相互關連的洞察,可能會發生於任何時間和地點—在半夜、閱讀報紙時、或和同事談話時。隨身攜帶紙和筆,快速記下這些「啊哈經驗」,並帶進分析之中。(Strauss 總是將這個歷程稱為工作中的潛意識心靈)。一些研究者發現寫日誌 (keeping journals) 是相當有幫助的,它們在日誌中可以記錄其思考歷程、概念如何演變,並隨著研究案的進程而轉化。這些日誌可在撰寫論文的階段被提出來,有助於向讀者說明研究如何達成其結論。

Chapter 10

選擇編碼

選擇編碼 (Selective coding)：統整與精鍊理論的歷程。

理論飽和 (Theoretical saturation)：在類別發展的過程中，當不再有新的屬性、面向、或關係自資料分析中顯現時，表示該類別已達飽和。

變異的範圍 (Range of variability)：一個概念的屬性在面向上的變異程度。這項被納入理論之中的變異性，係藉由抽樣來擴展屬性的範圍和多樣性。

　　在進行開放編碼時，研究者關注的重點在於建立類別與其屬性，然後找出這些類別在面向上的變異情形。而在主軸編碼時，研究者致力於有系統的發展類別，以及連結類別與次類別。然而，一直要到主要的類別最後被統整且形成一個較大的理論架構時，研究發現才真正成為一個理論。選擇編碼是一個統整(integrating)與精鍊 (refining) 類別的歷程。本章介紹這些統整與精鍊的方法。

統整

資料成為理論

　　眼看著理論逐漸成形是一個引人入勝的過程。理論絕非一夜之間形成（雖然有人可能有靈光乍現的「領悟洞察」）。它也不是像魔術一般的從書頁中迸出來的。統整是一個持續性的過程。我們或許可以這麼說，統整的歷程開始於第一筆資料的分析，而一直要到最後的撰寫工作才告終結。就如每個分析的階段一般，統整是一個研究者和資料互動的過程。參與互動的是所謂的「分析的完型」（analytic gestalt），其中所包括的不只是研究者這個獨特的個體，更包括研究者長期埋首資料中而隨時間不斷演變的種種想法，以及記錄於備註和圖表中長期累積的研究發現。雖然在資料中可以找到概念間如何連結的線索，但是研究者必須等到這些概念間的關係自資料中浮現才能**加以辨識**。不管何時，辨識（recognition）這個動作皆涉及某種程度的詮釋（interpretation）和選擇（selectivity）。總之，統整是一項困難的工作。就像一本絕佳實地研究法教科書的作者Paul Atkinson在給我們的私人信函上所寫的：

> 將先前分析的成果統整起來，是整個研究工作中最困難的一項，可不是嗎？統整這項工作，除了實際上很難達成之外，一般研究者似乎也很難具備一些對於統整工作有助益的信念或想法，如（1）有信心完成這項工作，（2）認知到統整理論仰賴的是不斷的努力，而非浪漫的靈感，（3）統整不同於猜謎或解數學題，而是一種創造性的工作，（4）不能死守著某一種統整所有資料的方法，（5）任何一個研究都可能衍生出數種彙整資料的方法。

　　本章介紹數個有助於資料統整的分析技巧。當一位研究者模糊地感覺到某些資料開始沈澱成形，但又不知如何闡述這種直覺時，

這些技巧特別派得上用場。另外,如果一位研究者已擇定其理論架構,本章提出的幾個方法將有助於進一步精鍊該理論。

幾個重點

閱讀本章時需注意幾個重點。在前幾章提過,已經形成類別的那些概念並不代表任何個人或團體的故事;反之,它們是由許許多多個人或團體的故事簡化而成的高度概念化的名詞。雖然某個特定個人、團體、或機構的資料不會在類別中顯現出來,但是由於這些類別是經反覆比較各個研究對象而形成的,因此,這些類別對研究的所有對象應有某程度的關連性和適用性。正是這些藉由對屬性與面向的詳細說明而被納入到類別與次類別的種種細節,才使得某個類別之內個案間的變異情形得以呈現出來。

第二,如果研究目的是要建立理論,研究結果的呈現就不只是條列出各個主題,而應該呈現一組相互關連的概念。一如概念一般,關係的陳述也是自資料中抽象化而來。然而,由於這些關係的陳述不是針對特定案例所做的細節描述(原始資料),而是經由詮釋後所獲得的抽象概念,這些陳述可說是研究者從資料中「建構」出來的。**所謂「建構」(constructed),我們指的是研究者將多個案例資料簡化成概念和關係的陳述,而這些概念和陳述可用來解釋所觀察到的現象。**這些概念和陳述雖然有可能是出自某位研究對象一字不差的談話(例如,實境代碼),但是這種情形極為少見。它們通常代表很多人的聲音。

第三,關係的陳述有多種不同的表達方式。在我們發表的論著中,關係的陳述並非以明顯之假設或命題的方式呈現。通常這些陳述被編排到敘述文中而不損其概念性。我們在後面有針對青少年嗑藥這個議題所寫成的統整性備註,可作為一種示範。然而,有人可能要問:為何不用更精確的**解釋性陳述**(explanatory statements),諸如「在這些條件下」、「然後」和「當這些事件發生時」。這是一個風格的問題,而這大抵取決於研究者的理論觀點和研究領域。對於關係的陳述,並沒有一個唯一正確的方法;重點在於能夠連結各個類別,並統整成一較大的理論架構。

發現核心類別

決定出中核心類別（a central category）是統整工作的第一步。一個研究的核心類別代表該研究的主題。雖然核心類別乃自研究中衍生出來的，它也是一個抽象化的概念。從一個較誇張的角度來看，核心類別就是濃縮所有的分析結果而得到的幾個字詞，而這幾個字詞似乎就足以說明「整個研究的內涵」。就以先前有關青少年嗑藥的假設性研究為例，我們可能將該研究的精髓概念化為「青少年嗑藥：試驗期」（Teen Drug Taking: A Phase of Experimentation）。而這個解釋是我們對該研究的內涵以及這些受訪者可能面臨的困境所做的詮釋。另外一名研究者，基於不同的理論取向或不同的研究問題，可能提出一個截然不同的詮釋。然而不論如何，一旦一位研究者詳細闡述他獲得某個概念的方法，其他研究者不管所持的視野觀點為何，應該可以依循這位研究者的思路，並且同意這個概念的確對研究內涵提出一個合理的解釋。

選取核心類別的準則

一個研究的核心類別具有分析力。它之所以具有分析力，是因為它能連結其他類別，並形成一個完整的解釋架構。此外，此一核心類別也應該能夠解釋類別內某個程度的變異性。

核心類別有可能自既存的類別中衍生而來。另一種可能的情形是，雖然每個類別都碰觸到研究內涵的某個部分，但是無一掌握到全部的精髓。這時候，我們可能需要一個更抽象的名詞或概念來含攝所有的類別。為了幫助讀者決定某一類別是否夠格成為一個核心類別，Strauss（1987）提出下列幾個考量的準則：

選取核心類別的準則

1. 這個類別必須是核心的，也就是說，它可以連結所有其他的主要類別。
2. 它必須經常在資料中出現，也就是說，幾乎所有研究的對象都要有指涉這個概念的指標（indicators）。
3. 經由連結類別而衍生的解釋架構是合乎邏輯且具一致性的，絕非把資料硬塞到解釋架構中。
4. 用來描述核心類別的字詞應具備足夠的抽象性，如此它才能被運用於其他實質領域的研究，進而發展出更具普遍性的理論。
5. 當這個概念藉由與其他概念的統整而不斷地調整修正，這個理論也將增加深度與解釋力。
6. 這個概念能夠解釋資料所呈現出的變異性與主要的重點；也就是說，即使條件改變，所呈現出的現象可能看起來也有些不同，但是這個解釋仍然管用。這個概念應該能夠解釋對立的或是其他另類的案例（p.36）。

自兩個或多個可能選項中選擇

研究者有時可自資料中指認出兩個中心主題（central themes）。這時候要如何擇取其中之一作為核心類別呢？對於初學者，我們的建議是選擇其中一個主題做為核心類別，然後連結另一個主題到這個核心類別。就以我們針對慢性病患與其配偶的研究為例，雖然「身體」（body）是一個浮現出來的重要概念，但是我們卻聚焦於夫妻兩人對疾病的處理。我們到一直到後來才處理「身體」這個概念，藉由對其他資料的分析而發展出有關於身體的理論架構。

決定核心類別可能碰到的難題

　　有時候有些學生會覺得受困於資料中各種描述性的細節，更遑論要指認出核心類別，這種情形尤其以實務工作者最常發生。另一種情形是，他們似乎被資料所淹沒，以至於無法保持專注於某個核心概念所必須有的距離。對他們來說，資料所呈現出的每一個觀點或概念都一樣重要。閱讀備註也幫不上忙，這些備註記載的所有資訊可能只會令研究者更加迷惑。如果情形確是如此，這時可能需要藉助其他人提供諮詢，這個人可能是老師、同僚、或是任何願意坐下來協助這位研究者腦力激盪的人。有時候，這些學生覺得沒有安全感，而只是需要再確認他們的方向與路徑無誤。有時候，他們需要的協助在於要如何和資料細節保持某程度的距離。一個不諳研究內容的「門外漢」可以提出一系列直接的問題，而迫使研究者以抽象但又直接的見解來答覆。其實，只要有人願意傾聽，這就足以幫助研究者獲得他所需要的距離。

有助於資料統整的技術

　　為了更快速的指認出核心類別和統整各個概念，研究者可藉助幾個技術。這些技術包括撰寫故事線（storyline）、運用圖表（diagrams）、以及檢視和編排備註（memos）（徒手或藉助電腦程式）。

撰寫故事線

　　一位研究者在開始思索要如何統整所有資料之前，大抵已埋首於資料堆中一些時日。由於長時間浸淫於這些資料中，他雖然無法清晰的指陳出研究的確切意涵，但是通常會有某種說不上來的直覺。要突破這樣的瓶頸，一個可行的辦法是坐下來書寫一些描述性

的句子，試著說明「這裡似乎有什麼事情發生」。這可能需要兩次、三次或更多次的嘗試，才能清楚明白地說出個人對於研究的想法。到最後，一個故事終究會浮現出來。為了激發一些想法，研究者可以重新檢視原始資料或重新閱讀訪談逐字稿和觀察記錄。這些作法通常有幫助，但是要注意的是，**重新檢閱的重點不在資料中的細節，而在找到整個研究的一般意涵**。這需要研究者後退一步（而非緊挨著資料）並反覆質問自己下列問題：這些人要解決的主要難題是什麼？哪些觀點或事件反覆地衝擊我？有哪些是未明說但確實存在的？

為了使讀者瞭解描述性故事的樣貌，我們提供下列的例子。這個例子是依據一個有關青少年嗑藥的假設性研究所撰寫出的故事。

備註：指認出故事。這是一個由一百次訪談所構成的研究，訪談對象是曾在青少年階段嗑過藥而目前年齡二十多歲的成人。我們的興趣在於發現青少年為何嗑藥，以及他們現在如何看待或描述當時的經驗。由於他們是以回顧的方式去看過去這些經歷，他們和這些經歷之間就有較大的距離，他們看待這些經歷的視野觀點也會較為寬廣。而由於這份距離，使得他們所呈現的故事富含洞察力，而這份洞察可能遠超過他們在青少年階段（如果在那時接受訪問的話）所能達到的水準。他們從一個「現在」的觀點去回顧並談論那個經歷，這樣的觀點使得我們歸結出下列的故事：

描述性故事：在這些訪談中，一再衝擊我們的是，雖然很多青少年嗑過藥，但是極少數真正成癮。那似乎只是一種青少年時期的試驗，一個由兒童期進入青春期和從青春期進入到成人期的過渡階段。他們學習有關毒品的種種知識，並因而獲得同儕的接納，他們藉由嗑藥來挑戰成人的權威。嗑藥的這個特定行為使得這些青少年脫離家庭，但同時也成為同儕團體的一份子。經由嘗試嗑藥，他們發現自己到底是誰；經由嗑藥，他們學到如何在毒品作用下控制自己的行為。然而，當他們進入到成人階段，他們發現自己已無任何嗑藥的慾望，即使有，也只是為了休閒、消遣的目的而已。他們對這種青少年階段的玩意兒已不感興趣。對大多數的青少年而言，嗑藥只是一個過渡性的時期，也就是說，從兒童期進到成人期的這個過渡階段，這些不大不小

的青少年可能嘗試各式各樣的試驗行為,而嗑藥只是其中一項而已。大多數青少年只限於在聚會中或和朋友一起時才嗑藥。

從描述到概念化

當研究者抓到了研究的精髓後,他就可以為那個核心概念命名,並且將其他概念連結到此核心概念。如果現有的類別無一足以完全捕捉研究的精義,我們可能要需要一個較廣泛的概念。回到先前那個例子。由於我們已在備註中整理出青少年嗑藥的試驗性質,但卻未加命名,我們有必要提出一個可以捕捉這個歷程之精髓的概念。我們決定將中心意旨概念化為「青少年嗑藥:過渡期的儀式」(Teen Drug Use: A Rite of Passage)。對我們而言,這個概念指出青少年嗑藥大抵是有限度的和試驗性質的,它的作用在於標示出從兒童期進到成人期的這段過渡性歷程。當然,這個中心意涵必須和資料相契合。所以,下一個步驟是利用現有的類別來重寫這個故事。在運用這些概念來書寫的同時,我們也在建立它們之間的連結。以下就是一個運用概念和概念之間的連結撰寫成的故事線備註(storyline memo)。請注意到那些連結概念的陳述,以及那些陳述和第九章主軸編碼中介紹的派典的特徵有何相似性。雖然,研究資料中的確隱含著諸如「這些條件和這個現象或歷程有關連」或是「這個行動導致這個結果」這樣的關係,但在撰寫故事時,不一定要如此呈現。同時要注意的是,關係的陳述並不以前因後果的方式呈現。一般而言,概念間連結的路徑是迂迴而非直接的,其間通常夾雜著各式各樣的中介變項在影響著行動的路徑(成為哪種型態的嗑藥者)。

一個故事線的備註看起來可能就像下面這一大段文字:

故事線備註:雖然很多青少年嘗試嗑藥,但是極少數人成癮。我們訪問的對象中,大多數人嗑藥的時間和數量都頗有限,而且在對毒品的新鮮感逐漸褪去後,他們就停止使用。從他們的立場來看,這整件事似乎像是一個過渡時期的試驗嘗試行為。處於這個過渡期的青少年通常會嘗試各種不同的、甚至「危險」的行為。這些行為之所以是過渡

性質的，是因為一旦這些青少年對它們不再感興趣或是他們已經達到目的，他們就會捨棄。而這對他們的發展是很重要的一步，因為他們得以**挑戰權威**（challenge authority）並學習**掌控**（take control）生命中的事件。這對於這群急於要弄清楚「我是誰」的青少年是很關鍵的任務，因為他們尚不足以像成人一般的自立，而他們又想擺脫對父母的依賴而成為獨立的個體，這時他們極需要同儕團體的支持與接納。他們把嗑藥視為標示出這個生命階段的一種嘗試或儀式。換句話說，他們通常是在聚會中或與朋友一起時開始這項嘗試，這也顯示出它社會互動的本質（排除掉那些持續性嗑藥而致重度使用者）。藉著嗑藥，青少年一方面展現出與同儕的**休戚與共**（solidarity），另一方面表達出反抗權威的**自發意願**（willingness）。嗑藥提供他們一個**獲取**同儕接納的管道，不可諱言的，它大半時候也是一個**愉悅的**經驗。在這些青少年進入成年期後再回頭看，他們認為嗑藥展現出他們抉擇以及**應付**某些危險的**能力**。他們認為自己經由這樣的經驗而使得情緒更加成熟穩定。導致他們嗑藥的條件有：藥品容易取得（access was easy）、同儕壓力（peer pressure）、以及他們藉由嗑藥以贏得同儕接納（gained peer acceptance）。大多數的青少年**並非**藉由嗑藥來**逃避**現實生活、**消除**生理或心理上的痛苦、讓自己**覺得好過些**、或是**增加勇氣**；這些理由是那些持續嗑藥而導致重度嗑藥者最常提出的說法。這些青少年的嗑藥行為不論在數量上或是型態上都不同。根據數量與型態的面向來分類，則可得到四種型態或模式的嗑藥者：非嗑藥者（non-users）、有限度試驗者（limited experimenters）、休閒型嗑藥者（recreational users）、以及重度嗑藥者（hard-core users）。每一種型態的嗑藥者有其不同的過渡期。而決定嗑藥者的型態與過渡期內涵的關鍵條件就在於嗑藥的經驗，我們將此經驗概念化為「亢奮狀態」（getting stoned）。這四種型態的嗑藥者正是由「亢奮狀態」經驗所創造出的脈絡而浮現出來的。他們的過渡期藉由這個「儀式」（rite）而凸顯出來，這個儀式有點像他們進到團體的入會儀式，並決定他們可能成為哪種型態的嗑藥者。一位青少年可能嗑藥或是選擇不嗑藥，可能感覺亢奮或是沒有這種感覺。那些覺得亢奮的青少年，他們所感受到的程度不同，頻率也各異。個人所經驗到的亢奮感覺會影響他是否會繼續嗑藥。亢奮狀態其實是一個習得來的歷程，而它的一個屬性是個人對於行為掌控的程度。對行為的掌控（control over behavior）是一個屬性，同時也是「亢奮狀態」的一個次類別。「亢奮狀態」與「對行為的掌控」會因為嗑藥的**種類** （type）、嗑藥的**頻率**（often）、**先前**（previous）嗑藥的經驗、**個人**（personal）動機、毒品對個人作用的**認知**（perceptions）、使用的**劑量**（amount ingested）等等因素而有不同。亢奮狀態可能被視為一個正向（positive）或是負向（negative）的經驗。然而，有些人即使亢奮狀態的經驗並不好，但仍然繼續嗑藥下去，其原因可能是因為不知道如何拒絕、希望和其他同儕一樣、覺得這只是不對勁的幻覺、或是可能已經對毒品產生生理上或心理上的依賴。至於嗑藥的長期影響，當這些年輕人回頭看他們當時的行為，他們認為那只是他們生命中的一個階段，嗑藥的行為在當時雖然重要，但是他們現在已經成熟到不需要倚賴這些毒品了。他們從未在生理上或心理上染上毒癮。那些認為這只是一個成長的階段的年輕人，他們會這樣覺得是因為他們可以***掌控自己的行為，小心翼翼地行事以降低危險***，並且學習到有關嗑藥的種種知識。嗑藥的確是一種危險的行為，但是大部分的青少年並沒有成癮。這個的行動／互動意味著青少年藉以學得有關毒品的種種，包括毒品的種類、哪裡可以買到、如何使用、以及各種毒品的危險性。藉由行動/互動，這些青少年與同儕分享嗑藥的經驗，也就是所謂的「嗑藥經」（drug talk）。這種經驗分享是整個「過渡期儀式」（rite of passage）很重要的一部份。然而，這些嗑藥經並非青少年的專利。權威人士也有其嗑藥經。嗑藥經有許多不同的形式，它可能是富教育性的、負向的、高壓的、或是誇大其詞的。

對於那些非嗑藥者，他們的過渡期儀式的特徵有：不向同儕壓力低頭、敢對毒品說「不」、以及不願意嘗試（即使是在有限度的範圍內）。這個儀式性的「不」證明了他們可以勇敢的面對同儕壓力，無須嗑藥就可以獲得接納。所以，如同亢奮狀態是嘗試嗑藥者的過渡期儀式，對這群青少年而言，不嘗試與不經驗亢奮狀態就是他們的過渡期儀式。對於那些「重度嗑藥者」，早期對毒品的嘗試是一種過渡期儀式，只是過渡到成癮（雖然這不一定是不可改變的）。對於「有限度試驗者」，嗑藥與亢奮狀態只是儀式或儀式性記號的一部份，用來達成過渡時期的特定目的。對於那些成為「休閒型嗑藥者」的人，嗑藥作為一種愉悅的社會性歷程之入會儀式，這樣的嗑藥型態會一直持續到成年期以後，但是很少會干擾到日常作息。

雖然對於青少年嗑藥的行為可能有更好的解釋，但是我們對於現象（也就是青少年嗑藥作為一種過渡期儀式）所提出的概念似乎和資料頗契合，而且提供一個對於研究內容的詮釋。此外，其他類別和主要類別的連結也很符合邏輯。這個概念化的結果同時為我們說明了兩個極端的面向：非嗑藥者和重度嗑藥者。這個概念可用於研究青少年其他型態的行為（如危險的性行為）。將青少年的嗑藥行為視為一種過渡期儀式是一個很有趣的觀點。這個觀點去除了對於青少年嗑藥的負面看法以及非難的語氣。或許藉由瞭解嗑藥對於青少年的意義，成人可以幫助他們找到可接受的替代物，或是其他較可接受的行為，來作為過渡期的儀式。

使用圖表

　　基於個人的偏好或是研究者本身是所謂「視覺型的人」（a visual person），圖表（diagrams）在很多時候比敘述故事更能理出概念間的關係。雖然有關圖表這個主題在第十四章將有深入的介紹，但是有必要在此大略說明一下。圖表是統整資料時一個重要的工具。圖表之所以有助於資料統整，是因為藉著圖表的製作，研究者得以和資料保持某種距離，而且他勢必要專注於找出概念間的可能關係，而非著墨於資料中的枝節。研究者若要製作圖表，他必須仔細思考關係間的邏輯，因為如果關係不清楚，則製作出的圖表將是雜亂無章的。假如這位研究者在整個研究過程中都能善用圖表，則這一個接一個的操作性圖表（operational diagrams）應該可以導向一個統整性的故事。然而，假如這位研究者整理出的圖表過少，或是他在重新審視先前的圖表之後，對各概念間關係的本質仍不清楚，這時候，他可以找一位老師、顧問或是同事坐下來，以圖示法向他們解釋所發現到的現象，這個作法將有助於資料的統整。同樣地，提出一些問題或是大要的瀏覽一些代表性的案例，這些作法通常也能激發出對於概念間關係的思考。通常，在你對某一個圖表「感覺不錯」之前，你已做過多次的嘗試了。

統整性圖表（integrative diagrams）是將研究資料高度抽象化的表徵方式。這些圖表**不必**包含所有在研究過程中浮現的概念，而應該聚焦在已達到主要類別地位的那些概念。圖表應該是流暢的，具備清晰的邏輯，而且無需太多解釋。統整性圖表也不應該太複雜。一個圖表如果包含太多的文字、線條、和箭頭，我們將很難「讀」懂。細節部分應留到文章的內容中才仔細交代（見圖10-1）。

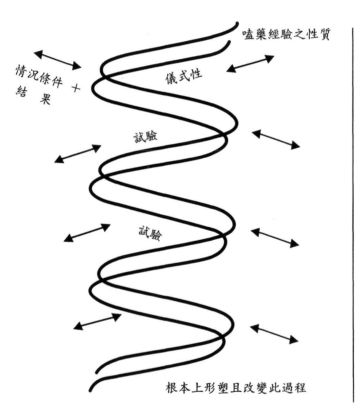

嗑藥經驗之性質

情況條件 ＋
結　果

儀式性

試驗

試驗

青少年期的過渡

根本上形塑且改變此過程

圖10-1　試驗藥物：過渡期的儀式

備註的檢視與編排

備註（memos）是就每次的分析工作所寫成的流水帳（running log）。它們就像是一個觀點與想法的儲藏室。雖然有不同型態的備註（在十四章將有深入的討論），一般而言，隨著研究的推進，備註會愈來愈抽象。這些備註也包含統整資料的線索，尤其是當研究者很有系統地指認出概念的屬性及其面向時，統整的線索就越清晰。例如，研究者之所以覺察到不同型態的嗑藥行為浮現出來，是因為注意到嗑藥這件事有諸如「為何嗑藥」、「多常嗑藥」、「嗑藥場所」、「和誰一起嗑藥」、「何種毒品」和「有何後果」等面向上的差異。從跨面向的觀點來審視這些差異，我們得以指認出不同型態嗑藥者的行為模式。藉由審視「亢奮狀態」這個經驗在諸多面向上顯現出的差異（如多常嗑藥、毒品種類、何時、何處、和誰一起、嗑藥經的內容、可掌控的程度等等），我們可以將此類別和嗑藥者的類型連結起來。比如，我們注意到「重度嗑藥者」較常嗑藥，使用像安非他命和海洛英這些較強的毒品，通常是單獨使用；相較於這些重度嗑藥者，「有限度試驗者」只是偶而會達到亢奮狀態的地步，他們只使用大麻和一些會產生幻覺的毒品，而且把嗑藥當做社交行為的一部份，所以他們通常只在聚會中或和友人一起時才會嗑藥。

備註通常是依類別來分類編排的。然而，當類別間的關係逐漸錯綜複雜，以類別來分類編排資料也將變得愈加困難。這時，研究者可能無法適當的處置某個備註，不知要把它歸到哪一疊資料中。如果每個備註都能有多個副本，那麼這份備註就可以被歸到每一個相關的類別中（當然它可以在之後被抽出來）。一旦所有的備註都經過編排後，我們就可以進行檢視。回過頭去重讀這些備註，並省視某個概念逐漸形成的過程，是饒富趣味的。若研究者能依據類別來檢視及編排備註，並找出這些類別在跨面向上的連結，他應該可以將資料作相當好的統整。

我們的經驗顯示，在進入資料最後的統整之前，一般學生都能寫出不錯的備註。他們也許已指認出一種或多種型態（例如，不同

類型的嗑藥者)、一個歷程(例如,達到亢奮狀態的境界)、或甚至這些型態和歷程之間的關連。然而,學生最感到困難的在於提出一個可以解釋所有資料的抽象性理論架構。對於大多數的初學者而言,最後的統整工作是他們最需要協助的地方。就一個研究而言,最後的統整工作是必要的步驟。如果最後的資料統整付諸闕如,即使提出了有趣的細節描述和一些主題,但是由於沒有任何說明這些主題之間如何關連的陳述,研究結果仍然不能構成一個理論。當然,如果你最終的研究目的在於獲得一些發現,而不在於發展理論,那麼資料統整就不是那麼重要。

有些研究者可能會轉向文獻中去找尋一個契合資料的統合性概念(unifying concept)。他們採取這樣的作法,有可能是在仔細閱讀並編排所有的備註後,似乎直覺到研究的核心意涵,但苦於不知如何命名。另外有些時候,他們會嘗試去找到一個和研究的中心意涵在本質上很相似的概念(例如,請參閱Miles & Huberman,1994的研究)。這樣的作法有助於研究者將其研究結果置於較大的專業知識領域中,並有助於此研究領域中既存概念的進一步發展與精鍊。

然而,這並不是我們一般所採取的方法,因為大半的時候,文獻中既存的概念和資料只是部分相符。這樣做也可能阻礙研究者去發展出新的觀點和取向,而這些新觀點對於每個領域知識的提升是很關鍵的。我們較偏好的作法是希望學生展現他們的創意,為研究的內涵找到合適的概念名稱,然後再以顯現於資料中的屬性和面向來描述這些概念。稍後,他們在撰寫研究結果時,可以就研究結果和既存的文獻作比較,詳細描述自資料中獲得的概念如何擴充或印證既存的文獻。然而有時候,一個既存的概念可能非常適切地描述出研究的內涵,能使用這樣的概念是很幸運的。舉個例子來說,「病程」(trajectory)這個概念是自我們先前有關慢性病管理的研究發展出來的,而這個概念和我們另一個探討夫妻中一人得慢性病(chronic Illness In couples)的研究非常有關(幾乎每一個訪談都提到這個概念),所以在對這個概念作了某些調整和擴充

後，我們就以這個概念作為此研究中統整其他資料的核心概念。另一種情形是，研究者可能著眼於檢視某一個概念在不同條件下所顯現出的內涵。例如，他可能使用「覺察」（awareness）這個概念（自一個對臨終者的研究發展出來的，Glaser & Strauss, 1965）來進行一個有關間諜的研究，因而增加了這個概念的推論能力。以上所介紹的是幾種為核心統整概念命名的方法。然而，不管研究者選取那個方法，這個統整的概念必須符合本章前面提到的核心概念的擇取準則。

理論的精鍊

一旦研究者勾勒出大致的理論架構，接下來就是要進一步精鍊這個理論（refine the theory）。我們可藉由下述的三項工作來精鍊理論：檢視此架構是否具內部一致性（internal consistency）、是否存在邏輯的縫隙（gaps in logic）、補足（filling）那些發展較差的類別，並修剪（trimming）那些涵蓋過多資料的類別，以及驗證（validating）這個架構。

檢視架構的內部一致性和邏輯性

一個理論架構應具備合乎邏輯的流暢性，且不應有任何不一致之處。假如故事線備註和圖表夠清楚的話，一致性和邏輯性應該自然就會顯露出來。然而，有時在最後的撰寫階段，研究者直覺到有些不太對勁的地方而需要進一步釐清楚。在這種情況下，他可能需要回頭去運用圖表，以及重新檢視那些備註。但是，除非這位研究者很清楚他要找的是什麼或是他遺漏的是什麼，否則圖表所能提供的協助很有限。

核心類別本身是一個著力點。核心類別就像其他類別一般，是以它的屬性及面向定義出來的。假如我們將青少年嗑藥的行為命名

為「過渡期的儀式」，那麼我們就必須定義何謂「儀式」與「過渡期」。就像所有的類別一般，這個定義乃自屬性及其面向衍生而來。即使這個核心類別並未在先前的備註中被提出來，當研究者在檢視這些備註時，他應該可以在這些資料中找到指涉該核心類別的觀點以及它的屬性和面向。例如，「過渡期儀式」這個名詞並未在研究的初期被使用到，但在備註中卻到處可見到有關嗑藥的社會性意涵，這整件事對青少年的意義，青少年如何從中發現自我，以及他們在其間逐步成熟的歷程。在備註中，我們可以指認出這個過渡期在**性質**（nature）、**型態**（type）、**持續時間**（duration）、**形式**（form）和**結果**（outcomes）（也就是這個過渡期的屬性）上的變異情形。因而，我們或許可以定義「過渡期儀式」為一個互動的社會歷程，這個歷程會因不同型態的嗑藥者而有所不同，另外，這個歷程的兩個重要屬性分別為：是否達到「亢奮狀態」，以及獲得不同程度的成長（結果）。當我們撰寫這個理論其餘的內容時，我們可以進一步闡述這個定義，說明這個過渡期如何在「嗑藥者型態」這個面向上有不同的呈現，並試著連結「嗑藥者型態」與「亢奮狀態」這個歷程，然後追蹤出各種可能的結果，其中一個最主要的結果是這些青少年在做決定和處理同儕壓力上變得較為成熟。

　　若要進一步檢查這個理論的內部一致性和邏輯性，研究者可能要退一步來質問他自己（因為截至目前為止，他一直埋首在資料中），他認為這個理論的屬性有哪些，然後回到理論去仔細檢視有多少已被納入於該架構中。假如這個理論仍然不夠清晰，或是仍有某些遺漏，那麼研究者可能要回到資料中去理清楚。有時候，研究者其實已經很接近研究的核心意涵而不自知，反而對資料持一個錯誤的立場。也就是說，研究者很容易犯的一個錯誤是從自己的角度來審視資料，而非從研究參與者的立場出發，但是他又認為自己做的是完全相反的事。舉例來說，當我們之中的一人（Corbin）在撰寫一個有關婦女如何處理高危險懷孕的博士論文時，有時候覺得邏輯不通，且結論又和資料不甚契合；也就是說，這些婦女的行為並不全然的反映出她們對危險的知覺，這份知覺從高到低都有，隨著孕期的推進而改變。最後，她才開始明瞭，雖然她自以為中立不

偏，而事實上，當她在對事件分類時，她是以一個醫療保健專家的角度而非研究參與者的角度來定義危險的程度。參與研究的這些孕婦對於危險性的看法有時迥異於醫療保健專家的觀點，而這些孕婦就依據這些看法來採取行動。

補足未充分發展的類別

對於建立理論，研究者的目標是密度。所謂「密度」(density)，我們指的是一個類別所有顯著的屬性和面向都被指認出來；這些屬性和面向賦予這個類別變異性與精確性，同時增加理論的解釋力。未充分發展的類別通常在我們製作圖表和整理備註時就會顯露出來。例如，假如我們回頭去檢視資料並發現到，在我們完成的備註中，有很多是關於「有限度試驗者」，但是鮮少有關於「重度嗑藥者」的備註，為了填補這個溝隙，我們可能需要回到實地中蒐集更多有關這個類別的資料。

補強的這項工作可以藉由找尋備註或原始資料中被忽略的資料來達成。另一種作法是，研究者回到實地中，藉由理論抽樣（請見第十三章）來蒐集有關該類別的資料。補強這項工作通常要持續到最後的撰寫階段。一旦研究者開始提筆撰寫後，他總是會發現一些縫隙，而問題在於決定什麼情況下不予理睬。實際上，並非所有的細節都可以被交代得很清楚。當然，較大的溝隙應該要補強。一個類別應該就其屬性與面向被充分地發展，如此才能顯現出該類別做為一個概念的變異性範圍。在前面的例子中，具有變異性意指在同一類別之內包含了經歷這個過渡期儀式的種種不同方式，而這些差異可藉由檢視毒品的種類、嗑藥頻率以及其他面向來說明。

決定是否要終止資料蒐集的最重要考量是*理論飽和*(theoretical saturation)。所謂理論飽和是指在分析的過程中，再也沒有新的屬性或面向自資料中浮現出來，且分析的結果足以說明大部分可能的變異性。

修剪理論

有時候，問題不在於資料不足，而在於資料過剩。也就是說，有些觀點可能和理論並不契合，這些通常是多餘的概念。這些概念可能還不錯，只是它們因為不常在資料中出現或是溢出常軌，因而不太可能被充分發展。我們建議研究者捨棄這些概念。假如這些概念很有趣，研究者大可以在日後對它們進行研究。但是就目前而言，我們沒有理由亂無章法地拿不相干的概念來建立理論，因為這些概念既無法進一步發展，也無助於我們對理論的瞭解。

驗證理論架構

當我們說到「驗證」（validating），我們指的並非如量化研究的考驗。我們將所謂「驗證」的意義，說明如下。理論是自資料中顯現出來的，然而在最後統整之前，這個理論代表對原始資料的抽象性解釋。因而，一個重要的步驟在於檢視這個抽象性解釋和原始資料契合的程度，並且發現這個理論架構可能遺漏的任何顯著的概念。我們可以藉由多種方法來驗證這個架構。其中一個方法是拿這個架構回去對照原始資料，進行一種高層次的比較分析。這個理論應該可以解釋大部分的案例。另一種驗證的方法是，對研究參與者述說這個故事或是請他們自己閱讀這個故事，並請他們就這個故事契合他們的案例的程度進行評論。因為這個故事是簡化所有資料的結果，自然無法鉅細靡遺地呈現出每個案例的情形，但是在大方向上，參與者應該都可以從故事中指認出他們自己。即使並非每一個細節都和他們的情形相符，他們應該可以看出這個故事能否對所發生的事件提出一個合理的解釋。在這裡我們只提到理論驗證的一個層面。我們將在第十六章中進一步討論這個主題。

假如案例不符時

在一個研究中，我們有可能碰到非常極端或是反其道而行的特

異案例。大部分的情形是，這些極端或是對立的案例說明了這個理論的變異情形，或是提出了一個可替代性的解釋。例如，在那個有關青少年嗑藥的研究中，假設我們發現一些研究參與者逐漸對毒品成癮而終致輟學，我們對青少年嗑藥的解釋─過渡期之儀式，又如何去解釋這些成癮的案例？對這些青少年而言，那也是一個過渡期，不過是一個通向成癮的過渡期，而非邁向成人階段的一個步驟。就像其他的青少年一般，他們是在聚會中經由儀式般的介紹而開始接觸毒品。然而，對這群青少年而言，「亢奮」的感覺不再是他們藉以和其他同儕分享經驗的社會性活動，這種感覺本身成為他們嗑藥的目的。這裡的差別在於這個過渡期所帶出的未來方向，而不在它是否為一個過渡期。有時候，某個案例可能呈現出一種介於兩種型態或兩個階段的過渡狀態。比如，某位青少年可能既稱不上是休閒型嗑藥者，但也不算是重度嗑藥者，也就是說，他可能同時具有這兩種型態的某些屬性。當一個怪異的案例出現在資料中時，我們通常可以找到一些中介變項或條件來解釋這個變異情形，而這些中介變項或條件也必須被指認出來。如果我們發現這些不尋常的案例（有時稱為「反面案例」）並將這些案例的解釋納入理論中，如此將能增加這個理論的推論力和解釋力。

將變異性納入理論中

許多理論架構共通的一個問題是無法解釋不同案例間的變異情形，這樣的理論是很令人質疑的。試想，這樣的理論一定顯得造作不自然，因為每一個人或機構好像都可以被明確歸屬到某一種類型或歷程中的某個步驟。我們深知生命無法被硬塞進那些整齊的小框框中。每個歷程中總會有一些變化。有些人步伐較慢，有些人步伐較快，有些人退出，而有些人則邁上不同的道路。也就是說，即使是同屬於一個型態和類別，不同的個人、機構和團體仍然存在著差異性，而這差異來自這些案例在某些屬性的面向上不同的落點。舉例說明，假如我們以「有限度試驗者」作為一個類別，則這個類別將包含許多不同的情況：有些青少年只限於使用一種毒品，有些嘗

試不同的毒品，但是只達到亢奮的感覺一兩次，有些嘗試五種不同的毒品但是每一種只試一次，有些熱中於和同儕分享經驗，另有一些將嗑藥視為個人的私事。在撰寫理論時，不論是處理同一類別或是類別間的關係，我們都希望能清楚交代其中的變異情形。

本章摘要

選擇編碼是統整和進一步精鍊理論的歷程。就統整工作而言，所有的類別是以一個核心的解釋性概念組織起來的。統整工作是一份持續性的工作，開始於資料分析的最初階段，而一直要到最後的撰寫階段才告終結。一旦選定了核心意涵，研究者藉由解釋性的關係陳述將主要類別連結到這個核心意涵。本章介紹幾個有助於統整歷程的技術，包括說明或撰寫故事線、使用圖表、檢視及編排備註，以及使用電腦套裝程式。

一旦勾勒出理論架構，研究者就可著手去精鍊理論、修剪多餘的概念，以及補足未充分發展的類別。這些未充分發展的類別可藉由理論抽樣而達到飽和。最後，這個理論可藉由下述兩個方法來驗證：和原始資料對照比較，或是呈現給參與者並請他們提供回饋。對於一個建立在資料之上的理論，研究參與者應該可以辨識出來。雖然這個理論無法鉅細靡遺的交代每個案例的所有細節，但在較高的概念層次上，應該可以適用於每個案例。

Chapter 11

歷程編碼

歷程（Process）：一連串演進中的行動/互動，其改變可追蹤
　　到結構條件的改變；也就是説，結構條件的改變可能引發
　　行動/互動的改變。

　　將歷程納入分析之中是建構理論很重要的一部份。在第九章主
軸編碼中，我們介紹了「歷程」這個概念。在這一章中，我們將進
一步解釋這個名詞所代表的意義，以及如何在資料中發現歷程。首
先要向讀者保證的是，我們並非介紹一種全新的分析方法。在這
裡，「詢問問題」與「進行比較」這些標準程序仍然是很基本的分
析方法。唯一稍有不同的是分析的焦點。資料分析的重點不在於發
現屬性及面向，而在檢視行動/互動，並注意這些行動／互動如何
隨著時間而改變，或是檢視有哪些因素使得這行動／互動在結構條
件改變下仍維持不變。這些結構條件的改變可能是預期中的，也可
能是出乎意料之外（偶發事件）而需要當場處理。依據這些目的，
我們提出以下問題：歷程是什麼？它為何是分析中很重要的一環？
本章的目的即在回答這些問題。而有關本章內容的安排，我們先描
述對歷程的觀點，而以一個例子説明如何自資料中分析歷程來作
結。由於「歷程」是一個很難捉摸的概念，我們很難解釋這個概

念，就如同我們很難在資料中捕捉到它一般，所以我們認為最佳的
討論方法是由兩個情境來切入。

當我們聆聽一首樂曲時（任何一種音樂），我們會不由自主的
被它豐富多變的音調所吸引。我們知道所有音樂，不論是爵士樂、
流行音樂、或是古典音樂，是由一連串的音符所組成的，有些音符
需要快速的彈奏，有些則要慢板，有些激越昂揚，有些則必須輕柔
舒緩；有時是以某個音調彈奏，有時則是另一個音調上場，通常是
在不同的音調之間來回往返。即使是一個停頓，也是有目的性的，
因為它也是音樂表現的一部份。而所有這些多變的音符，經由特定
的順序演奏出來，就賦予音樂特有的節奏（movement）、旋律
（rhythm）、流暢性（fluidity）、以及連續性（continuity）。

依我們看來，歷程就像是一首音樂。它代表了組成行動／互動
順序的旋律、多變重複的形式、停頓、中斷、以及有變化的節奏。
下一個情境對於我們所謂「歷程」的概念比較像是圖示法。最近，
作者之一（Corbin）曾在一個小型機場的候機室中呆坐，由於等候
飛機時間無事可做，她開始注意到附近咖啡店所發生的種種。那家
咖啡店並不大，全國的任何小鎮都可以找到的那種店。當時大概有
二十至二十五個顧客在店中，有些坐在櫃臺旁邊，有些則圍坐在桌
子旁。整個店只有一位女服務生和一位廚師。女服務生穿梭於桌子
之間，幫顧客點東西，再將他們的菜單遞給廚師，而廚師在準備好
這些食物之後，交由女服務生送到顧客桌上。這位女服務生同時也
負責收費，將顧客所付的錢放入收銀機中。有時候，女服務生會暫
時放下手邊的工作和顧客閒聊幾句、幫他們添加咖啡、或是清理桌
面，通常她是忙碌的來回穿梭，而她機靈的雙眼更是隨時留意顧客
是否有任何需要。雖然在這段觀察的時間內，這位女服務生的行動
／互動可能在形式及內容上隨時在改變，但是所有的這些行動其實
是和某個現象有關的一系列行動的一部份，而我們或許可以稱這個
現象為「供給食物之服務」（food servicing work）。當這位女服
務生忙於她的工作時，顧客則在吃東西、聊天、以及觀賞那些起起
降降的小型私人飛機。

這並不是一個非常戲劇性的場景。事實上，它是一個很例行性的場景，可能在全國的咖啡店中日復一日地重複上演著。雖然是例行性的，這行動／互動卻是一連串連續的活動，由有特定順序的活動所貫串起來的。這並非意味著這連續的活動毫無干擾或是問題產生，的確是有的；不過，對於這些干擾或問題的處理也是整個連續動作的一部份。一位觀察者在仔細觀察這幕場景之後，就能瞭解－「原來這就是歷程」。

　　歷程可以被描述成一連串隨著時空而逐漸演進的行動／互動，這行動／互動可能作為對問題情境的策略性（strategic）回應，也可能是不假思索就可以完成的相當例行的（routine）活動。它可能是有秩序的、中斷的、有清楚順序的、或是協調統合的─有些時候則是一團混亂。這些行動／互動之所以是一種「歷程」，是由於它具有一種演進的本質，以及與某個目的有關的多變形式、旋律、與步調。

 ## 結構與歷程的交互作用

　　在第九章主軸編碼中提過，行動／互動是在一特定的條件或是情境脈絡下發生的。因而，結構和歷程的關係交錯而複雜。就像一首曲子的樂音隨著音調的改變而改變一般，行動／互動也會回應情境脈絡的改變而逐漸改變。這行動／互動又接著造成情境脈絡的改變，因而這原先的行動／互動變成了下一個行動／互動的部分條件。就以前面提到的那家餐館（咖啡店）為例，如果我們更動一下情況條件，看看其中的行動／互動或是「工作流程」會有何改變。我們可以有好幾大群人同時湧進這家小餐館，而仍然只有一名女服務生及一名廚師提供服務。想像一下，這樣的情況將如何影響他們工作的步調，以及與顧客閒聊、為他們添加咖啡、料理並端出熱騰騰的食物等等表現。假如這名廚師突然生病無法工作，這名女服務

生同時要料理食物以及招呼顧客；或是假如有五位女服務生，但是只有二十位顧客上門？設若這名女服務生是個生手，動作又慢，讓顧客等得不耐煩。顧客與女服務生之間原本愉悅親切的行動／互動是否有可能轉為不耐煩及充滿挫折感？以上所提的任一種情境都有可能改變或轉移行動／互動的本質。結構創造出行動／互動的脈絡，而這行動／互動可能是流暢的，也可能因為個人或團體嘗試要因應情況的要求而呈現中斷的情形。因為結構常會隨著時間而改變（想像一下進進出出餐館的顧客），行動／互動也必須跟著改變，才能對應改變後的結構。由此觀之，歷程和結構是糾結在一起且相互牽動的。

歷程的可變異性質

　　我們可以說，「歷程」最好的情形大概就像是一支和諧流暢的芭蕾舞或是交響樂，每一個移動或是節奏都是優雅的、整齊的、有目的的，有時顯得深思熟慮，有時又似乎是信手拈來，由一個動作流暢地帶出下一個動作。而「歷程」最糟糕的狀況大概就像是一場足球暴動，所有的動作都是混亂的、潰散的、失控的、脫序的，有時甚至是危險的。然而，人類大部分的行動／互動型態介於這兩者之間，不總是像芭蕾舞一樣優雅，但也不至於老是像足球暴動一般的混亂。事實上，它可能同時是平淡例行的，而又是新奇且饒富創意的。歷程顯現出個人、機構或團體回應（或塑造）所處情況的能力。此外，歷程也說明了團體如何調整他們的行動／互動，以維持社會秩序、參加競賽、舉辦聚會或從事各種工作，當然也說明了調整不當可能引發的社會混亂或甚至戰亂。做為研究者，我們想要捕捉行動／互動的這些動態的特質，以及它們所處的多變的情況（請見圖11-1）。

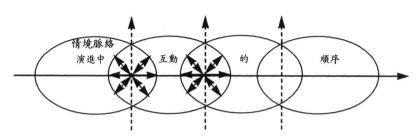

時間
結構條件

情境脈絡
演進中　　　互動　　　的　　　順序

圖11-1　歷程

直線＝演進中的互動／行動
圓圈＝互動／行動之情境脈絡
圓圈中的重疊處＝條件和結果的相互交錯，導致情境脈絡的改變和互動的調
　　　　　　　整，以保持其流動。

歷程的概念化

在資料中，歷程代表所發生的事件，而這些事件有時依循著某種順序逐步發生，有時則否。不論如何，歷程總是可以被置於一個情境脈絡之中。對歷程進行描述或概念化的方法，言人人殊。雖然研究者通常將歷程描述成階段（stages）或時期（phases），歷程也可以行動／互動的順序或是性質的轉變來加以檢驗。形式的選擇端視資料以及研究問題而定。例如，「試驗嗑藥」（experimenting with drugs）是一個歷程。研究者可以階段或時期的觀點來檢視這個歷程，也就是說，青少年究竟經歷哪些階段或時期，而導致他們去「試驗嗑藥」。然而，要解釋青少年所經歷的情況，「階段」或「時期」的分法可能並非最好的方式。或許，圍繞毒品之「取得」（acquisition）與「使用」（use）的行動／互動更能描繪出實際的情況。在這裡我們要強調的是，並非所有的歷程都可以被簡化為階段或時期。

歷程編碼

Coding for Process

173

資料中歷程分析

　　對於資料中的歷程分析並非獨立於分析工作之外。歷程的編碼和屬性、面向、以及概念間關係的分析是同時並進的。它是主軸編碼與類別建立的一部份。在這裡，我們不是要找尋屬性，而是要刻**意地審視任何的行動／互動，注意其移動、順序與改變，以及留意行動／互動如何演進（改變或維持不變）以回應情境脈絡或條件的改變**。舉個例子來說，在芭蕾舞劇「天鵝湖」（Swan Lake）中，女主角（公主）原本安詳、夢幻般的舞姿，在邪惡的王子出現之後（情境脈絡改變），可能會一瞬間轉為驚恐與緊張的基調。

　　歷程的分析不僅賦予理論「生命」或是一種律動感，同時有助於統整與發現變異性。當研究者審視資料中的行動／互動如何隨著時空的推進而改變或是回應偶發事件，他很自然地會去找尋反覆出現的組型。而且，藉由歷程與結構的關聯，研究者事實上已在連結不同的類別。就以第十章選擇編碼中提到的「試驗嗑藥」為例，青少年的「試驗嗑藥」可以有許多不同的呈現方式，有非嗑藥者、有限度試驗者、休閒型嗑藥者、以及重度嗑藥者。嗑藥者的類型可以連結到「亢奮狀態」（一個歷程）這個類別。青少年是否達到「亢奮狀態」的境界、於何時嗑藥、嗑藥頻率的高低、所使用的毒品等等因素都將決定他的嗑藥經驗、是否繼續嗑藥的意願、以及往後嗑藥的頻率與時機。由此可見，「亢奮狀態」這個歷程和青少年會成為哪種型態的嗑藥者有關。請注意在這裡，概念與概念之間是在面向的層次上產生連結。

　　一個重複例行性的行動／互動並不意味著它就不具備歷程性。依我們看來，瞭解一個行動／互動如何演變為例行性行動（尤其是在機構之中），並且找出它為何能在面對偶發事件時仍維持不變的原因，這樣的研究與著眼於新奇、難解的行動／互動的研究，兩者對於知識的發展應有同樣重要的貢獻。

在進行歷程分析時，一般會被提出的問題包括下述幾個：這裡出了什麼問題？有哪些問題、議題、或事件正在被處理當中，而這處理的行動／互動是以什麼形式呈現？這行動／互動所處的情境脈絡是由哪些條件組成的？這個行動／互動何以能維持不變？它為何改變，以及如何改變？所有的行動／互動是協調一致的，抑或是各行其是？將事件串連起來的條件或是活動為何？當條件改變時，行動／互動的形式、流程、連續性、以及節奏有何改變？換句話說，面對偶發事件時（突然的或非預期的條件改變），這行動／互動變得混亂、中斷、或是瓦解？用以回應問題或偶發事件的行動／互動與例行性的行動／互動有何異同？一組行動／互動的結果如何影響接下來行動／互動，造成後者的改變或是使其維持不變？最後的這個問題極端重要，它使研究者注意到行動／互動的必然結果，且這些結果通常成為下一個行動／互動所處脈絡條件的一部份。舉例來說，對想要達到「亢奮狀態」的嗑藥青少年，一次很糟糕的經驗可能是促使一位休閒型嗑藥者轉為非嗑藥者的關鍵因素，而一次愉悅的經驗可能就足以解釋一位休閒型嗑藥者何以持續嗑藥下去。

次歷程

歷程通常可以被分解為幾個次歷程（subprocess）。這些次歷程通常是組成較大行動的個別技巧、策略、及例行性的行動。隨著條件的改變，這些次歷程可能改變，也可能維持不變。例如以試驗毒品這個歷程為例，我們可將之分解為許多次歷程，如「參與有關毒品的談論」、「毒品的獲得」、「實際嗑藥」、「具備嗑藥的經驗」、及「經驗分享」。這每一個次歷程還可以進一步被分解為更細的行動／互動的策略。

分析的取向

當資料的確顯現出階段或時期時，我們並不反對作這樣的分析。但是對我們而言，重要的是歷程與結構的關聯，也就是說，行

動／互動與條件的對應—這些歷程與結構從一個時期過渡到下一個時期有何改變，在同一時期內有何變化情形產生，以及一組行動／互動的結果如何回到情境脈絡中而成為影響下一組行動／互動的條件的一部份。以下所提供的是傳記性質（biographical）的資料。我們想要探討的問題是：較大的歷史事件如何賦予個人的意義。這裡的歷史事件指的是第二次世界大戰。我們將分析出的歷程稱為「個人化」（personalizing），意指一個事件如何對個人產生重大意義。我們呈現一次訪談的部分原始資料，而在每一小段訪談之後，我們以一簡短的分析來說明如何進行歷程的編碼。

> **受訪者**：你知道的，一開始是珍珠港事件，但是那似乎太遙遠了，對我沒有任何意義。珍珠港離我太遠了。
>
> **分析**：這裡，受訪者告訴我們，對她而言，珍珠港被轟炸是一個「看不見的事件」（invisible event）。「看不見」在此意味著「遙不可及」（far away），她並未直接接觸到戰爭。

> **受訪者**：但是，當你聽到人們談論戰爭，某人的兒子要上前線，你覺得戰爭越來越逼近家園。然後是我哥哥被徵召上前線。我哥哥在海外，他甚至不知道如何開槍，但是他們仍然要送他去打仗。還有許多其他家庭的男孩子—那真的很可怕。
>
> **分析**：現在，這個事件變成一個「看得見的事件」（visible event）；也就是說，它已逼近家園。使它成為一個看得見的事件的條件有「聽到別人的談論」以及「衝擊到個人的層次」（他的哥哥以及友人的兒子必須上前線）。

> **受訪者**：所以，我永遠不會忘記，有一天我和媽媽逛街購物，遇到一位媽媽的朋友，我媽媽因為哥哥要到海外去打仗而向這位朋友哭訴，這位朋友的回應是：「你應該覺得很驕傲，你的兒子要為祖國而戰」。不久之後，這位朋友的女婿也要上前線，但是你知道，她一點興奮的感覺也沒有。
>
> **分析**：她的哥哥被徵召上前線這件事，使得這個戰爭開始具有「重大

意義」（significant meaning）。因為這位女士所回憶的事件發生於五十年前，她哥哥上戰場、她媽媽的哭泣以及友人的安慰話語這些事一定對她有深刻影響，她才可能在這麼多年後仍牢記在心。以較大的歷程觀點來看當時發生的種種，則這個事件似乎是一個「轉捩點」（turning point），也就是將戰爭以及它可能影響的所有層面納入她的自我認定（identity）的第一步。

受訪者：然後，你就開始閱讀報紙上有關士兵傷亡的消息。我先生的一位朋友是醫生，人遠在義大利。他的太太在家帶兩個小孩。有一天她到蔬果店買一些柳橙。我記得不是很清楚，那個店好像一次只賣給顧客四個柳橙。這位太太要求多買幾個，店主就對她吼叫：「這位女士，妳難道不知道現在是戰爭時期」。諸如這類的事情。

分析：藉由每天閱讀報紙與觀察自己及朋友的日常生活（如買食物）被衝擊的情形，這個戰爭對受訪者個人的「重大意義」一天比一天更加明確。就連犧牲也變成一個共通的經驗。相較於她哥哥被徵召上戰場這件事，這個特定事件比較不像是轉捩點，而比較像是一種「增強物」（reinforcer）。這個戰爭以各種間接的方式反覆衝擊到她個人的自我定位。在這裡我們可以看到，受訪者個人如何覺察審視外在所發生的種種事件，並使得每一個事件成為她走向這個歷程（賦予歷史事件以個人意義）的下一步的助力。

受訪者：接著妳就幫忙捲繃帶，編織襪子和圍巾。妳到紅十字會去幫忙。

分析：現在，我們的受訪者已從「被動的參與」進到「主動直接的投入」。當她開始投入社區的戰力儲備工作時，這是一個行動／互動的改變。所有人聚集在一起為一個共同的目標而努力。這是預料中的事，我們不太能確定造成這樣轉變的條件為何。我們只能假設，有可能是朋友邀她一起去或是她感受到些許輿論的

壓力。或是，可能是她的先生也被徵召上戰場，所以她需要找一些事情來打發時間。若要確定是上述的哪種情形，我們必須再回去詢問受訪者。

受訪者：然後我就去了。一開始是我先生被徵召上前線，在他接到任命通知之後，我就跟他一起去。在他接獲上前線的任務之前，他先在陸軍戰鬥營工作，我去看過他。當時好多年輕的女士擠在火車上，每個人都想和她們搭訕。

分析：她的先生被徵召這件事是第二個轉捩點。那時不僅她的先生被捲進這個戰爭之中，對她而言，這個戰爭也變成一個直接的經驗。她不再只是做些像捲繃帶之類的事情，她個人已成為事件的一部份。她甚至跑到先生駐守的地方，過著像一位軍人眷屬一般的生活。這每一個轉捩點（條件）接二連三的改變這個歷程。她所謂「我就去了」（I went）是一個很有趣的說法，因為我們不確定她的意思是她去探望先生，還是她覺得她也象徵性的上戰場去打仗。

受訪者：他和最要好的朋友一起到海外，在同一個地方服役。那時候，他們兩位都是空軍中尉，同時接獲任務。我們當時在Fort Smith，所以他們必須趕過去，但是他們希望我們留在家中。另一對夫妻有個小女兒。我們五個人只能擠一個車廂，他們讓那位太太帶著她的小女兒睡一個小臥舖，那位朋友則睡另外一邊的那張床，我和先生就擠在上層的臥舖。我們晚上想睡覺時，那對夫妻會先讓我們進去，然後他們就會敲著門大喊：「你們就緒了嗎？」整個火車的人就大笑，因為太好笑了。那是我這輩子最難捱的一個晚上，你知道，我和一個大男人擠在一個上層的臥舖中。我們回到家中，但是他們先到Camp Mead，接著就到海外。那段時間我就像是置身於地獄一般。

分析：這整個戰爭也有一些較輕鬆的時刻，尤其是早期受訪者還能跟著先生到處跑的那段期間。火車上的經歷就是較輕鬆時刻的一

個例子。然而，當她的先生被派到海外去作戰時，這整個歷程的另一個轉捩點於為產生。這個戰爭已經具有非常直接且「重大的意義」，因為她的先生已「置身」於戰爭之中。而她形容那段時間「簡直就像是置身於地獄」。

受訪者：我先生的朋友不到四週就被俘虜了。我先生則在六週後受傷。我的朋友一直打電話來詢問：「我一直沒有我先生的消息。妳先生在信裡面有提到任何事情嗎」？那真的很可怕。我在報紙上看到Patten表示，一排步兵的生命預期只有四到六週，所以我暗忖我先生是回不來了。

分析：這位受訪者從報紙上獲得的訊息也裝載了「個人意義」，尤其對她先生受傷以及友人成為戰俘這些事件的看法。她是直接地受到衝擊。戰爭已不再是一個「外在」事件或是如軍人眷屬到處遊歷的那段時間，而是一件很重大的事件，這件事讓她感受到「失落的威脅」。

受訪者：我持續的每天看報紙，搜尋上面列出的名字。你知道，那種日子實在不好過。

分析：對受訪者而言，看報紙、查閱上面刊載的傷亡名單，這些動作開始有了新的意義。那不再只是看著名單這個抽象的舉動而已。她刻意的找尋先生及友人的名字，以確定他們是否有任何不測。間接的藉由她先生的積極投入戰爭，這個戰爭也儼然成為她的戰爭，而當她焦慮地等待他平安歸來的這段時間，她似乎置身於地獄邊緣。她的疑問是：「他回得來嗎？」如果回得來，「他的身心狀況如往常一樣嗎？」

受訪者：當他剛受傷時，我接獲紅十字會人員寄來的信。後來，他也寫信回來。他原本寫得一手好字，但是他信裡的字跡卻潦草不堪。他無法控制他的手。他們真的認為他不可能回復到原來的模樣。但是他做到了。他恢復到和以前完全一樣。

分析：這位受訪者的先生不但活著回家，而且沒有因為受傷而造成任
何身體上的缺陷。所以，她可以為這整個事件劃下一個句點。
在五十年後的一個非以戰爭為焦點的訪談中，她仍可以娓娓道
出有關戰爭的種種，可見這個戰爭對於她的生命有非比尋常的
意義。

摘要

　　雖然有許多不同的方法可將上述的歷程概念化，為了符合本書
的目的，我們將這個過程概念化為「個人化」。回應我們的研究問
題（研究現象），我們可以說這位受訪者是在「將一個歷史事件個
人化」(personalizing a historical event)。這個案例中所談論
的是戰爭，但也可能是地震或是大規模的革命等等重大事件。我們
可以將這整個歷程分解成數個步驟。為符合本章的目的，我們稱第
一個步驟為「將事件帶回家」(bringing the event home)；也就
是說，這個事件已不再是不可見的或是遠在天邊的，而是逐漸向她
的自我逼近，撞擊她的自我認定。當她開始內化她哥哥必須上前線
的這個事實，當她開始聽到那些熟識的人以非常個人化的語氣談論
戰爭時，這整個歷程的第一個轉捩點於焉誕生。第二步是「盡自己
的一分力」(doing your part)。這意味著積極主動的參與一些事
情，而不再只是一個被動的旁觀者。然而至此，戰爭仍是與個人無
關的事件，也就是說，雖然她開始為這個戰爭盡一些心力，但是戰
爭仍未衝擊到她自我的核心。繃帶是為「不知名」的士兵準備的，
而非為她的哥哥或先生準備。導致這第二個轉捩點的外在事件大概
是閱讀有關傷兵的報導，以及聽到一位朋友被蔬果店老闆訓斥並限
制所能採購東西的數量—這些小事件，一經湊在一起，使得這個戰
爭變得更加真實。我們的受訪者也因而熱中於為戰力「盡自己的一
份力」。在第三步「成為一個積極主動的參與者」(becoming an
active participant) 中，我們看到個人化歷程關鍵的一步。這個
轉捩點是她對先生被徵召上戰場的內在回應。她的核心自我此刻已

直接的涉入到這個歷史事件中。她先生是一位軍人,而作為軍人眷屬的她則隨著先生到處跑。然而,雖然她隨著先生四處跑,情緒上也難免受到衝擊,因為她不確定先生何時會被派遣到海外,戰爭的「真正重大意義」(real significance)至此仍未衝擊到她。我們在第四步中看到這個部分。最後,當她的先生被派遣到海外,她閱讀有關傷亡士兵的消息,之後她先生受傷,我們知道這時受訪者已經達到個人化歷程的第四階段--「在情緒上賦予事件特定意義」(emotionally signifying the event)。這段時間,她有如身處人間煉獄般地等待先生的平安歸來,這個事件已然和她的自我融合在一起。

　　雖然我們的訪談沒有深入太多細節,我們仍可以假設,個人化歷程是源自於個人對於過去、現在及未來的實際事件與預期事件作心理回顧的內在歷程;也就是說,外在事件的意義是在一連串的個人內在對話以及與他人的對話中,對照這些事件對於個人的影響而彰顯出來的。例如,當她的先生被派遣到海外時(她將這段時間比喻為人間煉獄),我們可以假設,因為她每天仔細閱讀報紙上的訃文,她想像先生或是友人可能會有什麼不測。她與鄰人、朋友及家人的互動,加上閱讀報紙上的消息,這些都是促成她進行內在對話或回應,以及引發接下來的行動/互動的條件。之後,當她先生受傷,她認知到他可能變成殘廢,她一直這麼認為,直到她先生平安回到家且一切功能也回復正常,她才鬆了一口氣。

　　每一步驟都代表一個類別。每個類別都有其屬性、行動/互動的策略及結果。因為這只是我們的第一次訪談,分析的結果只是暫時性的,仍須和進一步的資料進行比較與對照。我們可以預期,在對其他文件做進一步的分析後,所經歷的步驟的數量可能會增加,每個步驟也會有較可觀的變異性,心理回顧(自我內在對話及與他人的對話)的內容與細節也會更為豐富。而這些都將使整個歷程繼續推進。為了擴展我們的分析,我們可能會取樣其他對個人生命有重大衝擊的事件,以瞭解個人如何將這些事件納入到自我之中。這樣的事件可能包括天然災害、重大的政局動盪,以及改變人們思考、行動或工作的科學上的重大突破(例如電腦的發明)。研究者

可能想要比較對照個人的「個人化歷程」與一個國家的「個人化歷程」，並進一步瞭解這兩者之間的關聯性。整個國家所經歷的歷程是否可以比照個人所經歷的歷程，兩者之間的關係如何？對於這樣的分析，有很多可以進一步說明的。然而，這裡的目的只是要指出一個可行的方向，而不在對資料作完整而窮盡的檢視。我們接著要審視一些鉅觀的歷程，進而說明歷程可以在不同的微觀／鉅觀層次的分析中被發現出來。

微觀與鉅觀層次的歷程分析

研究者可以在任何層次的分析中分析出歷程，也就是說在微觀或鉅觀的層次上。（有關微觀和鉅觀條件的描述，請參閱第十二章。）比如，如果要檢視歷史事件對於全體美國公民的影響，研究的著眼點已從對個人的影響轉為較大的、較為鉅觀的影響，例如女人代替男人進入到勞動市場，而許多女人即使在大戰結束後仍繼續留在工作崗位上。雖然我們的訪談對象是個人，對於戰爭所做的回應卻是集體的、全國性的，因為整個國家（而不只是個人）均處於戰爭之中，而且幾乎每個人都經歷了這個事件（即使每個人回應的方式不同）。其實，發生於國家層次的種種（例如社會秩序的改變、媒體對於戰爭的討論、以及公民被要求做到的犧牲），與發生於個人層次上的種種（反映在人們的經歷以及對戰爭的回應），存在著某種交互作用與彼此影響的關連。在結束本章之前，我們針對歷程的分析提出另外幾個例子。而接下來要介紹的這些研究中，歷程扮演著組織所有其他資料的核心類別。

首先，一位研究者可能會以某些歷程為核心來撰寫一篇論文或一本書，而這些歷程是經明確的命名，在概念上充分發展，而且與其他概念有系統的連結，統攝於一個理論架構之中。Carolyn Wiener就是以這樣的方法撰寫她的專題報告—《酗酒的政治：建立一個以社會問題為核心的政治舞台》（The Politics of Alcoholism: Building an Arena Around a Social Problem）（Wiener, 1983），一個探討對酗酒現象的「氾濫」（widespread）

與「嚴重性」(severe) 抱持不同意識型態的立場，而這些立場對於酗酒的定義、引發的原因、處遇的方法、倫理議題、以及相關政策等等議題的觀點彼此抗衡。Wiener 的分析可以分解成政治舞台歷程及相關的次歷程，而這些主題都清楚的呈現於段落與章節的標題中。這些標題詳列如下：

活化這個問題
    1.建立起專屬地域權
    2.開發支持者
    3.提供忠告及傳授技能與資訊

合法化這個問題
    4.借重威望與專長
    5.重新定義問題
    6.建立尊重
    7.維持一個獨立的身份認定

展現這個問題
    8.競奪注意力，並聯合以提升實力
    9.選取出支持性的資料
    10.說服對立的意識型態
    11. 擴大責任範圍

    就我們閱讀這本專題報告後的觀感，它的副標題「建立一個以社會問題為核心的政治舞台」構成了 Wiener 的核心類別（在這裡是一個歷程）。她的主要次歷程有「活化」(animating)、「合法化」(legitimating)、以及「展現」(demonstrating)。這些次歷程構成了實踐「建立」(building) 這個較大歷程的行動／互動之機制。在每個次歷程之下是謀略與對策（例如「建立起專屬地域權」及「開發支持者」），這些策略解釋上述的次歷程是如何被執行的。這種以歷程為撰寫焦點的作法，使研究者得以處理大量的實質資料，並且獲得相當程度的理論密度。

要在研究者的論文中找尋歷程，有點像是在森林中搜尋被滿地落葉覆蓋住的蕈類一般。研究者並非總是開宗明義地告知讀者歷程在哪兒，但是讀者只要仔細閱讀，總能發現到歷程是組織通篇文章的核心所在。Fujimuar（1988）的論文就是這類文章中的一例。她的論文是根據研究癌症實驗室所獲得的發現而寫成的。資料是以密集的實地觀察、訪談以及查閱文件檔案而蒐集來的。雖然Fujimura從未在文章中提到歷程，但是從她的段落標題「科學探索團隊的演化」（evolution of a scientific bandwagon）（她的核心類別），就可以看出歷程扮演了一個主要的角色。這個演化中的新方向的主要特徵為DNA重組理論、致癌基因理論、以及伴隨而來的種種與生物學及其他學科有關技術的快速且全面性的流通傳佈。她論文中的段落標題如下：

標準化DNA重組的科技
    建立「一個尺寸，大小皆宜」的致癌基因理論
    行銷這整套的商品
    購買這整套的商品：寶盒中的諸多獎品

在論文的最後一段，Fujimura（1988）詳細說明了這個探索團隊的致癌基因理論所導致的結果，她稱之為「探索團隊滾雪球效應」（bandwagon snowball effect）。為了充實她所做的分析，Fujimura提供了各種科學基金會、大學、實驗室、以及政府機構對類似研究的資金贊助與政策制訂等等的紮實資料，這些單位都熱中於致癌基因理論的發展與推廣。簡要而言，她的核心類別是「科學探索團隊的演化」，而她的段落標題則指出了引發這個演化的行動／互動之歷程。

第三個實例是由Melville Dalton根據其研究發現而寫成的一本書。我們將針對這本書的內容作一個簡短的評析。在該研究中，Dalton檢視數個製造業與服務業工廠的作業情形，以及他們的關注點。他藉由參與觀察與非正式訪談並用的方式來蒐集資料。他根據這個研究寫成一本很有趣的書，書中包括一個隱含的理論架構、幾

個很有用的概念、以及非常大量的俗民誌式的細節描繪。根據Strauss (1978) 的看法，Dalton在另一篇發表作品中提到，他發現到維持這些組織運作功能的基本互動機制，在於對執行各層級持續協商而獲致的共識所做的承諾。以Strauss的話來說，

> 一個承諾的網絡正在逐漸加大且在持續的更新之中。而另一方面，這個網絡也因為典型的反覆的協商、連串的協商、彼此關聯的協商等等協商行動，而持續地在改變與演化。從Dalton的資料及他自己的分析中，我們很輕易就能分辨出下列的策略：交易、累加責任的報酬、公開談條件或暗地裡討價還價、運用其他暗中協商方法來隱藏先前暗盤導致的後果、迂迴協商、以及中介協商；同時我們也可以分辨出累積的喜好與義務之間複雜的平衡關係，以及在協商之中如何玩弄承諾的把戲（頁139）。

雖然歷程是Dalton分析的核心，但是它和結構是緊密聯結在一起的。

在一般性理論的層次進行歷程分析

截至目前為止，我們的討論都聚焦於建立實質理論 (substantive theory) 所做的歷程分析。但是，當我們的目的在建立一般性理論 (general theory) 時，我們該如何著手進行歷程的分析呢？這樣的分析很不一樣嗎？答案同時是肯定與否定的。研究者針對資料所提出的問題仍維持不變，只是範圍較廣泛一些。另外，它是在一個更廣大的規模上進行比較，也就是說，對不同的實質領域進行比較，而非侷限於同一領域內的比較。

例如，在Strauss (1978) 所著的《協商》(Negotiations) 這本書中，他利用歷程分析建立出一個有關協商的一般性理論。這個理論是經由檢視多種不同情境脈絡（不同的實質領域）下的協商行為而發展出來的，這些情境脈絡包括國會議員、法庭的法官、政治組織、氏族與種族、以及保險公司與其客戶。藉由比較、對照這些團體，他得以指出超越所有團體的協商歷程的組成要素（因而建立出他的普遍性理論），同時也能描繪個別團體協商歷程的特殊性。

本章摘要

歷程代表著行動／互動的動態的、演進的本質。歷程和結構是糾結在一起、相互牽動的。結構創造出行動／互動的情境脈絡，也因而賦予這行動／互動以節奏、步調、形式、以及特性。不論研究者的目的在於發展一般性或是實質性理論，將歷程納入分析之中是很重要的一步。歷程可作為一個理論的核心類別，或是組織其他概念的軸線，當然它也可以扮演一個較不重要的角色。不論扮演何種角色，歷程可以被視為一張照片與一部電影之間的差異。每一個畫面雖然都呈現一個不同的觀點並引發不同的洞察，但是如果你想知道發生的事情或是事情如何演進，那麼你必須回到電影本身才能分曉。一個沒有歷程的理論無法告訴我們行動／互動如何演進，也因而失落了它故事中最饒富生命力的內涵。

Chapter 12

條件／結果矩陣

名 詞 定 義

條件/結果矩陣 (Conditional/Consequential matrix)：一項
分析工具，藉以刺激研究者去思考有關鉅觀與微觀的條件
/結果兩者之間的關係，以及這兩者與歷程之間的關係。

鉅觀的條件/結果 (Macro conditions/Consequences)：範疇
與影響層面均較廣泛的條件/結果。

微觀的條件/結果 (Micro conditions/Consequences)：範疇
與影響層面均較狹隘的條件/結果。

連結的路徑 (Paths of Connectivity)：鉅觀與微觀的條件/
結果相互交錯，而形成行動/互動之脈絡的複雜方式。

偶發事件 (Contingencies)：非預期中或非計畫中的事件，這
些事件改變了條件情況，而這改變後的條件又引發某種行動
/互動（問題解決），以回應及處理這些改變。

　　如果研究者想要建立理論，那麼對於所研究的現象有詳盡透徹
的瞭解是非常重要的事。這意味著將該現象置於一個情境脈絡之
中，也就是現象所處的鉅觀與微觀條件所及的範圍之內，並一路追
蹤後續行動/互動間的關連，以及這些行動/互動所導致的結果。
一位研究新手在嘗試釐清所有這些複雜的關係時，經常會感到困惑

而不知如何下手，為此，我們找到一種實用的方法可以協助研究者隨時掌握分析的不同組成要素。我們稱這個分析的工具為「條件／結果矩陣」（conditional／consequential matrix），在後續的敘述中，我們將簡稱為「矩陣」。本章將呈現矩陣的概要說明。我們首先詳述矩陣的目的，接著對於其圖示的特徵提出解釋，最後則建議讀者如何運用矩陣來追蹤條件、行動／互動、與結果三者之間連結的路徑。

矩陣

條件／結果矩陣是一項分析工具，用來協助研究者牢記幾個分析的重點。這些重點有：（a）鉅觀與微觀的條件／結果應被納入分析之中（當資料中顯現出它們具備相當的重要性）；（b）鉅觀的條件通常會與微觀的條件相互交錯、彼此互動；（c）因而，這兩者直接或間接地成為情境情境脈絡的一環；（d）條件、後續的行動／互動與結果所採取的路徑，都可以自資料中追蹤出來（連結的路徑）。在第九章的派典（paradigm）已經介紹了條件、行動／互動、與結果這些概念，並且也暗示了結構與歷程兩者的相互關連性。本章更進一步詳細介紹從微觀到鉅觀所有可及範圍內可能影響行動／互動的條件，以及這些行動／互動可能引發的各種結果。

以下詳述矩陣之重要性。對我們而言，將現象置於一個情境脈絡之中，比只對情境作描述要有意義多了。這意味著提出一個有系統的、合乎邏輯以及統整的說明，包括對重大事件與現象之間關係本質的具體陳述。雖然派典有助於對關係的思考，但是它仍嫌不完整。派典所無法做到的有（a）指出研究過程中研究者可能採取的理論抽樣方法；（b）對於條件、行動／互動與結果三者之間如何以多變、動態且複雜的方式相互影響，提出說明；（c）對於不同行動者間殊異的知覺、見解與立場的說明；（d）將這些不同的訊

息組織起來而呈現出現象的全貌；（e）強調鉅觀與微觀的條件對分析都很重要。發生於「外部」（out there）的事件不只是有趣的背景資料；當這些事件因為其重要性而自資料中浮現時，它們自然應該被納入分析之中。而矩陣正可以協助研究者釐清這些問題。

 有關矩陣的觀念

矩陣（圖12-1）是對一組觀念的圖示表徵（diagrammatic representation），其所含括的觀念詳述如下：

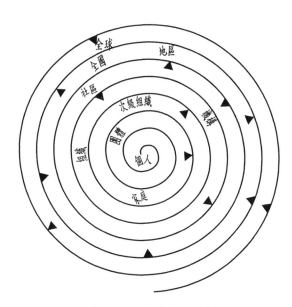

圖12-1 條件／結果矩陣

（代表互動〔歷程〕與條件／結果〔結構〕的持續交互作用，與事件之動態演進性質。）

黑線＝演進中的互動。

黑線空間＝構成結構或情境脈絡的條件／結果之來源。

箭頭＝結構與歷程的相互交錯。

1. ***條件／結果並非獨立存在***。它們總是被統整到文本之中，而且與隨時間演進的行動／互動（歷程）相關連。一個研究案的焦點可能放在現象的不同層面，它的屬性與面向、結構、或是歷程。它也可以將焦點放在結構與歷程。（端視研究者與資料而定；然而，假如某個研究聚焦於歷程，這並不代表它就可以忽略其他的領域。結構（條件）、屬性、面向、和結果都有助於對歷程的瞭解。）條件、結果、和後續行動／互動之間的關連很少是依循著線性路徑（a linear path）。換句話說，「A」（條件）很少會直接導致「B」（行動／互動），然後導致「C」（結果）。這種對事件的解釋顯然過度簡化，無法真實的反映人生。相反的，一個人的行動／互動可能是對多重條件所做出的回應，這些條件之中，有些可能是先前就已發生，有些是此刻正在進行的，而有些則是預期將要發生的（Dewey, 1934）。而且，一個事件通常會引發另一個事件，而後面的這個事件又引發另一個事件，就像是一條鎖鍊的環節，環環相扣，使得事件與事件之間的關係很難釐得清楚。在下面的例子中，作者很詳細地描述事件（條件）、各個事件之間的關係、以及這些事件如何導致後續的行動／互動。（然而，其中的每一個參與者不一定知道先前或之後所發生的事情，對於其他人的想法或作法可能也不知情。）這個事件是有關於「宣佈」（announcement）一個即將來襲的暴風雨。請注意「宣佈」的這個動作如何引發一連串的條件／結果和行動／互動。前一個行動的結果成為引發下一個行動的條件，而當一個偶發事件發生時，它也同樣導致某些結果。雖然每個事件是一個個別的事件，但是卻和先前的事件及後續的事件有某種直接或間接的關連。以下引述的一段文字是有關一個即將來襲的暴風雨的發佈，以及後續實際發生的種種情況。

天氣預告的效應通常會一環扣一環的傳開，直到形成長長的鎖鍊。一聽到暴風雨的預告，好幾位機靈的餐館老闆馬上電告冰淇淋工廠要減少訂量。而冰淇淋工廠的經理發現到他對牛奶與奶油的需求量降低，將這個訊息傳遞給酪農場。然而，由於無法脅迫乳牛合作，酪農場只

好將多餘的產量轉移到附屬的奶油與乳酪製造廠。這個工廠的經理因而多雇用了兩個臨時工人，而這兩個工人的太太由於先生有希望獲得該工作，因此到一家較小的乳酪零售店中大採購，花起錢來比平日要大方多了。這位零售商因而樂觀地預期生意會蒸蒸日上，決定要買下那部他猶豫許久的新車。然而就在這個時候，這個連鎖效應轉回到本身，而且就此打住。因為這位零售商在當天稍後讀到了有關暴風雨的預告，他知道他的零售生意在雨天總是低迷不振，於是他只好電告汽車銷售員取消他的新車訂單（Stewart, 1941, p. 118）。

2. **鉅觀與微觀是人為的區分**。微觀的條件通常是源於鉅觀的條件，所以如果情況許可，研究者應該要找出這兩者之間的關係。例如，如果一位受訪者提到要取得毒品並不難，因為有許多幫派在校園附近活動，這時候研究者可能想要多瞭解有關幫派與毒品管道的關係，其中幫派是屬於較鉅觀的條件。（研究者可以繼續追蹤有關國際販毒集團的全貌，不過這樣做可能就變換了研究的跑道，將研究焦點從微觀轉變為鉅觀。然而，如果販毒集團這個概念在訪談時被提起，那麼研究者應該繼續追蹤，以瞭解它對研究問題的意義。）這些資訊可經由進一步詢問受訪者而獲得，不過，也許經由與學校、警方、甚至是幫派份子（如果可能的話）的交談也能獲取這些資訊。做為研究者，我們感興趣的是微觀與鉅觀條件交互作用的情形，它們如何彼此影響，以及如何影響後續的行動／互動，這些行動／互動所導致的可能結果，以及這些結果如何加入到下一個條件情境脈絡而影響後續的行動／互動。在前述的例子中，我們部分的抽樣將著眼於瞭解幫派解散或是不再於校園附近活動時，毒品的管道可能面臨哪些改變。毒品管道的改變是否影響到青少年的嗑藥行為？個別的研究參與者很難看到鉅觀與微觀條件之間關係的全部內涵，每個人都只能從他的立場或觀點來看問題，很少人能掌握到全貌。另一方面，每一位參與者可能在訪談或觀察中提及某件事，例如有人可能表示「一個新的毒品秘密監控小組已進駐我們學校」，這時研究者可自行抉擇是否要追索這個駐校小組的出現如何影響毒品的管道與毒品的使用。但是，**這並非意味研究者必須追索任何在研究過程中發生**

的事件。果真如此，那麼他可能會陷於一個無窮盡的資料蒐集過程中。只有那些從資料中顯現、確實具有重要性的事件（例如注意到幫派進到社區之後「毒品使用的情形有所改變」），研究者才追索這個事件。

3. **條件與結果通常是以群集的方式呈現，這兩者之間以及與相關的行動／互動之間，是以許多不同方式彼此連結或共變的**。而且，隨著時間的推移以及偶發事件的迫近，條件與結果的群集（clusters）可能改變或是重新組合，所以這兩者之間的關係以及與後續行動／互動的關係也會隨著改變。要針對上面的說法找到一個實際的例證，我們只要回過頭來看看當今美國醫療制度所累積的弊病。不知從什麼時候開始，醫療服務的掌控權已不知不覺的從醫師與病人的手中轉移到保險公司及醫療機構的手中。而這樣的轉變在大半美國人還未及弄清楚事實真相之前就已發生。導致這種情形的一連串相互影響、彼此推波助瀾的諸多事件有：國家整體經濟走下坡；企業與機構的經費緊縮（他們不想再為員工付出高額的保費）；醫療診斷程序、用藥以及治療方法的複雜度與成本的提高；醫師、醫院與病患所花費的醫療費用很難判斷是否屬實；壽命的延長；慢性病發生的機率增加；個人對於昂貴醫療處置的需求與預期。在個人的層次上，一直要到這個人需要找醫生看病時，他才開始理解到事情已演變到此一地步，深刻的感受到它全面性的影響。如果一位病患只是要看一下足科專科醫師，他必須先去看家庭醫師，而這位家庭醫師不一定願意轉介這位病患到專科醫師那兒。即使這位家庭醫師願意轉介，這位病患必須先獲得保險公司的同意才可以去看專科醫師，後續的專科治療也同樣必須獲得保險公司的許可。這位病患可以帶著病痛等待這個冗長的過程，可以向醫師或保險公司抱怨，或是乾脆放棄任何嘗試而與他的病痛共處，直到病情嚴重到需要花費更多錢來治療。個人被影響的層面端視他有多少錢（可以給付額外加保的保費），以及他碰到（或是選擇）的醫師與醫療保險規劃的種類。就目前的情況來看，醫療專業已經成為一種營利事業。我們的政

府對於醫療管道或醫療費用的控制一向是使不上力的,他們對於兩黨政治的關注高過於對均等醫療管道的獲得;另一方面,醫師與病人則一直想弄清楚如何避開這個體制的問題,而獲得他們所需要的醫療服務。沒有人知道這個體制最後會演變成什麼樣子。目前,消費者給予雇主、國會議員、保險公司或醫療單位的回饋,正引發某些細微的改變。由於人們對於醫療系統,以及其可能採取形式的期待正在改變之中,消費者回饋所引發的改變並不可能扭轉這個趨勢,而只能緩和這個過渡時期可能引發的不安。

4. **行動/互動並不侷限於個人本身,而可由國家、組織以及人際社會的層級來執行,不過是由代表這些國家、組織與人際社會的個人來實際執行。**而且,由國家、組織、或其他團體所執行的行動/互動可以直接影響到個人、其他國家與組織,反之亦然。舉個例子來說,在國家層級通過的法案通常會影響到個人的層級。賦稅就是一個絕佳的例子。從另一方面來看,基層民眾一旦動員起來,可能會影響到國家層級法案的通過。例如在環保議題上,基層民眾的努力常會凌駕社區或國家的層級而牽動國際視聽。

連結的多樣組型

行動/互動會隨著時間而變動,而當中可辨認出變動型態的行動/互動就有許許多多不同的連結的組型(patterns of connectivity);上述討論所呈現出的分析樣貌只是其中的一種連結組型。雖然有經驗的研究者通常有他們自己用以追蹤掌握這些複雜關係的工具,初次從事質性研究的生手可能會覺得吃不消。這裡需要謹記的一個重點是,並非研究者所嘗試依循的任何一條路徑都可以引導他去發掘到「分析的金礦」,當然他也不可能分辨出條件、行動/互動、以及結果三者之間所有可能的連結關係。每一位

研究者都必須接受一個事實，那就是受限於資料管道、研究經驗、以及個人資源，研究者所能獲得的發現有其限制。我們坦承要進行這種複雜的分析工作並非易事，但是就某個程度上而言，做這樣的分析卻是必要的。

　　要從互動以及影響這個互動的條件這兩者間找出一個明顯的連結，的確是一個複雜的分析工作，因為條件可能涉及不同實質的領域（經濟的、政治的、宗教的、職業的）以及不同的範疇（國際的、國家的、職業上的、組織的、次級組織的、人際的）。互動的結果也有相同的特性。而我們的分析可能會更複雜，因為互動本身在實質面以及範疇上都可能有所不同（Corbin & Strauss, 1996, pp. 139-140）。

分析的抉擇

　　當然，並非資料中的每個事件都必須被詳細的追蹤。果真要這麼做的話，一來研究者將不堪負荷；二來，過多不必要的細節將使得分析性解釋過於複雜瑣碎。研究者只需要追蹤掌握那些自資料中顯現、且可以進一步解釋事件的重要連結。這意味著在抽樣上要仔細抉擇所要問的問題、所要進行的觀察、以及所要蒐集的資料形式。雖然這些抉擇是由資料所引導的，但是研究者通常會覺得迷惑，不知如何抉擇。如果有太多選擇的話，研究者可能不確定下一步該到哪裡蒐集資料，以增加發現的機會。而這個矩陣可以協助研究者有系統的思考下述問題：下一步該蒐集什麼資料？到哪裡可以找到這些資料？要如何追蹤這些資料，並將這些資料與顯現的概念連結起來？如果可以仔細思考這些問題，這整個研究應該會較為緊密統整。（有關矩陣應用的絕佳例子，請參考Guesing，1995。該研究檢視一群共事卻分住各地的員工如何就一般性事務進行協商，該研究者利用矩陣來審視並組織蒐集的資料。）

舉個例子來說，如果一位研究者在研究護理系學生以及該系的課程規劃時，**反覆地（repeatedly）**聽到學生對於最近課程改變所表達出的憤怒情緒，那麼他可能想要進一步探索「表達不滿」（expressed dissatisfaction）這個概念。這將需要從矩陣所列舉的領域中的人與事件進行理論抽樣，以分辨出各種改變的細節（也就是改變的本質與程度），並進一步釐清課程改變是由何人及以何種方式告知學生，這些改變對學生修畢整個課程有何影響，這個改變是由誰主導的，以及提出改變的原因為何。另外，研究者可能也想釐清學生是否也對課程的其他層面不滿，同時弄清楚他們對其他層面的不滿是否與對課程改變的不滿間有彼此推波助瀾的作用。研究者可能想要進一步檢視幾個涉及層面較廣的議題，例如整個學校在提出或支持課程改變上所扮演的角色；整個科系與學校如何回應學生所關心的議題；課程改變如何影響學生日後在社區內求職的能力；整個國家護理課程的趨勢為何；課程的改變可能引發哪些較大的專業上、經濟上、以及政治上的議題。最後，研究者可能想在這些考量點之上加上一個時間的面向，釐清這些抱怨是否只出現在特定的條件情況下。這抱怨是否有其歷史？護理系學生的抱怨是否有週期性的，也就是說，他們的抱怨反覆出現，但是隨著課程的進展而改變？這些分析性的議題與問題本身並非資料，而是引導理論抽樣的一些想法。假如研究者在訪談該系的教授時得知，課程改變是對整個國家趨勢與地區醫院的意見所做的回應；學校的行政體系雖然不反對這樣的改變，但卻也未公開的表示支持；而當學生對課程改變提出抱怨時，該系的教授引導學生到護理系去要求解釋等等情況時，這些想法將會變得很重要。

在前述的例子中，我們所傳達的不僅僅是「針對其他的學生、教授、或行政人員，就他們對課程改變持滿意或不滿意的態度這件事進行抽樣是很重要的」。我們所提出的是關係性的問題，藉由這樣的問題我們可以更深入的洞察上述所提的這些議題。這樣的洞察需要更廣泛的、以理論為導向的資料蒐集與分析技巧，而非只是問學生是否滿意、滿意的程度、以及滿意的原因。如果能從矩陣的角度來思考，並且利用它作為一個指引或是提醒，即使是一位質性研

究的生手也可以掌握到事件複雜的本質，以及事件之間的相互作用。換句話說，矩陣可以被運用來引導理論抽樣。它可以協助研究者決定哪一條分析的主軸需要進一步探索，到哪裡可以找到需要的資料，以及事件彼此之間如何連結。

矩陣的目的

矩陣的目的可以總結為下面表框中的幾點（Corbin & Strauss, 1996）：

矩陣的目的

1. 協助研究者定位出所執行之研究案的領域（area）或是範疇（scope）（微觀／鉅觀），而且不會罔顧該領域與上下領域之間的關係。
2. 擴充研究者所考量到的條件與結果之範圍（range），也就是說，不只是考量微觀的條件而已。
3. 協助研究者指認出（或決定）資料中哪種條件或是結果的組合最切合這個特定的情境。
4. 追蹤出存在於脈絡因素（條件／結果或結構）與行動／互動（歷程）之間複雜的連結網絡。
5. 針對這些關係發展出解釋性假設（explanatory hypotheses），而這些假設將可經由後續或新進的資料蒐集與分析予以檢驗或修正。
6. 這些解釋性假設可以納入更多的變異性。
7. 協助研究者組織資料，並針對研究現象提出一個更完整、更具說服力的解釋。
8. 提供理論抽樣的指引。

對矩陣的描述

截至目前為止，我們一直將矩陣視為一組想法意涵來談論。而要將這些想法意涵轉換成一個容易理解的圖表並非易事。我們嘗試製作出一個圖示，但是這個圖示仍無法完全捕捉到我們在前面的解釋中所傳達的複雜性。事實上，這個圖示相當的簡單。我們刻意把它弄得很簡單，好讓初學者很容易就能抓到它的重點並且運用自如（請參閱圖12-1）。

這個矩陣是由一連串同心的、相互連結的圓，以及圓上的箭頭（有指向圓心與背對圓心兩種）所組成。箭頭代表條件/結果與後續連鎖事件間的相互交錯。有些箭頭移往並圍繞行動/互動而創造出一個條件脈絡（conditional context）。其他自行動/互動移開的箭頭代表任何行動/互動的結果如何以多樣且不可預期的方式來改變或增加條件。這個圖表的限制之一在於整個流程看起來是線性的。在實際狀況下，當條件/結果在同一領域內移動或是在不同領域間移動（從鉅觀到微觀）時，其所採取的路徑絕非線性的。一個比較傳神的比喻可能是撞球，每一號球從不同的角度撞擊其他的球，引發一系列的連鎖反應（a chain reaction），而以某個適當的球被擊入袋中作結。另一個比喻是萬花筒，每轉動一次，萬花筒內彩色的玻璃（或塑膠）碎片就重新對齊而形成一個新的圖案。

圖表的解釋

條件/結果代表行動/互動發生的結構情境脈絡（structural context）所在。在這個矩陣中，結構情境脈絡已經被細分為從鉅觀到微觀不同範疇的各個領域。這是一個刻意的安排。讀者要牢記在心的重點是，一個領域在這些圓圈內所佔的位置並不代表其重要程度，或是意味著某組條件/結果可能造成的影響。這些領域之所

以被放在某個位置，是因為我們認為有些是比較鉅觀的，而有些則是比較微觀的。例如，在國家層級通過的法案可能會影響到所有的公民，以及他們可能採取的行動／互動；然而一個組織的政策與規定，則只可能影響到該組織的員工。位於矩陣中心的是研究的現象。當這個現象隨著時間與空間而逐漸改變時（歷程），圍繞在現象周圍的就是行動／互動。這行動／互動可以不同的形式出現（可能是刻意的或是例行的），而其目的是要在一特定的結構情境脈絡中逐步改變這個現象（也就是說，處理一些難題、議題、偶發事件或是例行事務）。這個結構情境脈絡是由不同的條件所組成，這些條件可能出自單一來源或是數個不同來源的組合，而每個圈圈代表從鉅觀到微觀之間一個可能的領域。行動／互動可能針對一個或多個領域內的條件來源而引發，可能略過某些條件來源，也可能通過某些條件來源。請記住一點，當我們提到結構或是情境脈絡時，我們並不意味它是被限定死的。條件／結果創造出成組的事件如暴風雨（一個脈絡），而行動者經由行動／互動來回應這些事件。對我們而言，即使是沒有回應也是一種行動，因為沒有回應也可能導致某種結果。（舉個例子，如果你不在暴風雨之前修好漏水的屋頂，那麼你很可能會淋濕。）條件、行動者的回應、以及回應所導致的結果這三者之間的交互作用，正是我們想在分析之中藉助矩陣來捕捉到的重點。

　　自矩陣的中心逐步向外推移，我們可以看到數個同心圓。前面已經提過，每一圈代表從鉅觀到微觀的可能條件／結果中的一個來源；圖上所列出的並未窮盡所有可能的來源。這個矩陣的用意只是作為一個概念上的指引。不同的研究者可能會增減或是修正這個矩陣，以切合他們的研究與資料。另一個重點是，源自矩陣所定義的任何一個領域的條件與結果都可能與研究有所關連。也就是說，即使研究者所研究的現象可以清楚地被定位在矩陣內部的一個領域（例如社區或家庭），然而將較大的條件與結果一併納入考量仍然很重要。例如，在社區內行動／互動的個人，自然會帶著他們個人的動機、價值、與信念；然而，他們也同時潛移默化了著那些較大的文化（社區、地區、與國家的層級）所推崇的動機、價值、與信

念。一位市民可能會用心於為社區帶來更多的工業，因為他希望未來可以成為該市的市長。然而，就像其他的社區代表一般，這位市民也可能被那些有機會進駐的廠商代表的廣告詞所影響，這些廣告詞明白表示他們的公司「將為這個社區創造更多就業機會」。其他的影響可能包括：這個地區人口有逐漸成長的趨勢，因而對工作的需求增加；整個國家的經濟景氣大好，社區與這些企業都想順勢而為。如果這些條件的確和研究的現象有所關連，它們將會自資料中顯現出來。但是研究者必須注意到，這些較廣泛的條件對於分析的重要性絕不亞於每位代表的個人動機。

為了增加矩陣作為一種分析工具的類推性(generalizability)（可應用於不同的研究中），矩陣中的每一個領域是以最抽象的形式呈現的。每一個領域所包括的項目（條件／結果的來源）將會從研究中顯現；因此，究竟要包括哪些項目，端視研究現象的型態與範疇而定。使用矩陣的研究者通常會調整這個分類方法，以契合他們研究的目的 (Guesing, 1995)。

領域

我們在圓圈的外緣放置了代表最鉅觀的「國際的」(international) 或是「全球的」(global) 領域。這個領域包括（而不限於）的項目有國際政治、政府法規、政府間的協議或歧異、文化、價值、哲學觀、經濟、歷史，以及國際性的議題如「全球暖化效應」(global environmental warming)。我們將下一個領域定位為「全國的」(national) 或「地區的」(regional) 領域，包含在這個領域內的可能條件有諸如全國／地區政治、政府法規、公家機關、歷史、價值，以及整個國家對於兩性關係與行為的態度。例如，在回教國家中對於女性社會角色的規定，就與美國的情形有相當大的歧異。然而，即使在美國，我們仍可以發現到性別角色的差異，例如兩性在經濟能力上、在擔任組織中的管理階層上、在「騷擾」(harassment) 的議題上、以及在獲取特定職位的管道上，仍存在著相當大的差異。

接下來的條件來源出自於我們定位為「社區」（community）的領域。這個領域包括所有前面提到的項目，但是這些項目必須和某一特定的社區有關，才能彰顯出該社區不同於其他社區的特殊性。下一個圓圈代表「組織的」（organizational）與「機構的」（institutional）領域。每一個組織或機構有它自己的目的、結構、法規、難題、歷史、關係網絡、與空間特徵等來作為條件的出處。（有些機構，像是宗教團體，可能具備了國際性的範疇，但是對這些機構的認知以及如何實際落實的這些議題上，每個社區甚至每個個人的見解與作法都不同。）接下來的圓圈代表「次級組織的」（suborganizational）或是「次級機構的」（subinstitutional）領域。例如，在我們有關護士長所負責的統籌協調工作（articulation work）之研究，我們研究護士在不同的病房所負責的工作。然而，那些病房是整個醫院的一部份，同時隸屬於該醫院與榮民醫院系統。再移往更內部的圓圈，我們最後將到達團體（group）、家庭（family）、或是個人（individual）的領域。這些領域所包括的條件來源有諸如個人生平、經歷、動機、教育程度、社會地位、性別、信念、態度，以及個人或團體所持的價值觀。

實質的領域

一位研究者可以研究屬於這個矩陣中任何領域的一個實質課題（substantive topic）。例如，研究者可能研究國家層級的醫療制度，將焦點集中於新近通過的法案、政策、以及成形中的機構與趨勢；或是他也可以研究家庭對於慢性病患者的處理。不論研究的課題或領域為何，重點在於研究者必須注意到，有關醫療政策的種種議題勢必影響到個人與家庭對於疾病的處理；從另一個方向來看，個人或家庭對於疾病處理所引發的問題，也終究會衝擊到相關的立法以及醫療政策的改變。其他可能研究的實質領域，包括（但不限於）自我認定、決策、社會運動、政治舞台、衝突與共識、覺察、社會變遷、工作、資訊流通、以及道德兩難等。上述的這些實質領域都可以在矩陣上所列出的任一個領域中來研究。而時代、歷史、

個人生平、空間、經濟、性別、權力、政治等等都可能和這些實質領域有關，而成為這些實質領域的條件。這裡要特別提出的一個重點是，任何一個項目（可能是性別、年齡、權力或其他）都不應該被事先認定為與演化中的理論有關，除非資料的確如此顯示。也就是說，我們想要呈現出當權力、年齡、或性別作為某個領域中的條件時，它們是如何在影響著行動／互動。當我們提到驗證某個假設時，那意味著我們想知道這個關係的陳述（假設）在資料中出現的時間、地點與方式。這個特定的現象反覆出現嗎？果真如此，那麼在不同的條件下，它所採取的形式是否有所不同？

如何追蹤路徑

研究者要追蹤一個條件的路徑時，首先要從一個引發後續事件（一種形式的行動／互動）的事件著手，然後嘗試分辨出這一連串彼此相關連的事件。也就是說，分辨出當時的條件、後續發生的行動／互動、該行動／互動所導致的結果、以及接下來發生的其他事情。換句話說，研究者嘗試有系統地追蹤這一連串的事件（事件之間的相互作用），而追蹤的這些事件可能發生在某個矩陣領域之內或是介於不同領域之間。關於這點，我們在前面已引述了兩個例子：一個是有關暴風雨的引文，另一個是有關醫院中工作流程的中斷。在這整個追蹤的歷程中，研究者可能也想要檢視各個條件之間如何關連，以及這些條件與行動及結果如何關連。是否有反向的關連？是否有些條件比較重要？行動／互動是否總是源自於一組特定的條件，或是因偶發事件（contingencies）與介入條件（intervening conditions）而引發出乎意料的難題？同樣的行動／互動，在不同的條件下為何會導致不同的結果？為了進一步釐清我們所謂的「追蹤」（tracing），我們從一個研究案中擇取一段簡單的情節來說明。以下就是我們對這段情節的分析。

當研究者（Corbin）觀察醫院中的內科病房，她注意到以下這個事件。一位醫師到病房來巡房，她表示想要檢查一位病人的人工肛門。她向跟班的護士要一雙六號的無菌手套（六號是相當小的尺

寸）。小組長察看了該單位的儲藏室，但是所能找到的最小尺寸是七號。這位小組長就將七號的手套遞上。這位醫生拒絕接受，因為她覺得手指上多餘的手套長度將會干擾她的檢驗工作。跟班的護士由於不知道要怎麼處理，將這個問題呈給護士長。基於這個單位並沒有醫師所需要的手套尺寸，護士長也嘗試說服她使用大一號的手套，如此一來，她就可以趕快完成這個檢查，好繼續巡房的工作。這位醫師再度拒絕這樣的提議。現在，這位護士長面對的難題是：確定在醫院的那個部門可以找到六號手套，或是直接告訴醫師放棄這個嘗試。由於不想和這位醫師交惡，她必須去找一雙六號手套。首先，她打電話到醫院的物資辦公室，卻被告知她所要求的尺寸暫時供應不足，原因是愛滋病的流行使得手套的需求大量增加，以致影響到醫院對手套的供給。她還被告知，由於這種乳膠手套目前的供應不足，他們特別設立專人來仔細監控這些手套的分配，而這個人此刻正在會議當中。如果護士長和這位醫師堅持要拿到一雙六號的手套，那麼他們就必須等到會議結束。這時候，這位醫師開始感到不耐煩。她還有其他的病患要關照，她希望繼續未完成的工作。於是，護士長打電話到其他的病房詢問。她最後終於在恢復室找到一雙六號手套。她趕緊取來這雙手套，好讓醫師可以進行她的檢查工作。這整個行動／互動大約花了護士長與這位醫師三十分鐘的寶貴時間。

我們分析的焦點概念是「中斷的工作流程」（disrupted work flow）。雖然前一段描繪的事件只是這個概念的一個例子，這個事件卻提供一個機會去追蹤醫院外的事件對醫院內工作流程可能造成的影響。如果我們順著這一連串的事件走下來，我們會注意到，**工作之所以被中斷，是因為所需資源（六號手套）短缺**。為了要保持工作流程的順暢，這位護士長必須找到一雙六號手套。但是研究者不禁想要提出一個問題：為什麼在這個時候要找到一雙小一點的手套都成問題？手套畢竟不屬於被控管的資材，像麻醉劑，必須被鎖在櫃子裡。研究者於是從中斷的行動著手，順著這整個事件的發展，追蹤下述的條件路徑。

我們從**行動／互動**開始，這個行動／互動因為所需資源的短缺而告中斷。接下來，我們移到**矩陣**中的**個人領域**。這位護士長嘗試說服這位醫師接受較大的手套，然而醫師拒絕了。接著進到**次級機構領域**，護士長聯繫醫院的物資部門。在這裡，護士長也嘗試說服物資部門給她所需要的手套，但是她的嘗試失敗，原因是控管手套的人正在開會。最後，護士長在恢復室（次級機構領域）找到一雙六號手套並趕緊取來手套。但是，更大的問題仍然未獲解答：為什麼手套會短缺到足以影響工作流程的程度？要回答這個問題，我們必須進入**機構的領域**。這個機構內的手套供應不足。為什麼？因為這些單位對手套的需求增加。需求為什麼會增加？因為（跳到**全國的領域**）在新近出版的全國性感染控制指導守則中，明文指示醫護人員必須穿戴手套，以保護病患及醫護人員本身對抗愛滋病、肝炎、以及其他傳染疾病。這又將我們帶回**社區的領域**。是否其他醫院與養老院也面臨同樣的供應不足，或者這個問題是榮民醫院體系（**地區的領域**）特有的？對供給之需求增加以及機構間競奪這些物資似乎是兩個影響手套供應的條件。而這引發有關乳膠手套（無菌與非無菌）的製造、分配以及社區內零售業的供應等問題。而供應商顯然對這一切並不知情。我們回到**全國的領域**，指導守則既然是國家制訂出來的，我們不禁要問：為何需要這些指導守則？這些守則的內容究竟為何？這些問題又可以回溯到全國性的（事實上是**全球性的**）愛滋病流行以及對所有傳染性疾病的關注。現在，我們可以呈現出「全國性公共衛生問題」（national public health problem）（引發一連串條件的較大事件）與發生於一個醫院病房的「工作流程中斷」這兩者之間的關連。這裡，我們可以看到一連串的事件（範疇從鉅觀到微觀）在這個特定的時間點製造出一個供應不足的情境脈絡。而為了滿足需求，手套的供應明顯地增加，於是在數個月之後，要在這個醫院中取得任何尺寸的無菌手套已不成問題了。

避免一個常見的錯誤

我們希望協助研究者避免犯下初學者在運用矩陣時常犯的一個錯誤，那就是在一整章或一整頁中列出所有在某情境中運作的相關條件，但是卻未說明這些條件之間的連結以及後續的一連串事件（行動／互動）。我們詳細說明了工作流程之所以中斷，是因為愛滋病的流行而引發全國性指導守則的修正，而這個指導守則的修正又導致手套的供應不足（因而造成工作流程的中斷），這樣的說法自然有別於一個總括性的陳述──「愛滋病衝擊到醫院的工作」，對於這樣的說法，讀者只能自己去想像這個衝擊究竟為何。當然，上述的例子只是導致「工作流程中斷」的一個事件。要對這個概念有更深的瞭解，研究者必須檢視在這些單位中所發生的其他工作流程中斷的例子，並且以同樣審慎的態度一路追索下去。在下一個工作流程中斷的例子中，鉅觀的議題可能一個也未涉及。可能只是兩位助手對於勞役分配所持的意見相左，或是同一天有太多員工因為個人問題而請病假。圍繞著工作流程的條件／結果將會從資料中顯現。

本章摘要

這一章討論條件／結果矩陣，我們就在這裡結束這相當複雜的一章。本章強調鉅觀與微觀條件之間的交互作用（結構），以及它們與行動／互動的關係（歷程）。主要的重點在於說明鉅觀的條件並不只是理論呈現的背景。如果這些鉅觀的條件很重要，它們應該被納入分析之中，成為整個分析故事的一部份。將矩陣作為一個分析工具，可協助研究者掌握條件／結果與後續的行動／互動之間的交互作用，並找出它們連結的路徑。雖然矩陣中所包含的概念相當的複雜，然而只要在進行資料分析時腦中帶著這個矩陣圖，即使是一位質性研究的生手也可以捕捉到些許資料中所傳達出的有關生命之複雜性與豐富意涵。

Chapter 13

理論抽樣

名 詞 定 義

理論抽樣（Theoretical sampling）：資料蒐集是由演化中的理論概念所引導，依據「比較」的原則來進行，此類抽樣的目的是找尋那些最有可能呈現出概念間變異情形的人、事、或地，以增加類別的屬性與面向之密度。

研究者經常會碰到的一個問題是，要到哪裡取樣才能獲得有助於理論發展所必須的資料。本章乃在探索理論抽樣（theoretical sampling)的意涵。就這個主題而言，我們提出下列問題：理論抽樣指的是什麼？為什麼使用理論抽樣，而非其他形式的抽樣？要如何進行？如何有系統地、一致地進行抽樣，而不僵化這個歷程？到底要做到什麼程度？在哪些時機要進行這樣的抽樣？一位研究者如何得知他已經有足夠的樣本？理論抽樣和較傳統的抽樣方法有何不同？

內容綜覽

　　記得前面提過，概念是資料分析的基礎，是理論的構成要素。所有分析步驟的目的，均在於辨認出概念、發展概念、以及連結概念。所謂理論抽樣，並非在研究進行之前就先決定好抽樣方法，而是在研究過程中逐步形成的。理論抽樣是以某些概念作為基礎來進行的，這些從分析中顯現的概念必須和發展中的理論有所關聯。在進行資料分析時，我們可自下列兩種情況發現到這些概念：(A)當我們比較各個事件時，這些概念反覆出現在資料中（或是在某些情況下，很明顯地銷聲匿跡）；(B)這些概念扮演條件的角色，增加主要類別的變異情形。理論抽樣的目標，在於爭取最大量的機會來比較不同的事件，以決定某個類別在屬性和面向上的變異情形。研究者在不同的條件情況下，依據屬性與面向來進行抽樣。例如，一位研究者著手研究醫院中的病患照護情形，而「工作流程」是自資料中顯現的一個主要類別，這個類別在不同的病房和不同時段這兩個條件下，不管在程度、型態、數量和其他面向上均呈現出差異性。在這種情況下，研究者可能要花些時間來觀察所有三個輪值班別，以及不同病房（兒童病房、早產兒和嬰兒病房、癌症病房、心臟科病房等病房）的實際情形，以整理出工作流程如何不同，以及何以不同。如果研究者可以獲取最大量的機會來依據屬性比較概念間的異同，則他不但可以增加各類別的密度，可以更清楚地區分出不同的類別，同時可以更精確地標明出各個類別變異的範圍。

　　當研究者探索一個全新的領域時，理論抽樣是很重要的工具，因為它是可以提供最大理論收益的抽樣方法。請注意我們先前提到，抽樣的對象是事例、事件，而非個人本身。事例或事件代表的是個人、機構、社區或國家所處的情境（可能引發問題、議題、或現象），這個情境可能是例行的或是有問題的，而且會引發某種行動/互動以作為回應。例如，回到我們有關醫院工作的研究，地震

（的確發生過）代表一個曾經發生的事件。地震發生的這個事實很重要，但是和我們的研究更具相關性的是，在地震發生當中和之後，那些病房的「工作流程」（一個重要的類別）發生何種變異。為了使工作流程不因地震而中斷，現場的工作人員如何動員起來？如何安排環境？如何處置病患？這個自然的事件其實提供了一個對「工作流程」可遇不可求的抽樣機會。地震的發生代表一個有問題的、被打斷的工作情境，而在這樣的情境下所引發的反應將提供最大的變異情形。

理論抽樣是累積性的。抽樣的事件乃根據先前的資料蒐集與分析而來，而這個事件同時加入到先前的資料蒐集和分析中。而且，隨著時間的推進，研究者隨著逐漸演化的理論，所進行的抽樣會變得愈來愈具體明確。在一開始的抽樣中，研究者著力於開發盡可能大量的類別，因此他可能針對大範圍的相關領域來蒐集資料。一旦研究者整理出一些類別，這時抽樣工作的目的在於發展類別，進而增加其密度，最後達到飽和的境界。

對理論抽樣來說，某個程度的一致性是很重要的。一致性在這裡指的是針對每個類別進行系統性的比較，以確定每個類別都充分發展。另一方面，某程度的彈性也是必要的，因為當研究者在實地進行資料蒐集時，他必須能夠善用那些可遇不可求的事件，例如像地震這樣的事件（雖然不一定都是如此激烈的事件）。

在大部分的情況下，研究者必須仔細的籌畫與執行理論抽樣，而非任其隨意發生。後者不但對研究沒有實質的幫助，更有可能使研究失去焦點。然而，固執於某個特定的步驟，不僅會阻礙分析的歷程，也扼殺了創造性。抽樣和分析必須是連續發生的兩個步驟，而以資料的分析引導後續的資料蒐集。否則，類別將無法平均地發展，而這將使得研究者在研究後期，仍要忙於補強那些未充分發展的類別。

一般性的考量

在進行理論抽樣時，研究者係以「分析性問題」和「比較」來指引資料蒐集的方向。一位研究者可能會詢問下述幾種問題：假使如何如何，則會怎麼樣？何時？如何？何處？這些問題的答案可作為抽樣的基礎，然後就不同的條件之間進行比較。下面要介紹的三種不同型態的抽樣中，「詢問問題」和「進行比較」兩者所要達到的目的有所不同。

在研究的開始階段，研究者必須注意到有關抽樣的諸多事宜。在最初對研究案所做的各項決定，其實就已經提供研究者一個大略的方向，同時指明到何處去從事資料蒐集的工作。一旦資料蒐集開始進行之後，研究者要關心的是，最初的決定和資料所呈現出的事實，這兩者之間的契合程度如何。研究初期的考量包括下列四點：

1. **選定研究的地點或團體。**這些當然是依主要的研究問題而定。例如，如果一位研究者的興趣在於探討機構的執行長如何做決定，他勢必要到那些由執行長做決定的公司行號，去觀察這些執行長的言行，甚至他們所寫的備忘錄等等。另一個重要的事項是從有關當局獲得使用這些地點的許可。

2. **決定所使用的資料類型。**這位研究者是要使用觀察、訪談、文件、傳記、錄音帶、錄影帶、或是這些資料的組合？選擇的考量應該是以哪種資料最能捕捉到想要的訊息為準則。例如，在研究一個機構的執行長如何做決定時，研究者可能會使用到的資料包括備忘錄或備註、其他文件，以及訪談和觀察。

3. **考量要花多少時間研究某一特定領域。**如果研究者著手研究的是一個發展性的或是逐漸演化的歷程，他可能需要在研究的初期階段就決定好，是要持續追蹤同樣的人物或地方一段時間，還是要在不同的時間點追蹤不同的人物或地方。

4. **研究的初期階段，有關研究地點、觀察和訪談的數量，是依據進入管道、可用資源、研究目的和研究者的時間精力而決定。**之後，這些決定可能會因應此一逐漸演化中的理論而做某些調整。

訪談和觀察指引

　　一旦研究者決定好研究對象、研究地點、時間、以及所要蒐集資料的類型（並未排除其他類型的資料），他就可以著手開發訪談的問題或是觀察的領域。（在美國，這部分是人類對象審核委員會（human subjects committees）的要求之一，務必要做到。）最初擬就的訪談指引或是觀察領域，可能是基於文獻或個人經驗所衍生的概念；或是較好的情況，基於一個初步實地研究的結果。因為這些初步的概念並非從真實資料中衍生出來的，如果研究者帶著這些概念進到實地中，應該視它們為暫時性的；一旦資料開始湧入，這些概念可能會被捨棄。然而不論如何，早期的概念通常提供一個資料蒐集的起始點，很多研究者（和他們的審查委員）都發現到，我們不太可能對所要研究的主題一無所知，就冒然進入到實地中。

　　一旦開始蒐集資料，最初的訪談或觀察指引將會被資料中顯現的概念所取代。如果一位研究者自始至終都固執於最初的指導原則，則他可能限制了所蒐集資料的數量和類型，而阻礙了新概念的發現。這種固著的情形不管是在質性或量化的研究中都可見到。我們的經驗顯示，如果你帶著一份結構式問卷進到實地，則人們只會針對問卷上的問題回答，而通常不會有進一步的說明或引伸。研究參與者可能有額外的訊息可以提供出來，但是如果研究者沒有詢問，他們可能擔心會干擾到研究的進行而不會主動提出。比較非結構性的訪談只給予一般性的指引，例如「請告訴我你對某事的看法」、「當時發生了什麼事？」和「談談你關於某事的經驗」，這樣的問題賦予參與者較大的空間來回答他們認為重要的事項。研究者針對不同受訪者的回答進行比較，而從中衍生出的概念，將成為進一步資料蒐集的基礎，也就是說，總是要預留一些空間給其他可能顯現的回答和概念。

抽樣的程序

　　抽樣的方法是由本書前面提到的三種編碼方法（亦即開放編碼、主軸編碼和選擇編碼）的邏輯和目的所指引；同時也和研究者對顯現的概念的敏覺力（sensitivity)有密切的關連。當一位研究者愈能敏銳覺察到某些概念與理論關聯性（theoretical relevance），他就愈有可能自資料中指認出隱含那些概念的指標事項（indicators）。敏覺力隨著研究的推進而逐漸發展，而這份敏覺力使得研究者能夠決定出要找尋哪些概念，以及到哪裡可以發現到隱含那些概念的指標事項。

　　能夠直覺出某些概念具有理論關聯性的這份敏覺力，是隨著時間而逐漸發展出來的。一般而言，資料蒐集和資料分析是同時並進的，分析的結果引導隨後的抽樣，而這時的抽樣通常是尚未蒐集到的資料。但是，另一種方法是回到先前已蒐集的資料中去抽樣。在研究初期，研究者很可能忽略了某些事件的重要性。稍後，當他的敏覺力提升，他當然可以回到那些資料中，以新的見解重新分析資料。

開放編碼中的抽樣

　　因為開放編碼的目的是發現現象、給予命名、以及依據現象的屬性和面向進行分類，所以在這個階段，資料蒐集的目的是保持一個高度開放、容許所有可能性的蒐集歷程。任何能夠提供發現的絕佳機會，不論是個人、場所或是情境，都是抽樣的可能對象。

　　在**開放性抽樣**（open sampling）時，受訪者和觀察地點的選擇是相當有彈性的，一位研究者甚至可以選取每第三個走進門的人，或是有系統的自一串人名、時間或場所來進行抽樣。由於在這個階段尚無任何概念被證實具有理論關聯性，所以我們不知從何找

尋這些概念在屬性與面向上有變異的事件或案例。一開始時，不論是進行訪談、觀察、閱讀文件或其他方法，研究者必須保持開放性，並廣納所有的可能性，善用每一個機會，且盡可能探索其涵義。為了確保這份開放性，即使研究者對研究的主題有某些概念，最好也不要硬性的限制資料蒐集的時機、研究參與者的類型或地點，因為這樣可能有誤導的危險，或是過早結束這個發現之旅。一位研究者如果要勝任開放性抽樣，他必須具備相當的訪談和觀察技巧，同時也必須要有耐性等待某些事情發生，或某個人說出一些趣事。初期的訪談或觀察通常都只是粗略的，而且顯得笨拙不上手，之後的訪談或觀察則通常可以獲得較豐富的資料。在進行開放性抽樣時，研究者必須知道如何探問（例如：有關那件事，可否請你多談一些？）而不會引起受訪者的防衛，或是不自覺地引導他們做出你所期待的答覆或行為。在實際操作過程中，維持資料蒐集的系統性和彈性兩者間的平衡是很關鍵的工作，前者有助於類別的發展，後者則容許各種事件與訪談方向自然地湧現。

在研究過程中，知道如何接近訪談對象、如何詢問問題、如何進行觀察、如何獲取文件資料、以及如何錄製錄影帶是很重要的能力。資料分析的成果端視所蒐集到的資料而定。進一步有關訪談和觀察技術的資訊，可參考Hammersley & Atkinson (1983)，Johnson (1975) 和 Schatzman & Strauss (1973)。

資料蒐集應該緊接在分析之後。新進的研究者通常非常熱衷於資料的蒐集，他們在坐下來分析所蒐集到的資料之前，可能已經做了五、六次的訪談或觀察。一旦坐下來分析，他們很快就會被分析所得到的大量訊息壓得喘不過氣來。更重要的是，他們錯失了以顯現出的概念作為抽樣依據的機會。順著分析工作的推進，經由比較各個事件而提出的問題，將成為進一步資料蒐集的指引。另外，因為研究者的敏覺力提升，所以在實際進行訪談或觀察時，他通常會依據顯現的相關概念而作適當的調整。假如有相關的事情被提及，研究者可能會要求進一步的說明或是觀察的機會。能夠在同一個地點立即進行抽樣，事後可以節省很多時間，因為研究者就不需要為了追蹤某些看似有關的線索，再回到同一地點或是再去找那些人。

開放性抽樣的不同作法

開放性抽樣可經由幾個不同的作法來完成。由於每個方法都有其優劣之處，一個融合各種技術的作法可能對研究最有幫助。就研究而言，每一個研究都有一個理想的作法和一個實際的作法（也就是研究者需要去安排、確定的）。

1. 為了蒐集與類別及其屬性和面向有關的資料，研究者可能尋找特定的人物、地點或事件。例如，當一個研究小組著手一個有關醫院醫療工作的研究，一位小組成員注意到醫院中使用的儀器有數個不同的屬性（Strauss et al., 1985）。這些屬性包括價值（cost）、大小（size）和地位（status）。有了這個發現後，這個小組非常用心地選取一些具備這類屬性的事件和地點。小組成員觀察了電腦化局部X射線掃描器（computerized axial tomography scanner, CAT scanner），這是一種大型的昂貴儀器，對診斷師而言，這種儀器在診斷上具有相當的地位。然而，在蒐集資料時，要牢記的一個事實是CAT掃描器也只不過代表醫院所使用儀器中一個極端的類型而已。同樣重要的是取樣一些在價值或其他屬性上有所不同的儀器，也就是那些價值較低、地位較差、可靠性較低的儀器。在上述的例子中，研究者之所以如此抽樣，他所持的概念是，病患的照護工作可能會受醫療儀器（作為病患照護服務的一部份）的某些特定屬性所影響，因而統整「病患照護」（patient care）和「醫療科技」（medical technology）這兩個類別。

2. 另一個開放性抽樣的可行方法是有系統的進行。根據名單，從第一個人到下一個人，或從第一個地方到下一個地方（或是任何走過這道門的人，或是任何同意參與研究的人）。這是一種以方便性為考量的抽樣方法。對於資料蒐集，這是一個比較實際的作法，而這可能也是研究生手最常用的方法。換句話說，研究者就他可以找到的人或事來蒐集資料。但這

並不意味著在分析資料的過程中，研究者沒有針對一些概念來進行各種比較，事實上他一直在進行比較。研究者的處境是，他必須接受自己所蒐集到的資料，但是他無法抉擇下一個取樣的人物或地點。由於不同情境所帶出的自然變異情形，隱含在資料中的差異性通常會很自然的顯現出來。例如，當我們開始有關醫院中「工作流程」的研究時，我們對特定的醫院、病房、或護士長知道的很少，我們只好拜訪每一個單位，花時間和任何願意參與這個研究的護士長談一談。最後，我們發現，在組織的條件、病患的數目和負責的工作類型、工作流程如何建立和長時間維持的這些層面上，每個單位都不一樣。由於這些差異性，我們有很多機會依據顯現的概念來進行各種比較。

3. 差異性的顯現也經常是可遇不可求的。研究者在實地觀察、進行訪談或閱讀文件時，可能會不預期的碰到具有理論價值的事件。這時候，能夠辨認出這個事件所具備的分析性價值並且把它抽取出來，是很關鍵的舉動。要勝任這樣的工作，研究者需具備一個開放的、隨時質疑的頭腦，同時要保持高度的警覺性。當研究者碰到新奇的或是和以往不同的事件時，他必須停下來詢問問題：這是什麼？它的意義為何？經由這樣的歷程，研究者得以逐漸增進理論敏覺力，而這份理論敏覺力和開放編碼時所做的理論抽樣有高度的關聯。

4. 另一種形式的抽樣是回到資料本身，辨認出具有理論關聯性概念的事例。例如，在一個有關高風險懷孕之婦女的研究中，研究者（Corbin）察覺到她是依據自己對風險的認知來對這些婦女進行分類（醫學的觀點），但是這些婦女卻是依照她們自己的認知來行事（她們的觀點通常不同於醫學觀點），她回去將這些事例重新洗牌，依據這些婦女對事例的認知，將事例歸到所屬的類別中。這裡需要注意的是，在任何的訪談或觀察中，通常會有數個事例和同一個概念有關，而這些事例卻被個別編碼。例如，在高風險孕婦的研究中，有時甚至在孕期的第一週，這些孕婦對風險的知覺就會因自

身慢性病的病情、胎兒的狀況和懷孕情形而有不同。也就是說，這些事例是個別被分析編碼的，因為孕婦面對這些事例時通常會採取不同的風險管理策略，而這些差異情形其實都包含在「風險管理」（risk management）這個大概念之下。

關係性和變異性抽樣

開放編碼很快就會進到主軸編碼。抽樣工作仍然依據有理論關聯性的概念（類別）來進行，只是焦點改變了。前面提過，主軸編碼的目的是去找出類別和次類別之間的連結關係，並根據其屬性和面向進一步發展這些類別。在進行資料蒐集和分析時，研究者選取那些他可以辨認出最大變異情形的事例和事件（可能從新的資料或先前已蒐集的資料中抽樣）。當研究者提出：「使用的醫療儀器是否會影響到病患所獲得的照護？」這個問題時，他其實是把兩個概念放在一起，以找出「照護類型」（type of care）和「儀器種類」（type of machinery）二者之間的關係。要找出概念間的關係，研究者要詢問的問題包括下列幾個：病患對於即將面對的儀器檢查是如何被告知的？如何處理該儀器可能造成的危險？這些工作要如何分配？概念之間的關係就像概念本身一般，需要跨地點或跨對象間的比較，才能發現並確認其間的相似性和相異性。

進行**關係性**（relational）和**變異性**（variational）抽樣時，研究者找尋特定的事例，這些事例必須具備某概念在面向上的變異情形或是具備概念間的關係。在討論開放性抽樣時，我們介紹了幾個不同的進行方法，而大部分的方法都適用於這裡。同樣地，如果研究者無法會晤所有的人或觀察所有的地方，或是他不知道要到哪裡抽樣才能獲得最大的相似性和相異性，那麼所謂理想的理論抽樣仍不可能達成。比較實際的作法是以可蒐集到的資訊為基礎進行抽樣。不同於一般人常有的想法，有目的的選取那些最有可能為顯現的概念增加變異性的地點或人物，這整個過程其實是一個演繹的歷程（deductive process）。除非研究者有預知的能力，否則他只能假設到某個地方或是找某個人，就可以找到他所要找尋的面向

上的變異情形。然而，在見到研究對象之前，研究者仍無法確定這些人是否真的可以呈現出最大的相似性和相異性。在實際情況中，研究者可能假設某個地方、人物或團體可以增加面向上的變異性，但是這樣的直覺可能事後證明並非事實。研究者絕不可因為無法獲得某個具有理論關聯性的地點或人物而感到懊惱。相反地，他應該善加利用任何可以獲得的資訊。說到事例或事件，研究者很少會發現兩個或兩個以上完全相同的事例。即使看似相同的兩個事例，也總會有些許不同，可能是條件不同、行動／互動不同，或是結果不同，而研究者就可依據這些差異點進行事例的比較，並發現它們的變異情形。如果研究者依據這些事例在相關概念上的密度和變異性來進行比較的話，那麼他就是在進行理論抽樣。當研究者無法如預期的選取特定的地點或人物以獲取最大的變異情形時，他可能需要較長的時間才能發現整個歷程與變異情形。不過，經由持續不斷的抽樣（即使只能針對手上現有的資料來抽樣），差異性終究會顯現出來。

選繹編碼中的抽樣：區辨性抽樣

當研究者進行選繹編碼時，高度選擇性的抽樣（刻意選擇可以增加或減少差異性的地點）變得非常重要。它的重要性將在下一節中解釋。讓我們回憶一下選繹編碼的目的：依據各類別在面向上的變異情形，將各類別統整成一個理論；對概念間關係的陳述進行驗證；補足任何需要進一步發展的類別。基於以上這些目的，這個階段的抽樣變得非常的仔細與刻意。

區辨性抽樣的歷程

進行區辨性抽樣（discriminate sampling）時，研究者選取可以提供最大機會以進行比較分析的地點、人物或文件。這意味著研究者為了蒐集必要的資料以充實各個類別並完成研究，可能要回到舊有的地點、再訪原來的對象、重新翻閱原有的文件，他也可能

要找尋新的目標。在整個研究過程中，對分析結果的驗證一直是理論建立的關鍵。而驗證的工作其實是包含在分析和抽樣的每一個步驟中。這裡所說的驗證，並非如統計研究中的考驗。在分析過程中，研究者持續地以分析結果與實際資料進行比較對照，並根據這些比較而對結果作必要的修正或增刪；而這些修正或增刪後的結果再與新的資料進行比照驗證。因此，研究者持續地驗證或是否證他對資料所做的詮釋。只有那些經得起嚴謹且經常性的比較過程的概念和陳述，才能成為理論的一部份。前面提過，反面的案例也很重要，因為它們可能代表某個概念變異情形的極端例子。

理論飽和

　　一個經常會被提出的問題是：抽樣究竟要持續多久？當我們的目的是在建立理論時，一般性的原則是持續蒐集資料直到每個類別都達到飽和（Glaser, 1978, pp. 124-126; Glaser & Strauss, 1967, pp. 61-62, 111-112）。類別達到飽和（category is saturated）是指 （a）再也沒有關於該類別的新資料或相關資料顯現出來，（b）以該類別的屬性和面向所呈現出的變異情形而言，該類別已充分發展，（c）類別之間的關係建立起來，且經過驗證。除非研究者能夠持續蒐集資料直到所有的類別均達到飽和，否則所建立起的理論，將因為各類別的發展不均而缺乏應有的密度與精確性。

數個重要問題的答覆

1. 我可以從圖書館的資料中抽樣嗎？這要如何進行呢？有一些
   研究會要求以文件檔案、報紙、或出版書籍作為研究的資
   料，這到底要怎麼進行呢？

我們的答覆是，這裡的抽樣就如同你在處理訪談或觀察資料一
般，資料的編碼和抽樣是交錯進行的。

如果你使用的是檔案資料，這些資料其實等同於訪談或實地札
記的結集（Glaser & Strauss, 1967, pp. 61-62, 111-112）。然
而，這些檔案資料可能不在同一處，而是散在單一圖書館的各個角
落；或更慘的是，散在不同圖書館、不同政府機關、或其他不同的
機構中。在這種情況下，就如同處理其他類型的資料一般，研究者
要思索哪裡可以找到相關的事件以利取樣。這些資料可能在介紹特
定機構、族群、或地區的書籍中嗎？要回答這個問題，最直接的方
法就是利用圖書檢索技術（包括直接瀏覽圖書館的書架）來找到這
些資料。

另有一種特別的檔案資料，是由另一位研究者所蒐集的訪談和
實地札記組成的。對於這種資料所進行的分析，我們習慣稱之為
「次級分析」（secondary analysis）。在建立理論時，研究者可以
運用理論抽樣以及一般的編碼程序來分析這些資料。

2. 如果是一個小組同時蒐集資料，要如何進行理論抽樣才能維
   持一致性？

當一個小組一起進行研究時，每個成員都必須出席團體的例行
性分析討論會。同時，每個成員必須拿到其他資料蒐集者所寫的任
何備註，以及分析討論會議中所做成的所有紀錄。每位成員必須將
他蒐集到的資料帶回到小組中和其他成員分享。這裡的重點在於每

位成員都清楚研究的類別為何，所以他們可以在實地中有系統地蒐集相關的資料。同樣重要的一點是，整個小組的成員定期聚會一起分析資料。在分析工作上，以小組為一整體有助於所有成員維持在同樣的概念架構上。當然，每一位成員都必須參與討論有關理論抽樣的重大決定。當資料逐漸增加，這時要求每一位成員閱讀其他人的訪談或實地札記似乎不太可能，所以每個成員必須擔負起分析他自己的資料的責任。然而，每個人都必須閱讀所有的備註，否則，有些成員可能無法抓到理論發展逐步演化的本質。

3.其他人可以進一步檢驗我所建立的理論嗎？

當然，理論可以被檢驗。雖然這個理論已在實際的研究歷程中被驗證過，但是它並未經量化的方法驗證過。通常，一個理論的某些部分會以量化的方法進行驗證。雖然，研究者可能未正式闡明類似命題的陳述，或是連結理論主要概念的關係性陳述，這些關係性陳述的意涵其實都已被納入到文本之中，同一個研究者或其他研究者可以在後續的研究中闡明並驗證這些關係。請牢記一點：理論也只是理論。在進一步的考驗中，如果某一個命題不成立，這樣的結果不一定就表示理論是錯誤的；它可能只表示，這個理論的命題需要進一步修正或是調整，使其可以含括其他的以及特別不同的條件。

4.對於旨在建立理論的研究，其抽樣方法和較傳統的抽樣方法有何不同？

在量化研究中，抽樣是指抽取整個母群中的一部份，這部分將代表全體，且其結果可以類推到整個母群。因此，最重要的考量是所抽取樣本的代表性，也就是樣本和母群在特定的特徵上之相似程度。在實際狀況中，我們不可能確定某個樣本是否具備百分之百的代表性。然而，在量化研究中，我們可藉由一些程序，如隨機抽樣和某些統計方法，來降低或控制這類的問題。當我們以歸納方法進

行理論的建立時，**我們關心的是概念的代表性以及概念在面向上的變異情形**。我們選取可能顯現（或未顯現）某個概念的一些事例，然後提問：為什麼這個概念出現在這裡？為什麼它未顯現在這個事例中？它以何種形式出現？因為我們要找尋的是顯現出研究現象的事例，而非著眼於研究對象或地點的數目，任何一個觀察、訪談或文件資料都可能提供有關這些事例的多個案例。例如，研究者跟隨著護士長進進出出一整天，他可能注意到十種不同運用權力的例子。研究者蒐集愈多資料（不論是訪談、觀察、或是文件檔案），他就能累積愈多的事例，自然地，他就愈有可能發現概念的重要變異情形。

5. 理論抽樣要持續多久？什麼時候才算完成？

當概念都達到飽和時，抽樣就算完成了。然而，抽樣的工作一直會持續到最後的寫作階段，因為經常是在這個時候，研究者才發現到某些類別未被充分發展。這時候，資料蒐集旨在補足和精鍊這些類別。這部分已在稍早提過，不再贅述。

6. 理論抽樣很難學會嗎？

要瞭解理論抽樣的邏輯並不難。然而，就像其他有關理論發展的技術一般，研究者必須經由實際研究來練習，才能逐漸習慣這個歷程。

7. 研究設計和理論抽樣的關係為何？

理論抽樣不像統計上的抽樣，它無法在進行研究之前就規劃好。有關抽樣的具體決定都是在研究過程中逐漸形成的。當然，在開始研究之前，研究者就要思索哪些地點或母群比較可能找到有關聯的事例。實際上，在撰寫研究計畫申請研究經費時，研究者就必須交代清楚抽樣方法以及理由。另外，研究者也應該在計畫中說明他在初步研究中所採取的抽樣方法。

本章摘要

以這種方法來建立理論，抽樣的對象是事件或事例，而非人物或是機構。在進行抽樣時，研究者尋找具有理論關聯概念的代表性事例，就這些事例的屬性和面向進行比較，以找出它們在某些面向上的變異情形。而人物、地點和文件檔案提供了獲取這些資料的方法。抽樣的焦點隨著所進行編碼工作的類型（開放、主軸、或是選繹）而做調整。隨著研究的推進，抽樣變得愈來愈有目的性，也愈聚焦。抽樣工作要持續進行，直到所有的類別達到飽和。也就是說，沒有新的或重要的概念自資料中顯現；且就屬性和面向來看，各個類別也都已充分發展為止。

Chapter 14

備註和圖表

名　詞　定　義

備註（Memos）：針對分析而寫的記錄，有不同的種類和形式。

編碼札記（Code notes）：備註的一種，記載三種編碼（開放編碼、主軸編碼和選繹編碼）的結果。

理論性札記（Theoretical notes）：一種覺識性和摘要性的備註，記載研究者對於理論抽樣及其他議題的想法或觀點。

操作性札記（Operational notes）：備註的一種，記載實際操作程序的説明，並作為一種提醒。

圖表（Diagrams）：描繪概念之間關係的視覺工具。

　　大部分人一想到**備註（memo）**，映入腦海的是在機構中或家庭中傳閱的書面形式之溝通，通常被稱為「備忘錄」，可作為一種提醒或是資訊的來源。而在本書中，**備註**則是指非常專門的書面記錄，記錄分析的結果或是提供給研究者的説明與指引。這些備註必須具備分析性（analytical）和概念性（conceptual），而非僅是描述性的（descriptive）。**圖表（diagrams）**則是一種視覺（而非書面）的備註。備註和圖表都是描繪概念間關係的利器，兩者都是記錄分析過程的重要方法，兩者也都可用傳統的方法（人工）或是運用設計好的電腦程式（如ATLAS 或NUD-IST）來進行。

備註有數種不同的形式，計有編碼札記、理論性札記、操作性札記，以及附屬在這些主要形式之下的諸多不同形式的備註。事實上，一個備註就可能包含任何以上所提的這些形式的內涵。不過，對於研究者，尤其是新進研究者而言，最好能清楚地區別這些不同形式的備註。如果將數個不同形式的備註書寫在同一頁上，或是將它們夾雜在一起，這麼一來，有些備註可能會遺失或是被研究者所淡忘。

備註和圖表會隨著研究進展而逐漸演進。最重要的一點是，並無所謂錯誤的或是寫得很差的備註。相反地，隨著研究的進展，備註的複雜性、密度、清晰度及正確性都會隨之增加。較後期的備註和圖表也可能否定、修正、支持、擴充、或是釐清較早期的作品。眼看著資料隨著時間的推移而逐漸累積、形成理論，同時又能持續地紮根於事實，這真是一個很不可思議的經驗。從這個角度來看，備註有兩個作用：一是維持研究的紮根性質，另一則是維持研究者對於該研究紮根性的覺察。

撰寫備註和繪製圖表是分析工作中很重要的程序，絕非多餘的，所以不論研究者的時間多麼緊迫，這兩件事一定要做。而且，從研究者一開始進行分析，撰寫備註和繪製圖表的工作也於焉展開，且將一直持續到研究結束。雖然除了研究者本人之外，其他人很少有機會看到這些備註和圖表，但是因為它們記載了研究的進展和方向，以及研究者的想法和感受，事實上可說是整個研究歷程的全貌，所以這些備註和圖表是非常重要的文件。從一個較實際的立場來看，如果研究者對備註和圖表只是偶而為之，那麼最後建立出的理論將缺乏概念上的密度與統整性。到頭來，由於沒有備註提供重要訊息，研究者不可能重新建構出有關研究的種種細節。

備註和圖表可以幫助研究者與所要分析的資料之間保持某種有利分析工作的距離。藉由撰寫備註與繪製圖表，原本可能在資料細節中打轉的研究者勢必要概念化這些資料。我們深信備註和圖表對發展中理論的重要性，而對於想要獲得進一步與這個主題相關資訊的讀者，我們建議你參閱 Glaser (1978, pp. 283-292, 116-

127)， Glaser & Strauss (1967, pp. 108-112)，Schatzman & Strauss (1973, pp. 94-107) 以及 Strauss (1987, pp. 109-128, 170-182, 184-214)。

備註和圖表的一般特性

備註和圖表具備了幾個讀者相當熟悉的一般特性。我們接下來談談這些特性。

1. 備註和圖表會因為研究階段、研究意圖和編碼的類型，而有不同的內容、概念化程度及長度。

2. 在分析的開始階段，備註和圖表看起來可能很簡單，甚至有點笨拙不靈光。對於這種情形大可不必在乎。請記得，只有研究者本人（可能還包括審查委員）才去看這些備註和圖表。

3. 雖然研究者可以直接在訪談逐字稿或實地札記上做備註，除非是在最早期開放編碼的階段，否則這樣做是不太明智的。關於這點，我們有幾個好理由。第一，實地札記上的空間通常不夠大，要在上面寫任何長度的備註或是繪製圖表來發展一些想法，並非易事。第二，隨著分析工作的推進，一些早期的概念可能會被修訂，而當研究者回到原有的檔案中重新整理資料時，原先寫在扉頁邊空白處的分析結果，可能會誤導研究者或是把他弄糊塗了。第三，如果經編碼的資料都記在訪談逐字稿或實地札記的邊緣，那麼這些資訊將很難處理（很難合併或是分類）。第四，有很多現成的電腦程式可以協助備註的撰寫以及其他的分析工作，所以沒有必要將備註寫在文件的邊緣。（想多瞭解這些相關的程式以及它們如何應用於紮根理論，讀者可參考Fielding & Lee, 1991; Kelle,

1995; Lonkilla, 1995; Pfaffenberger, 1988; Tesch, 1990; Weitzman & Miles, 1995)。

4. 每一位研究者可能發展出他個人撰寫備註和繪製圖表的風格。有些研究者使用電腦程式，有些使用分色卡，有些則偏好將手寫的備註裝訂成冊、收藏在檔案夾裡、或是放置於札記本中。備註的記錄和管理方法並不重要。重要的是，備註和圖表必須是有條理的、漸進的和有系統的，而且很容易被提取出來進行分類或相互比較。

5. 雖然備註和圖表的內容對於正在發展中的理論很重要，但是除了儲存資訊的這個功能外，它們還有其他功能。而其中最重要的功能就是，它們促使研究者用心於概念而非原始資料。再者，藉由撰寫備註和繪製圖表，研究者得以發揮他的創造力和想像力，由一個觀點激發出另一個觀點。

6. 備註和圖表的另一個功能是，可以反映出研究者的想法是否具分析性。如果研究者的想法缺乏邏輯性或是連貫性，當他被迫把這些想法寫下來時，這些想法上的漏洞或問題馬上就會顯現出來。

7. 備註和圖表就像是分析結果的儲藏室，研究者可依據演化中的理論架構來對這些資訊進行分類、整理及提取。當研究者想要針對一個主題來寫作，想要對不同類別進行相互參照，或是想要評鑑分析工作的進展時，這些運用備註和圖表的能力就顯得特別有用。另外，當研究者仔細研究圖表和備註的內涵時，他可能會發覺到某些需要進一步發展和精鍊的概念。

8. 在每一個分析討論會之後，一定要有針對討論內容而做成的備註或圖表。這些備註和圖表不一定要很冗長。當研究者被某個觀點激盪出一些想法時，他應該停下手邊的工作，馬上將那些想法記錄在紙上。這並不需要長篇大論的備註，幾個具有產能的想法或句子就已足夠。否則，重要的想法可能稍縱即逝。如果時間較充裕，研究者當然可以多寫一些。

9.備註也可以摘自其他的備註。在撰寫或研讀一整套的備註時，通常會激發出新的洞見，而這些洞見常能引發出新的備註。另外，研究者可以綜合數個備註的內容而寫成總結性備註。而統整性的圖表則可以用來整合那些看似沒有關聯的想法。

備註和圖表的技術特性

除了上面提到有關備註和圖表的一般特性，它們還具備一些如下列所述的技術特性。

1.備註和圖表都必須標明撰寫或製作日期，同時要標明所記載的想法是出自哪一份資料文件。這個說明必須包括訪談、觀察或是檔案的編碼，該份資料蒐集的日期、頁碼（對於使用電腦程式者，還要註明第幾行），以及任何其他有助於日後提取該筆資料的辨認方法。

2.備註與圖表應該要有標題來提示它們所處理的概念或類別。當備註和圖表是處理兩個或多個類別的關連，或是類別和次類別間的關連時，在標題中也應該註明這些互為參照的概念。

3.原始資料中一些直接引用的短句或片語（同樣地包括日期、頁碼及其他任何有助於資料提取的辨認方法）也可以納入備註中。對於歸結出特定概念或觀點的資料而言，這些直接引用的文句其實是很方便的提示。在日後撰寫研究結果時，這些直接引用的短句或片語也可作為說明的實例。

4.在備註的標題中註明備註的類型（請看本章最前面的定義）將有助於日後快速查閱。

5. 任何自編碼札記而激發衍生的理論性札記或是操作性札記，都必須清楚註明出自哪份編碼札記。

6. 雖然同一個事件可能被歸類到兩個不同的類別中，但是我們建議最好是將各個事件分開處理，這樣可以使備註和類別的內容較為具體明確。如果有疑問，可另闢一個備註，針對該事件進行相互參照的工作。稍後，當資料蒐集和資料分析的工作持續一段時間後，類別之間的區別變得較清晰時，我們就可以對一個事件做正確的歸類。

7. 隨著分析工作的推進，後續的新資料可能激發新的見解，這時研究者應該勇於調整先前備註和圖表的內容。

8. 為了便於查閱及參考，研究者應該詳細條列出資料分析所顯現出的概念或類別。在較後期的分析工作中，研究者可以回去參閱這份概念或類別一覽表，以發現那些可能在最後統整時被忽略的類別或是關係。手邊握有這份一覽表也可以避免類別的重複。

9. 如果數個記錄不同分析結果的備註讀起來有點神似，那麼這時候的重點在於重新比較並對照出這些概念的異同。可能的情形是研究者忽略了概念間重大的差異性。如果比較後發現這些概念間的相似性大過相異性，那麼兩個較為有利的作法如下：一是自這些概念中找到最具有解釋力者來含括其他概念，另一種作法是找一個更高層次或更抽象的概念來含括這些概念。

10. 研究者應該握有多份備註的影本，以利於日後編排和分類工作的進行。而且，即使一份備註遺失，總還有備份可資利用。對於使用電腦者，電腦檔的備份更形重要。那些曾經因為電腦當機而遺失重要資料的人，一定很能體會在沒有任何備份的情況下那種噁心的挫折感。

11. 如果某個類別已達到飽和階段，研究者應該在備註上註明清楚。如此他就可以把資料蒐集的重心指向那些未充分發展的類別。

12. 假如研究者同時有兩個或更多個有趣的想法，他應該立即將每個想法記錄下來。這樣的話，當他要針對各個想法撰寫備註時才不致於遺漏其中任何一個。

13. 研究者在製作備註和圖表時應該保持彈性和輕鬆。僵化地固著於某種形式或是正確性，將會阻塞研究者的創意，而使他無法流暢地進行思考。

14. 最重要的一點是，研究者在撰寫備註時，應著力於將資料概念化，而非停留在描述性的陳述。備註的內容非關人物或事件，而是由這些人物或事件所衍生出的概念。而研究者在標示出這些概念及概念之間的關係時，已然超越了對資料的描述，而進到理論的建立。

 # 編碼過程中的備註與圖表

備註與圖表隨著不同的分析階段而有所不同。要在本書有限的篇幅中詳列所有備註和圖表的類型，其實不太可能。果真要如此，可能會冗長無趣，而且會使這整個過程變得僵化呆板。對於備註和圖表的製作，每個研究者都必須發展出他自己的風格和技巧。然而，為了要提供讀者一些可能型態的例子，我們從自己的研究中找出幾個例子，並且提供相關的參考書籍，供有興趣的讀者從中找到其他的實例。

開放編碼

進行開放編碼時就像是在拼圖一般。研究者必須根據每一片的顏色（必須注意到顏色深淺的細微差異）進行分類編排，把所有個別的碎片組織整合而成一幅完整的圖畫。實地札記的最初幾頁通常是相當混亂的。在這個階段，研究者通常不知道要從何著手，不知

道要找尋的主題概念為何，即使看到了也無法辨認出來。手上的資料就像是一大團雜亂未經分化的素材。早期的備註所反映出的只是分析內涵的暫時性本質。也就是說，研究者只要記錄下最初始的想法或觀點，而不必在乎別人怎麼想或是擔心自己的分析是否正確。早期的備註所記錄的是研究者對研究內涵的粗略印象、想法，以及給予自己的指引或說明。研究者可能偶而會籠罩在不確定感中，這時他需要提醒自己，如果已經知道所有的答案，那麼也就沒有從事這個特定研究的必要了。

編碼札記

剛開始時，編碼札記會顯得稀稀落落。研究者在最初幾次瀏覽實地札記時，可能可以辨認出一些概念，但是仍然不知道這些資料的意旨何在。然而，經由反覆的比較並提出理論關聯性的問題，理論終究會開始顯現出來。早期的備註所記載的包括一些類別、指涉某些類別的概念，以及一些屬性和面向。早期備註的樣子可從下面的例子窺見一斑。

4/4/97 編碼札記

疼痛經驗的屬性和面向

我手上的關節炎在濕冷的天氣裡痛得非常厲害。從早上痛醒後，這疼痛就一整天沒離開過。我唯一覺得比較不那麼痛的時候是晚上躲在溫暖的被窩時。（實地札記，直接引自第一位受訪者的談話，第一頁）。

這位女士描述她的「疼痛經驗」（pain experience）。在這裡我們可以看到屬於疼痛的幾個屬性：強度、部位、以及持續時間。另一個屬性是紓解程度。當這位女士說「痛得非常厲害」，她其實是賦予「強度」這個屬性一個面向。疼痛的「部位」是在她的手，而且疼痛的「持續時間」很長，持續一整天。這種疼痛在溫暖的情況下可能獲得「紓解」。

從這份編碼札記出發，我可以提出下列假設：疼痛的強度有從嚴重到輕微的差異；疼痛可能發生在身體的任何部位，有時可能超過一個部位；疼痛的持續時間可能很短或是很長。對某些人來說，這類型的疼痛在特定的條件下可能獲得紓解，所以疼痛的紓解從可能到不可能的情況都有。另外還有一個變異性的屬性，也就是說，疼痛的強度會因為不同的身體部位、活動量、一天中的時段、氣候而有所不同。最後是疼痛持續性的這個屬性。疼痛持續的情形大致可分為持續不斷的、間歇性的、或是暫時性的。這個案例的疼痛持續情形應屬於間歇性的。

在上述的這份備註中，研究者也可以針對這個事件，在面向上標出各個屬性的落點。另外，對於這個疼痛事件，研究者可能想要指出那些引發特定屬性（或面向）的條件。這樣將可以提供各屬性在面向上的精確落點，而這對於日後要找尋規律性組型與連結不同類別是很必要的步驟。以下提出幾個關係性陳述的例子：「在濕冷天氣時，疼痛的強度會增加」；「在溫暖的情況下，疼痛會消除或是強度減弱」；「早上，疼痛就開始了」；「到了晚上，疼痛稍微紓解」。另一個可能的類別是「疼痛紓解」（pain relief）。研究者可將之視為另一個類別，而非「疼痛經驗」的一個屬性。請注意這些關係性的陳述都是以假設的型態來呈現，也就是說這些都只是暫時性的陳述，需要進一步的資料蒐集與分析來加以驗證。另外要注意的是，這些備註其實已經將開放編碼推進到主軸編碼，因為它們已開始去定義事件發生的條件。上述這個備註的例子，說明了在進行編碼工作時，我們很難將開放編碼和主軸編碼區隔得很清楚。

研究者也可依據前面受訪者的談話和編碼札記，來撰寫一個理論性札記。理論性札記著眼於編碼札記所遺漏的地方。在理論性札記中，研究者會質疑疼痛的其他可能屬性及面向，然後依據這些資訊來進行理論抽樣。以下提供一個有關疼痛經驗這個主題的理論性札記的例子：

4/4/97理論性札記

（取自編碼札記，「疼痛經驗的屬性和面向」，4/4/97）

疼痛的其他可能屬性和面向

關節炎肯定不是造成疼痛的唯一原因。疼痛也可能起因於受傷，像是肌肉拉傷或是輕微灼傷。若是以我自己這兩種受傷的經驗來看疼痛，除了前面提到的之外，我還學到些什麼？肌肉拉傷或是輕微灼傷，通常是受傷所引起，因而是暫時性的。我如何描述這兩種疼痛？肌肉拉傷的疼痛通常是在我移動那個部位時而加劇。關節炎引發的疼痛也是這樣。這提供了另一個引發疼痛加劇的條件。

在移動的情況下，疼痛會加劇。那麼對於輕微灼傷又怎麼說呢？這是另一回事。灼傷的疼痛可以描繪成一種持續的燒灼感，而這種感覺終究會消退。這裡指出了另一個屬性，也就是疼痛的種類。疼痛有各種不同的類型，從燒灼感到抽痛、急性的或其他類型。疼痛的另一個屬性是它有一個過程。例如，灼傷的疼痛在開始時較劇烈，之後，疼痛的強度會逐漸減弱。因而，我現在對於如何進行理論抽樣有了一些想法，例如，我可以將抽樣的重點放在暫時性疼痛與慢性疼痛的對照，疼痛的過程，以及疼痛強度在整個過程中（早期、中間、後期）如何改變。

研究者也可自討論疼痛的文章來撰寫理論性札記，或是分析有關疼痛的研究報告，玩玩比較的遊戲，做逐行分析，或是直接詢問親人或自己的「疼痛經驗」。這些練習將有助於提升研究者對於理論抽樣的敏覺力，而這份敏覺力將指引他們抽樣的對象與地點。以下是另一個理論性札記的例子：

4/4/97 理論性札記

（取自編碼札記　4/4/97，「疼痛經驗的屬性與面向」，同為理論性札記，同一日期）

有關疼痛的幾個疑問

除了關節炎之外，還有哪些引發疼痛的原因？有很多引發疼痛的不同原因，例如癌症、外傷、手術、蛀牙、截肢、和生產，都會造成疼痛。在上述的這些情形下，所經驗到的疼痛有何不同？這疼痛是可預期的，還是不可預期的？如果疼痛是可預期的，那麼疼痛的經驗會有所不同嗎？如果是可預期的，是否會採取一些步驟來預防或減輕疼痛呢？假如是的話，怎麼做呢？有哪些步驟？假如不是的話，不採取任何預防或減輕疼痛的措施的可能原因為何？某些情況所引發的疼痛強度，是否超過其他情況的疼痛？疼痛的強度會隨著時間而改變嗎？以生產或癌症為例，早期或是後期的疼痛較劇烈呢？原因為何？有否採取任何措施？一個人如何使別人相信他正處在疼痛的狀態？一個人如何經驗疼痛及處理疼痛的方法，是否會受到文化、年齡、疼痛的持續時間、強度等這些因素的影響？從這裡，我可能會抽樣因生產及癌症末期病患所經驗的疼痛，還有小孩和老年人的疼痛，進而得知這些因素是否會影響疼痛經驗。

理論性札記通常會牽引出操作性札記，也就是有關接下來要進行的實際作法的一些想法，可能是詢問問題、做比較或是進行更多的觀察或訪談。簡言之，操作性札記是我們為自己所寫的具體說明和提醒。

4/4/97 操作性札記

對疼痛的抽樣

根據同日期的理論性備註，我似乎可以從數個不同的領域來蒐集有關疼痛的資料。這些資料將進一步引出疼痛的屬性，以及這些屬性的不同面向；另外這些資料也可以指出造成這些屬性在面向上有不同落點的各種條件。蒐集有關婦女生產的資料是一個不錯的起點。另一個可行的方向是訪問癌症病人。在訪問或是觀察這些人時，我應該根據先前有關關節炎的訪談（慢性間歇性的疼痛）所辨認出的屬性和面向、其相似性和相異性，來刻意地尋找那些我尚未發現的屬性與面向。我想在這些新的領域中檢視一些疼痛的屬性，諸如現狀、類型、強度、過程、持續時間、和程度等。我同時想找出那些造成屬性在面向上有不同落點的條件或情況。換句話說，在什麼條件情況下，一個人在某

個時間點會形容其疼痛是劇烈的,但是同一個人或另一個人在不同時間點就不這麼覺得?或是,哪些原因造成疼痛的感覺在這一刻是抽痛感,但是下一刻卻是燒灼感?疼痛的來源是造成這種變化情形的唯一原因嗎?或是,不同的個人經驗疼痛的方式也有所不同?為何有些疼痛是持續性的,而有些則是間歇性的?

在進行開放編碼時,研究者可以撰寫任何不同型態的備註。他可以撰寫最初始的定向備註(orienting memos)、初步的理論性或引導式備註(theoretical or directive memos)、用以激發對新現象思考的備註、有關類別及其屬性與面向的備註、區別兩個或兩個以上類別的備註,以及總結研究者截至目前之進展與未來走向的備註。前面所舉例的備註雖然相當簡單,但也說明了研究初期可能撰寫的備註型態。這些備註將有助於研究者進行思考及概念化的工作。以下是一個較為複雜的理論性備註,係取自一個有關護士長的研究。從這個備註中,讀者對於在研究較後期所撰寫的開放編碼備註的樣貌,應該有些瞭解。請注意這個備註仍然是探索性質的,其作用在於激發對兩個已知類別的想法,而這些想法可於日後的理論抽樣中進一步探索。

AS/JC 5/31/88 本土知識/例行工作

本土知識即是特定知識

1. 許多和過去經驗有關的特定知識(specific knowledge)被視為是理所當然的知識,這些經驗包括工具使用、工作程序、實際操作、地點或空間、工作時間表、時機、步調、人際關係、工作情緒、或是工作環境中的氣氛等。
2. 我想這些項目可以就我們先前使用過的概念來呈現。我們曾提到秩序(orders)。所以,這裡就有互動的秩序、技術上的秩序、空間的秩序、時間的秩序、以及情緒的秩序。可能也包含了與機構之規定有關的機構秩序?我們必須仔細檢視這些規定和上述種種秩序是否呼應一致。

3. 當然，這些特定知識和那些同樣被視爲理所當然的一般知識（general knowledge）是互補的。這些較爲一般性的知識，包括一星期的每一天、週末、假日、醫院的運作、對不同主題的醫藥護理知識，以及在一般文化上被視爲理所當然的知識。

4. 當一個人受雇爲醫院的員工時，他可能會被教導上述各種秩序中所含括的本土知識（local knowledge）（如：東西擺放的位置、哪裡可以找到特定的工具、在這裡如何進行某個程序、或是如何進行一個你還不明瞭的程序等等），或是他也可以自行學得這些知識。他可以在實際工作中觀察別人怎麼做，或是直接詢問別人。或者，他也可以在平常上班活動之外來進行，譬如在下午茶時間和同事閒聊，詢問他們有關工作的種種狀況。或是，我猜想他也可以在病房內外和同事的對談中，非正式地學到這些知識。

5. 事實上，我們不太可能教導一位新進員工所有的本土知識。大半的知識是他從實際的工作中學來的，而且這個學習歷程會耗費相當時日。假如沒有同事的提示或是刻意的教導，或是如果這位新進人員太不經意、太羞於啓齒、或是太懶得詢問，這個學習的過程可能更爲曠日廢時。

6. 其實我們稱之爲例行工作（routine work）的事務，有相當大的部分要倚賴本土知識。你只要看看人們在從事那些例行工作時，就會發現到他們根本不必思考要將某物置於何處、何時要完成某事（除非工作時間表出了差錯）、進入病房時要如何舉止等等。也就是說，腦袋和身體會自己知道要做些什麼。然而，如同杜威所言，當一個難題出現時，即使只是一個小小的難題，例行工作就可能會陷入某種困境，這位新進員工必須想出別出心裁的法子或是藉助過去的經驗，來處理眼前的難題。他的先前經驗也可能是他的本土知識的一部份，或是單純屬於他個人的經驗。但要注意到，在以新的方法處理難題時，本土知識也可能是該新行動的構成要素之一。

7. 就如我們前面所提及的，有時候一種新的行爲方式可能會成爲制度化（在病房裡或是在更高的機構層級上）。在這種情況下，這個新的行爲方式就成爲病房裡特定的本土知識的一部份。基於上述，當我在進行觀察時，我會想要抽樣有關本土知識的種種議題，諸如誰擁有這些知識、這些人如何獲得這些知識、如何使用這些知識、使用的原因、以及如果沒有這些知識會如何。

關於其他備註的實例，讀者可參閱Strauss（1987）
Qualitative Analysis for Social Scientists（尤其是111頁-127頁）。

圖表

在開放編碼的初期，由於概念間的關係尚未顯現，研究者並沒有可資繪製圖表的資料。這個時候最有用的或許是我們所列出的清單（條列出所有的類別），而非圖表的製作。在列出每一個類別時，研究者可以描述其屬性與面向。隨著分析工作的推進，這個清單將逐步擴充。在這個階段所列出的類別，乃提供日後主軸編碼階段繪製圖表的基礎。

主軸編碼

在進行主軸編碼時，研究者開始將零散的資料拼湊在一起。每一筆資料（像是類別或是次類別）在整個解釋架構中都佔有一席之地。在進行這樣的拼圖工作時，研究者可能會拾起一片碎片，然後詢問自己：「這片該放在這裡還是那裡？」研究者剛開始的企圖通常是嘗試錯誤性質的。日後，當他更具有理論敏覺力時，他就愈能夠輕易地辨認出符合某個概念化指標（conceptual indicator）的類別。

備註

由於主軸編碼的目的在於找出類別之間的關係，並依據其屬性和面向來進一步發展這些類別，故在這個分析階段所撰寫的備註將會反映出這個目的。這些備註將回答「什麼」、「何時」、「何處」、「和誰」、「如何」、和「有何後果」這些問題。早期的備註可能反映出不確定的、錯誤的概念，以及不堪一擊的嘗試。研究者必須相信一點，那就是假以時日，資料會變得更為清晰，而備註的

內容不論在深度或是概念化的程度上都會有顯著的進步。在主軸編碼初期撰寫的備註，有點類似下面所舉的例子。首先，我們呈現一段從實地札記中摘錄出的文字，讀者可從中瞭解到我們正在處理的資料。我們探討的現象是有關疼痛以及疼痛的處理。這個備註係延續我們先前的理論性和操作性札記，這兩種札記激發我們去檢視由疾病以外的原因所造成的疼痛。這裡要檢視的是婦女因生產所造成的疼痛。我們訪談一位母親，談她生產時所經驗到的疼痛。

主軸編碼之編碼札記

　　　（延續「理論性抽樣之指引」，4/8/97。訪談#6，第8頁，第4段，日期4/6/97）

你要我告訴你有關生產的疼痛經驗。那已經是好幾年前的事了。關於疼痛，有趣的是不管痛的起因為何，一旦疼痛消失，你就好像把它深埋在下意識中。你可以說這疼痛很可怕或是還好，但是這種說法其實是很模糊的。你無法真實地感覺出疼痛的所在。你有的只是你認為它應該是什麼樣子的那種樣子。你瞭解我的意思嗎？生產是一個很怪異的經驗。因為聽到太多有關陣痛的痛苦，所以難免有點恐懼。另一方面，你又很期待，因為你對於挺個大肚子已經感到厭煩，同時又急著想瞧瞧孩子的模樣。而疼痛被視為達到這個目的地的唯一途徑，所以你深知自己勢必要經歷這個疼痛。你只希望這疼痛不至於太糟糕，或是他們會提供你一些減輕疼痛的方法。

這疼痛是可預期的。對於這疼痛，你思考過且感到恐懼，同時也準備好要去面對它，例如去上相關課程學習如何控制和忍受這份疼痛。剛開始時，這疼痛還不是太糟糕。愈到後期，你愈覺得愈是疼痛難忍。那就像是子宮收縮的陣痛要將你征服一般。但是，在兩次陣痛之間仍會有短暫的休息，而且你知道只要孩子一生出來，這疼痛就會停止。他們也會盡力幫你減輕疼痛感。我當時很幸運，陣痛時間很短，所以不需要任何醫療處置。我只運用呼吸和放鬆的技巧。但是，如果陣痛持續上好幾個小時的話，我可以想見我一定很疲累，而且需要一些特別的處置。

疼痛、疼痛管理的條件、疼痛的行動／互動策略及其結果

我們這裡所討論的是一種特別型態的疼痛，和生產有關連的疼痛。這個關連性賦予這個疼痛經驗一個特定的屬性，或是在連續面向上一個特定的落點。生產的疼痛是可預期的（可預期的程度）；可以控制的（可控制的程度）；隨著陣痛的推進，強度愈來愈強（強度，同時指出疼痛的階段）；有一個清楚的起點，也就是陣痛開始，和終點（疼痛的過程）；間歇性的，夾雜著兩次陣痛之間無痛的時候（疼痛的持續性）。不過，生產的疼痛有另一個相當奇特、很難釐清的特性。疼痛是整個陣痛過程的一部份。當然，這陣痛可視為懷孕的終點，緊接著是孩子的出生。我要如何描述這個屬性呢？疼痛本身並無目的性，而是關連到另一個有目的性的活動–陣痛。雖然我還不太確定要如何處理這筆資料，不過我會留意。這不一定表示接納（雖然有些人可能如此）或容忍，但是這或許賦予疼痛某程度的可預測性。這樣的陳述仍然無法捕捉到「疼痛會帶來好結果」的這個現象。

這些有關生產疼痛的屬性建構出一個情境脈絡，而身處此情境脈絡中的這位婦女，係依據她個人的觀點來進行對疼痛的管理。從這份實地札記的內涵，我可以得出下述概念間的可能關係。在疼痛（生產所致）是可以預知的情況下，個人可以事先做好準備；當疼痛是間歇性而非持續性的時候，較容易處理；當疼痛的強度隨著時間改變，也就是開始時輕微、愈到後期愈劇烈的情況下，個人可以發展一些處理的策略來加以因應；當陣痛時間稍短或至少是依循一個可預測的路徑前進時，個人同樣可以預先作準備；另外，有一些我們熟知可以控制疼痛的技術，且這些技術是學得的。那麼，在陣痛待產時，孕婦可以採取一些疼痛管理（pain management）的技術，像是呼吸和放鬆的技術、使用止痛劑或是麻醉劑來減輕疼痛等。這些疼痛管理的技術雖然無法完全控制疼痛，但是仍然可達到足以讓孕婦安然度過陣痛期的控制程度。

一位孕婦可能在進入陣痛期之前，就已經設想好自己可能會使用的疼痛管理技術，像是呼吸和放鬆的技巧；然而，這疼痛管理的條件脈絡可能會因為偶發的情況（像是併發症導致陣痛加長）而改變，這時候，這名孕婦可能必須改變她原先設想好的方法，而採行其他技術。

這個實地札記另外還衍生出一些可在未來的備註中進一步探索的類別和屬性，其中之一是有關疼痛意識或疼痛記憶。一般而言，疼痛意識似乎在開始階段非常敏銳，但是隨著時間的推進而逐漸變得遲鈍。另一個是整個疼痛歷程的階段，這個概念需要進一步檢視。另一個是疼痛的可預測性，以及這個可預測性如何作為一個疼痛管理的條件。

這份實地札記暗示但未明確提出的問題如下：給予止痛劑或是麻醉劑的時機和劑量為何？這些處置的成效如何？有哪些潛在的危險性？

從上述編碼札記衍生出的理論性札記（和實地札記有關但不直接源於該札記）有多種不同的著力點。它可能進一步探索編碼札記中提出的問題，或是針對生產疼痛或其他原因如手術引發的疼痛，建議一些疼痛管理策略。而有關手術疼痛的探索，研究者可能需要到術後照護單位進行對疼痛的理論抽樣。這位研究者可能想要比較生產、手術、以及癌症末期病患對疼痛管理所採取的策略有何不同。這樣一份理論性札記可能檢視不同策略，在控制疼痛的成效上的差異性；它也可能綜合數個有關疼痛和疼痛管理的備註而做成一個總結性備註。而研究者將運用這些資訊來從事進一步的理論抽樣。

容我們說兩句離題的話。為了釐清讀者的觀念，我們有必要說明理論性札記中所含括的訊息並非實際的資料。這些札記所呈現的是對於進一步資料蒐集的看法，以及對於現有資料所顯現概念的各種可能的思考方向。我們在這裡要闡明的是，研究者在處理資料時應該設想到或思索的種種議題。理論抽樣旨在釐清各個概念在面向上如何不同。在實際進行理論抽樣時，研究者必須仔細地思索這些概念後，才知道要到哪裡去尋找具有變異性的實際資料。因為根據理論抽樣蒐集到的實際資料將決定了資料分析的形式，因此研究者並不是硬把資料塞進某個架構中。當研究者在實地進行資料蒐集時，他可能經常會對種種出乎意料的發現感到驚訝。他原先期待的變異情形可能根本就不在那裡；而這些變異情形卻有可能由他從未想過的地方冒出來。研究者對這種情形要有心理準備。而這種意外的收穫可能是質性研究與分析之所以這麼有趣的原因。每一個地方都潛藏著新發現的可能性。

　　根據前面這個冗長的備註所撰寫的操作性札記，可能有許多不同的著力方向。它可以建議理論抽樣的地點，或是建議在後續訪談中要詢問的問題；或者，它可以提醒研究者在接下來的分析工作應該著力的類別或次類別。以下我們進一步提供主軸編碼中的其他備註實例。

　　這裡是另一個備註實例，擷取自一個有關護士長的研究。由於醫院必須維持其全天候（二十四小時）的持續運轉，我們仔細分析醫院中三班制的輪班現象。

AS／JC 6／25／89 有關三班制議題之編碼札記的摘要

　　（取自實地札記 6／20／89，札記#20，第201-245頁，筆記本31）

　　1.每一輪班的情況條件

　　　a.一般情況為每個工作流程所涵蓋的範圍和所擁有的資源。

　　　b.容易滋生偶發事件的情況。

　　包括例行工作（機構的、病房的、和該輪班時段的），以及處理輪班時段之內大大小小偶發事件的策略。

　　2.輪班交接時的工作流程亦然。

　　　　包括例行工作，以及處理輪班交接的策略（早班最重要）。

　　3.用以強化例行工作且減少偶發事件的傳統策略，這些訊息係經由不同類型的資源（人力、物資、科技、技巧、時間、精力、動機等）來傳遞。

　　　a.例行工作。

　　　b.預防可預見的偶發事件。

　　4.然而，這些例行工作和因應策略會因特定的病房條件而有不同。

　　5.在每個病房的情境脈絡中，與執行適當的例行工作和策略有關的成敗。

　　6.請注意例行工作（尤其是機構所規定的）有可能促發偶發事件（暫時性的或是重覆性的，總之是不適當的）。

7.所採取的策略也可能導致偶發事件的發生。

8.護士長的核心角色，及她所執行的判斷、監控、評估和協商等。換句話說，她制訂了一整套足以影響每一輪班工作的結構性條件。

注意：有關三班制的議題：我們先前分析出的概念也適用於這裡（也就是本土知識、例行工作、資源、權力、工作氣氛、工作情緒、意識型態、勞力分工等等）；因此，抽樣應該依據這些概念和它們之間的關係來著手。

以下是源自同一出處的理論性備註。請注意其中提到的假設，以及這些假設如何被呈現於備註中。

AS / JC 7 / 22 / 88 （電話會話）

重要備註：例行的 / 新奇的

我提出一個很久以前就觀察到的議題，那就是護士在遭逢那些處理起來既耗時、勞力又傷神的典型難題時，她們並未採取任何行動來改變制度上的規定，以防範這樣的情況重覆上演；相反地，她們仍然依循制度化的例行方式來因應。例如在處理一個棘手的臨終病患時，她們仍然視這名病患如同先前所處理過的典型病患一般。這樣的處理方式即使窒礙難行，但是在事後仍然無法引發任何制度上的改變。對於這樣的現象，我思考了很久，我想這些情況可能是導因於機構的行事作風、對各項工作優先順序的考量、以及促發危機反覆發生的結構性問題。為了進一步釐清這些問題，以下提出一些較好且較為詳盡的答案。

1.當工作歷程整個癱瘓時，那麼工作的程序勢必要改變。

2.如果他們不改變工作程序，可能是因為出狀況的這項工作並非他們須優先處理的項目。護士一般都忙於那些須優先處理的工作，以至於沒有時間或精力去做其他事。事實上，如果病患的問題（例如一個棘手的病患）已經到非常嚴重的地步，而這些護士又得持續手邊的工作，這時她們可能會呼叫專科醫生、社工人員、神職人員、或精神科醫生來接手。或是，她們乾脆對這個病患視而不見，不做任何額外處理，而這樣可能使得問題更加惡化。

3.如果被癱瘓的工作流程所衝擊到的事項具有高度優先性（例如影響
   到效率或是病患的安全），那麼她們必須深思如何防範類似情況再度
   發生。
   a.如果改變是輕而易舉的，那麼改變將經由互動歷程來達成：協
      商、說服、或甚至是強制。
   b.如果改變在機構層級上有困難，這意味著還有很多額外的工作待
      完成，包括：釐清必須完成的工作事項、擬定計畫、做決定、說
      服、協商、發掘新資源、努力提升動機、為新制訂的例行程序提
      供額外的督導等等。當然，在回復到先前流暢的運作狀況之前，
      整個工作團隊的整合與連結仍然會有漏洞。
4.簡單的說，這些是促使某些行動制度化(action to be instituted)
   的條件與機制，並進而以新的制度化程序來取代例行程序。請注
   意：在未來進行資料蒐集時，我們必須更審慎地檢視例行程序所代
   表的意義。在最低的層次上，例行程序指的是完成工作的方式。但
   是這方式可能是基於員工之間的協議，也可能是基於行政法規而不
   得不然。

圖表

在進行主軸編碼時，圖表也開始成形。初期所製作的邏輯性圖
表（logic diagrams）對於釐清各種不同關係甚有助益。研究者也
可能想要製作統整性圖表（integrated diagrams）來描繪某個類
別與其次類別之間的初步關係，或是描繪數個類別之間的關係。初
期的圖表並不詳盡，但隨著時間的推進，圖表會愈趨於複雜。（有
關統整性圖表如何隨著時間而演變的例子，請參閱Strauss，
1987，174-178頁。）圖14-1，14-2及14-3是不同型態圖表的實
例，這些圖表有助於發現潛藏於資料中的關係。

選繹編碼

選繹編碼是分析工作的最後一個步驟，也就是以核心類別來統
整其他概念，以及補強那些需要進一步發展或精鍊的類別。在這個
階段，備註和圖表將反映出研究者對於這個發展中理論所做的思考
之深度與複雜性。

	同質性病患	異質性病患
簡易的工作		
困難的工作		

圖14-1 同質性／異質性病患 x 簡易的／困難的工作

疾病的階段	儀器的數量 很少-許多		使用頻率 很少-普通-經常		持續時間 短暫-總是	
初期						
中期						
末期						

圖14-2 疾病的病程：儀器—時間面向

結果

疼痛的處理	病程	生與死	蔓延	互動	病房工作	情緒程度	自我認定
診斷							
預防							
減輕							
併發							
紓解							
持續							
表達							

圖14-3 平衡矩陣

編碼札記

在選繹編碼階段，編碼札記通常會少一些。而理論性札記與操作性札記則通常著眼於類別的補強與理論的精鍊。

這個階段編碼札記的形式，可能是一個描繪整個研究大要的統整性備註。這樣的備註將開啓接下來的分析性故事（analytical story）。（請參閱本書的第十章，以及Strauss，1987，170-183頁。）我們在第十章提過，在敘述故事的備註中，核心類別及與核心類別相關的類別都會被指認出來。

理論性和操作性札記

這些備註的內容非常明確且具指導性質，它們直接闡明要完成最後的理論所需要進一步思考的議題，或是尚須完成的事項。那個議題需要再仔細思考？該到哪裡進行理論抽樣？哪些事項需要進一步釐清？還有什麼需要做的？這個時候，研究者對於他的研究工作已有相當的信心。他不再著眼於探索，而著力於對照資料來驗證這個統整的架構，以及收拾處理最後的小問題，以進一步精鍊理論。

圖表

在選繹編碼階段所繪製的圖表，將充分展露出理論的密度與複雜性。也因為如此，要將理論從文字轉換為簡要精確的圖示並不容易。然而，繪製最後統整性圖表這個高難度的任務，將有助於研究者確認類別間的關係，並發現邏輯上的漏洞。到最後，將這個理論以清晰的圖示版本呈現出來是很重要的，這個圖示將描繪出理論如何統整主要概念，以及概念間的連結關係。圖14-4是一個統整性圖表的實例，係取自我們一個有關病程的研究。這個圖示曾經歷許多不同版本，這是我們最後確認的版本。另外要説明的是，統整性圖表可以只呼應了理論的不同部分。例如，研究者可能繪製一個只處理某個主要類別及其次類別的圖表，就像圖14-5所呈現的內涵。

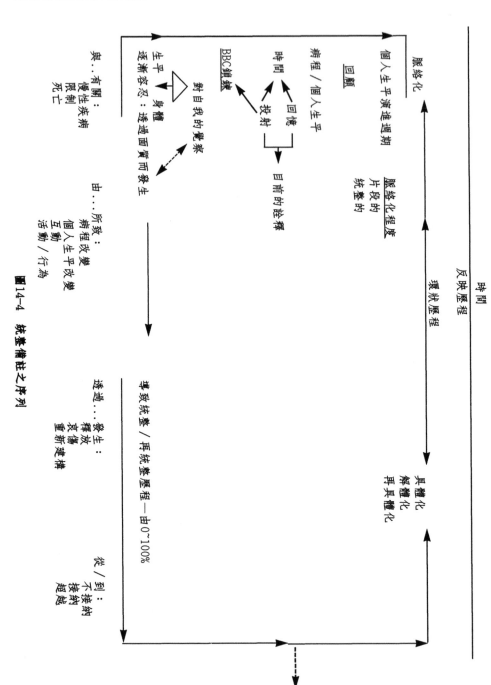

圖14-4　統整傾註之序列

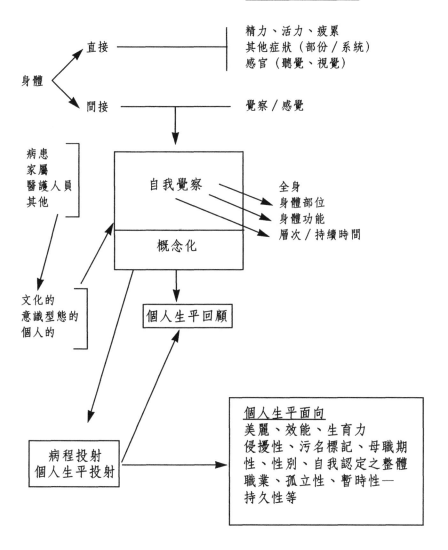

較多或較少（1-100）

身體
　　直接 ——————— 精力、活力、疲累
　　　　　　　　　　其他症狀（部份／系統）
　　　　　　　　　　感官（聽覺、視覺）

　　間接 ——————— 覺察／感覺

病患
家屬
醫護人員
其他

自我覺察　　　　　全身
　　　　　　　　　身體部位
　　　　　　　　　身體功能
概念化　　　　　　層次／持續時間

文化的
意識型態的
個人的

個人生平回顧

個人生平面向
美麗、效能、生育力
侵擾性、污名標記、母職期
性、性別、自我認定之整體
職業、孤立性、暫時性—
持久性等

病程投射
個人生平投射

圖14-5　身體、個人生平和病程

備註和圖表的分類編排

　　這個程序已在第十章討論過，我們仍要簡要地回顧一下。當我們思考要如何編排這些備註時，我們腦中可能顯現一幕景像：一位沒有經驗的研究者手中握著一大堆的備註，一張一張的丟擲，讓它們掉到任何可能的落點。這樣所形成的一**疊疊**備註只是對概念的一種碰運氣的編排。每一位研究者可能在很多時候都有類似的感覺，尤其是在那段最晦暗的日子裡，鎮日埋首在資料與備註堆中，但卻苦於無法參透它們之間的關聯性。我們深知有某種秩序存在，只是那似乎超乎我們的能力，以至於無法統整所有的資料。

　　然而，有經驗的研究者知道必然有某種秩序存在，而備註和圖表則是解開這個秩序的鑰匙。經由反覆的閱讀以及編排，我們將逐漸發現到這些類別如何統整在一個核心類別之下。我們瀏覽所有的備註，寫成一個描述性的故事。然後，藉由備註中的類別（分析性的名詞），我們將描述性的故事轉換為分析性的故事，而邏輯性和秩序性也就在其中了（依照本書所載的步驟進行應該會出現同樣的結果）。

　　事實上，一旦我們知道類別之間如何連結，或是知道某一統整各類別的架構（經由我們所寫的描述性和分析性的故事，及所繪製的統整性圖表而得出的），我們就可依據該架構來分類備註。分類是分析歷程的最後一步，所以是一個很重要的步驟。研究者一旦完成這最後的分類，他就可以找各種對象來考驗這個架構，比如研究參與者、研究同僚、審查委員、朋友、或是配偶。藉由這最後的分類工作，研究者可以就其中一個主題詳細撰寫，也可以撰寫具有統整性的全部內涵。

本章摘要

　　對於旨在理論建立的研究來說，備註和圖表是很重要的程序，因為它們是研究者用以記錄整個研究過程的利器。備註和圖表有各種不同形式，它們會隨著時間的推進及資料編碼的階段而有所不同。備註記載編碼的結果，提供理論抽樣的指引，並且幫助研究者釐清腦海中的想法。一旦想法轉化為文字書寫在紙上，任何邏輯上的漏洞馬上就會顯現出來。圖表則是描繪概念之間關係的視覺呈現。在日後要針對研究內容撰寫發表論文或是做口頭報告時，備註和圖表都有很大的用處。

第三篇
完結篇

◎ 完結篇 ◎

成為一位作家，將使你變得更有意識地覺察。當你更具覺察力，以一種富啓發性、簡明扼要、且真正在乎真理的立場來寫作時，你就有能力為你的讀者開啓一扇窗。（Lamont, 1994, p.225）

我們因為研究而提升覺察能力，同時也自研究中獲得洞察與理解；然後，我們經由口頭和書面的呈現，將此一意識明晰的覺察傳遞給讀者。對有些人而言，這整件事可能有點困難。我們實際上也只是將研究的發現及其所引發的討論、對話與批判呈現出來，新的觀念由此生根，而所謂的科學也於焉產生。雖然專業上的認定和升等很重要，但是對我們之中大部分人而言，研究的動機在於關心社會，並希望能進一步發揮影響力。最後這幾章，不僅針對研究的發表、撰寫、和批判提出一些建議，同時也希望能為讀者打氣，提升其發表研究發現的信心。藉由撰寫和準備發表，研究者可以看到具體成形而且紮實的理論。運用評鑑準則來檢視研究，研究者的成就將獲得肯定與推崇。最後，藉由閱讀最後一章的問題與答覆，讀者將發現他們並不是唯一對質性研究存有疑惑的人。他們的問題以及許多批判者提出的問題，都是可以理解的、合理的問題。希望藉由閱讀我們對這些問題的回應，讀者可以學習到如何合理的陳述出對某些議題的關注。最後我們要鼓勵學生，希望他們都能以其研究發現為榮，並且認知到不管多渺小的研究都會造成一定程度的影響。

Chapter 15

撰寫論文和報告

　　每一個研究案的最後階段，研究者總免不了要面對許多和撰寫發表研究報告有關的問題。我該在什麼時候開始研究報告發表的撰寫工作？我如何確定研究已成熟到可以付梓？我該寫些什麼內容呢？我該以什麼樣的形式來呈現研究—研究報告、專題報告、或是其他形式？撰寫研究報告（papers）是否有別於撰寫專題報告（monograph）或學位論文（thesis）？口頭發表（oral presentation）又該如何準備呢？我該嘗試出版我的研究嗎？該在哪裡出版呢？讀者群是哪些人（即使是撰寫學位論文，也要考量到讀者）？我該以什麼樣的風格來撰寫呢？我如何開始提筆撰寫全文或是寫出大綱？我如何得知一篇研究報告是否夠好到可以投遞到期刊上發表？

　　在這一章中，我們嘗試針對這些問題提出一些有用的答覆。本章共分三個部分：第一個部分著眼於口頭報告，第二部分探討專題報告和學位論文的撰寫，第三部分則處理不同型態的研究報告。讀者還可以參考其他有關如何傳達質性研究發現之論著，包括 Alvermann et al., (1996)；Chick, Crisp, Rodgers, and Smith (1996)；Dey (1993, pp. 235-263)；Glaser (1978, pp. 128-141)；Lofland (1974)；Morse and Field (1995, p. 194)；Strauss (1987, pp. 249-264)；Street (1996)；以及 Wolcott (1990)。

從分析到寫作

在展讀下面的內容之前，我們建議讀者複習或至少瀏覽一下第十四章。該章的內容可以提醒讀者，何時是坐下來撰寫研究報告或是擬定初步報告大綱的最佳時機，而且其中提到各種不同形式的備註（memos）和圖表（diagrams），都是現成的、很棒的輔助。另外，第十章提到的分析性故事（analytical story），也是一個很好的著力點，可以提供有關整個研究的綜覽。接下來的問題是如何將這些材料，以非常清楚有效的方法，轉換成對他人有助益的研究報告或口頭發表。提筆寫作這件事有一個有趣的特徵，那就是在撰寫的過程中，理論通常會變得更為菁粹細緻。也就是說，寫作的歷程有助於研究者釐清一些想法，並且洞悉邏輯上的缺失。就如我們之前一位學生，Paul Alexander，在九月十九日（1996）的一篇備註上所提到的：

> 寫作迫使我去看到整個故事，並且突顯出那些不太相稱的部分...所以，我就會再回到資料中...這種建立和驗證理論之不同層面的動作，特別是指明理論中不同領域的關聯，將持續到整個寫作歷程結束。

為什麼出版？

在開始討論這個議題之前，我們要先說幾句前言。到底為什麼要出版？可能會有許多不同的理由。將研究成果撰寫出來，加以編輯，並獲得專業期刊編者群或出版公司的許可發表，要耗費相當多的努力和心血，然而我們有許多理由要這麼做。即使不去看出版背

後的動機（諸如自我肯定、生涯晉升、想要對社會改革有所貢獻，或是對研究參與者的生命有所啟發），我們仍然有責無旁貸的義務要和學術同儕進行溝通。如果研究者不履行這個責任，那麼專業知識根本無從累積，而這些知識對於理論和實務的啟發也不可能被充分地開展。有經驗的研究者通常已經內化了這份責任感。而那些較沒有經驗的研究者，尤其是第一次從事研究的研究生，不僅缺乏出版的動機，而且可能會低估他們研究的價值。如果一位研究者相信其研究沒有任何價值，而他的審查委員或同儕也這麼認為，那麼才有合理的事實基礎可以解釋他的不願意出版。假如不是這樣，那麼這份學院教育的義務應該受到推崇。

口頭發表

　　研究者經常以口頭發表的方式，來測試特定聽眾對其所發表內容的反應。的確，研究參與者有時會直接或間接地催促追問研究者，例如：「你發現到什麼？」或是「能否至少告訴我們你的初步發現或是解釋？」許多研究者基於要滿足這些參與者的好奇心並獲得他們的回饋，或是基於其他理由，而認為口頭發表是一個很有用的方式。他們甚至在研究案進行的初期就進行口頭發表。對於質性研究而言，資料分析在研究初期就已開始，這使得研究者很早就可以發表一些初步的結果。研究者沒有必要等到最後細部的分析完成才進行發表，這些初期的發現就足以滿足大部分的聽眾，無論他們是純粹基於好奇、渴望知道結果、心存懷疑，或只是想考考研究者。

　　在著手準備發表之前，研究者應該先決定好要呈現研究發現的哪些部分，以及要以何種風格來呈現。當然，呈現的內容應該是這個特定聽眾群可能最感到興趣的部分，而呈現的風格應該是最能夠引起他們回應的方式。一般而言，學院的聽眾可以從較抽象層次的

演說中汲取很多知識，甚至也可以從著墨於研究策略與研究經驗的演說中受益良多。非學院派的其他聽眾雖然也可能對概念與概念間關係的討論感到興趣，不過，這些討論必須要穿插足夠的描述性故事或實例來增加其趣味性。此外，研究者在發表時，還要針對各個聽眾群慎選適當的字彙。字彙的難易程度若拿捏得不好，聽眾可能興趣缺缺；拿捏好的話，聽眾很快就能抓到演講的重點。假如在演說之後還有一段討論或是提問的時間，這段額外的時間就可以變成一個非正式的集體訪談，不論這是在整個研究過程的那個階段，討論的內容都可以作為研究的資料。也就是說，聽眾在無意間幫忙驗證了該研究的理論陳述，或是促使研究者去檢定這些理論陳述的適切性。

從以上所述，對聽眾群的瞭解顯然是口頭發表成功與否的關鍵因素。另一個同等重要的因素是，研究者的確握有一些重要的訊息要對某一特定聽眾群發表。例如，如果聽眾群是大學院校的師生，那麼具備足夠的理論性或專業從業人員的敏覺力，會較有機會受到聽眾的欣賞。

以上所提雖然有點再保證的意味，但似乎都只是一般性的建議。更實際的問題是：研究者到底要如何決定出發表的主題？對質性研究而言，經由編碼分析會得到相當繁多且大量的類別，研究者要如何決定在演說中談及哪些類別？請記住演說的內容要盡量適合聽眾的程度，因此針對上面的問題，我們提出以下的答覆。首先，一般比較可行的作法是，不要呈現整個理論架構。這架構通常會過於複雜，以致聽眾無法在一次的口頭發表中完全理解其內涵。要清楚地呈現許多類別和它們之間的關係，讓聽眾瞭解而且記住，需要很多的技巧。當然，研究者可以先勾勒出主要的描述性故事，再詳細鋪陳理論中較有趣的部分。然而，我們深信，如果一個口頭發表只聚焦於一個或兩個吸引人的類別，再佐以許多描述性的實例，才會是較有效的呈現方式，而聽眾也比較容易抓到重點。舉個例子來說，一位研究者發現，護士和醫生幾乎是看不見住院病人自己動手做的一些醫療工作。於是「病患工作」（patient work）這個類

別，乃以「為什麼」、「何時」及「如何發生」這些層面來加以探討，且觸及這個類別與醫院員工的工作，和從屬類別如「撫慰工作」（comfort work）或「安全工作」（safety work）的關係（Strauss, Fagerhaugh, Suczek, & Wiener, 1981）。「病患工作」可能有不同的型態，而這些可以在整理之後於口頭發表中呈現。研究者若只聚焦於一個或兩個類別，他可以傳達一些言簡意賅的觀點，而不至於使整個發表充斥過多的細節（Strauss, Fagerhaugh, Suczek, & Wiener, 1982）。

　　研究者若想以一個或兩個類別為中心來發展出一個口頭報告，那麼他需要撰寫一個非常清楚的故事大綱，並且仔細釐清這個類別和故事的關聯。藉由仔細的籌畫，及直接引用參與者的談話內容，研究者應該可以呈現一個引人入勝的故事。如此一來，較大的理論架構雖然退到背景裡，但它同時也提供了建構整個演說的隱形跳板。最後，有關發表的內容只是整個故事的某些層面這一點，研究者應該要對聽眾交代清楚。

 ## 撰寫專題報告或學位論文

　　當研究者著手撰寫專題報告或學位論文時，他應該借重幾個工具。經歷了整個研究的歷程，研究者對於研究的理論性內涵已有很好的掌握，對於研究所探討的問題也有很多實質的理解與學習。這些都會在撰寫的過程中發揮作用。當然，研究者還需要其他的技巧，例如如何組織語句，以及如何清楚的呈現一個觀點。很不幸地，大半的人都不滿意自己的寫作。除了寫作技巧有待加強外，研究者還可能面臨所有常見的寫作上的障礙，這些問題在那些特別設計來協助人們寫作的專書中都有清楚的描述（例如Becker, 1986以及Lamont, 1994）。幸運的是，研究案進行到此，研究者已累積了不少的備註和圖表，而這些將提供寫作的基礎。下述事項是著手撰寫報告的先決條件：

1.一個清晰的分析性故事
2.知道所要傳達的故事內容
3.一個詳細的大綱
4.一疊用來為大綱填上細節的相關備註

程序

　　當研究者開始思考要如何撰寫研究案的結果時，他應該回顧最新近的統整性圖表，並將備註加以分類，直到他對主要的分析性故事有清楚的瞭解。在檢視圖表之後，緊接著是對備註做進一步分類，而這工作要持續到研究者有足夠的材料來撰寫一個詳細的大綱為止。備註的分類工作可能引發對分析性故事的質疑，或是指出一些邏輯上的漏洞。如果情形的確如此，研究者也不應該氣餒，因為最糟糕的結果也不過就是這個分析性故事最後終於「合格」，而且比先前改善很多。無論進度如何，故事一定要被轉換成一個統攝全部內涵的大綱。有些人不諳撰寫詳細大綱的技巧，然而，基於我們自己和學生的經驗，我們提出以下的建議：至少勾勒出一個邏輯性大綱，否則在呈現理論時，可能會有一些邏輯上的鴻溝。此外，我們也提供一些程序來協助彌補分析結果和大綱之間的落差。第一個步驟是仔細思考整個故事的邏輯。每一個研究的專題報告（事實上，每一篇研究報告）都會有這樣的邏輯，而這通常是由幾個關鍵的句子或是段落標示出來（Glaser, 1987, pp. 129-130），雖然有時候作者本身並未察覺到自己背後所持的邏輯。任何出版的論著（或是學位論文），通常會將研究主旨的闡明置於第一個段落或是最前面幾頁，並在論著的結尾部分再次提及。即使只是撰寫初稿，第一次的初稿中就要清楚地交代該研究主要的分析性故事。撰寫學位論文或專題報告，不像做口頭發表或是撰寫研究報告，研究者應該要詳細的闡明整個分析性故事。

　　將分析結果轉換成著作的第二個步驟，是彙整一個可行的大綱，然後寫下一些連接各個章節的陳述，如此一來，研究者對於整個理論性故事的漸次發展將有一清楚的理解。藉由思索每一個章節

該包含哪些內容，以及牢記每一章節和全書的關係，研究者得以詳細的訂出並編排各章的大綱。而這些決定的關鍵，同樣取決於相關備註的分類。即使在最後撰寫各個章節時，研究者會發現到他自己仍然要倚重這些備註。一般而言，研究者會在前言或是第一章中交代研究的目的，甚至也會提綱挈領地寫出整個分析性故事，也就是說明本學位論文或是專題報告的主旨。這大綱和陳述並非固定不變的，研究者可於日後必要時進行修改。

第三個步驟牽涉到對初稿結構的觀想，也就是作者希望專題報告或學位論文所採取的形式。在這裡，對結構的觀想可以與某種空間的隱喻做比較。例如，當我們在撰寫「無休止的工作與照護」(Unending Work and Care) (Corbin & Strauss, 1988) 時，我們在腦海中出現了如下的隱喻。想像一位造訪者正走進一棟房子。首先，他進入前廊，通過大廳，接著走進一個有著兩個明顯分區的大房間，然後從後門離開這棟房子。之後，這位造訪者緩慢地繞著房子來回走了一圈，從不同的窗戶審視那個主要的大房間，仔細地觀察房間內不同物件之間的關係。當我們完成初稿時，就像是這個有關空間的隱喻一般—第一章是緒論，其次是一個交代初步研究的章節，接著是一個由三章所組成的一個較大的理論部分，然後是由許多章節所組成的另一個較長的篇幅，針對前面所呈現的理論架構做進一步引伸或討論該理論的啟示。研究者在撰寫學位論文時，可能會覺得第三個步驟（想像或視覺化）很難上手。不過，大部分大學校院的學位論文，甚至質性研究的學位論文，都有相當標準的格式可以遵循。這些論文的格式通常包括：第一章緒論，接著是文獻探討，然後是結果呈現（二到三章的篇幅），最後是討論/結論部分。因此，論文撰寫者可能要能構想出中間（內容）章節的結構。不管如何，當研究者依據質性研究的結果建構出一篇學位論文時，他應該遵循上面提到的兩個步驟：（a）藉由對備註與圖表的分類，發展出清楚的分析性故事；（b）製作出一個能包含故事中所有重要內涵的大綱。

撰寫些什麼呢？

　　質性研究者經常要面對的難題是，不知如何抉擇撰寫的內容。這個難題主要導因於整個研究過程所產生的一大筆相當複雜的資料。研究者要思索的大問題有下述幾項：應該要包括分析結果的哪些部分？要如何把所有的發現壓縮成幾章的篇幅？畢竟，學位論文撰寫的標準格式不容許無限制的引伸及說明。那麼，對於研究發現究竟要報導得多深入？我們的答覆是，首先，研究者必須決定所要呈現的主要分析性訊息。然後，他必須提供足夠的概念性細節，以將這個主旨傳遞給讀者。而這些核心章節的實際形式，應該與這個分析性主旨及其內涵符應一致。

　　然而，這個答覆仍然沒有指明這些考量是針對學位論文或是專題報告而言，以及究竟要交代哪些概念性細節，而略過哪些其他的。要回答這些問題，必須回到兩個最基本的問題：「這個研究的主旨為何？」以及「資訊提供者所要設法解決的主要議題與難題為何？」如果可以回答這兩個問題，那麼研究者應該可以提供足夠的概念性細節和生動的引文，讓讀者對研究有一全盤的瞭解。如此一來，不論是研究參與者或是熟悉這個理論領域的專業人員，應該都會對這個故事的呈現方式感到滿意。

自信心的議題

　　研究者對於勝任這種專門的寫作方式感到越來越自在，其實是和他對自己的分析和寫作能力的自信心有很大的關係。為了說明這一點，我們從著作中引用一段文字。這段引文扼要地表達了一位有經驗的研究者可能會經驗到的種種。這段引文所指涉的大半是有關分析的，只有小部分是有關寫作的。不過就如我們先前提過，就寫作本身而言，這兩種技巧是密不可分的。

　　如果研究者對於資料的分析缺乏信心，他可能在開始動手寫作時就感到困難重重，更不用提在寫作過程中可能遭遇到的困境了。我真的做對了嗎？我有沒有遺漏重要的資訊？我真的已經辨認出核心類別了

嗎？如果是的話，那麼我是否有足夠的細節來描述（概念上的密度）？

這些問題的答案可能是肯定的、否定的、或是不確定的。但是，這裡的問題不在於分析是否已做得盡善盡美，而在於研究者對於自己確知這些問題的答案有信心。即使是有經驗的研究者，在長時間咬筆桿思索之後，仍然無法確定分析上的漏洞所在，或是在反覆檢視之後仍難以確定沒有重大的缺失。而不論是有經驗還是沒有經驗的研究者，降低不確定性的一個常用的技巧就是「試試看」--藉由正式或非正式的方式，以其他人或團體來檢驗這個分析結果。

研討會可以賦予發表者對於分析結果的信心，不論他們發表的是初步的、還是最後的結果。另外，研討會也可以促使研究者對於所撰寫的分析結果有信心。如果在會議中發表的演說頗獲好評，這不僅可以進一步確認分析結果，同時也確認它的撰寫風格流暢易讀，能有效地反映出分析結果。

然而，在準備或是寫作的期間，幾乎所有人對於能否有效地完成這項工作，不可避免地背負相當程度的焦慮。對於有些完美主義者，他們似乎就是無法找到一種完美的表現方式。當然，這也就意味著這些完美主義者可能一事無成，或是在嚴重延宕下只交出些許成績。一般而言，如研究者缺乏某種程度的自信，將會波及到他們對於自己能否順利完成這項特別任務的信心。這份焦慮和煩惱可以藉由下述的方法來減輕，也就是在投入到主要的、長時間的寫作之前，先著手撰寫一到兩篇的短篇研究報告。當你有一兩篇研究報告被接受而且發表出來時，對於你低落的自信或是對自己研究能力（以及有效撰寫）的質疑，無疑是相當大的激勵。（Strauss, 1987, pp. 259-260）

放手

研究者反覆修改、校對初稿，即使已完成最後的校訂工作，但可能仍然無法放心地將它投遞出去。這樣的問題可能是源自暫時性的焦慮不安，而比較不是因為缺乏自信（雖然也可能如此）。我把細節都寫進去了嗎？我交代清楚了嗎？因為在撰寫的過程中總難免

會發現新的（概念上和編輯上的）細節，而在進行修改時總會思索如何重組或重述某些細節，研究者在這些情況下自然會產生上述的疑惑。一位成熟的研究者深知沒有所謂的「圓滿完成的初稿」。假如這位研究者很幸運地沒有任何交稿的期限（不管是個人、系所、或出版社所定的期限），他也許可以將最後的初稿丟在一旁幾個星期或甚至幾個月。如此一來，他可以和撰寫的內容保持些許編輯上和分析上的距離，並可能因而有了新的洞察。此外，他也可以要求一兩位同僚閱讀部分或甚至全部的初稿，並且要求他們提供建設性的回饋。然而，研究者終究必須遞出他的成品，而且要相信這份初稿已經是極至之作，再怎麼修改也不過如此。一旦初稿送到出版社或是審查委員會，我們仍然可以很放心，因為他們總會提供回饋並建議需要改進之處。「放手」（letting go）背後的邏輯在於，如果觀念的傳遞是一條源源不斷的河流，那麼寫作只是其中的一部份而已，因此作者還可能在日後回顧時去批判那篇論著或者其後的作品。然而，「放手」的心理學就比較複雜了。基本上，這涉及到如何避免掉入夢想「完美初稿」的陷阱中，並對於新計畫、新觀念與新資料保持一種開放的態度。對初稿做有益的修改或是做一個痛快的了結，在這兩件事之間找到某種平衡是很重要的任務。至於實際上要怎麼做，我們也很難說清楚。當然，如果一位有經驗的研究者很熟悉這個研究的內容，也許可以幫上一點忙；但是，對於寫作這件事，每一位作者終究要倚賴自己對於正確性與完成程度的認知。

如果研究者所撰寫的是博士論文（dissertation），而且很幸運地就讀於一個容許寫作風格有較大自由度的系所，那麼他論文的讀者群將不必限定於審查委員，而可推及其他系上的教師或更廣泛的大眾。況且，出版社也通常拒絕那些以論文格式撰寫的作品，而偏愛以不同形式呈現的作品。所以，如果學位論文可以一種近似專題報告的風格來撰寫的話，那麼要將這樣的學位論文轉換成可以出版的作品就容易多了。

讀者

　　另一個重要的問題是作者對於他學位論文讀者群的認知。這個議題也許不像其他形式出版品（稍後會討論到）或演講那麼複雜，但是它也的確困擾不少學生。學位論文最直接的讀者當然是指導教授和審查委員。如果他們不認可這篇論文，則將是學生個人的災難。如果這些審查委員之間對於評鑑準則抱持強烈不同的意見，學生可能因為這些方法論上的不一致而受到傷害。如果學生夠幸運或是夠機伶的話，他會挑選那些對於論文的評鑑準則和呈現形式有相近看法的審查委員，雖然小幅度的修正仍不可避免。對於要如何掌握這麼不可捉摸的情境，我們也無法建議任何確定可行的規則。我們所能給的最好建議是，盡可能找到一位支持但又具批判性的指導教授，同時盡可能把論文寫好。除非有些審查委員對質性研究抱持質疑的態度，否則，一位學生如果能做出紮實的研究，取得學位應該不是問題。如果有可能碰到這樣的情況，那麼這位學生可能要慎選審查委員，盡可能降低對質性研究抱持非難態度的委員人數。

　　討論至此，雖然我們有點刻意去模糊學位論文和專題報告之間的區隔，事實上這兩者存在著一些重大的差異。首要的差異在於討論（discussion）的部分。專題報告中的討論，在概念上應該更完整，亦即，應該更具深度、更為詳盡。因為比起學位論文，專題報告的撰寫有更大的空間，且限制較少，所以作者可以較自由地發展出他所要傳達的分析性訊息。而且，專題報告的內容可以較複雜一些，不僅對於類別及類別之間的關係可以作更詳盡的引伸，而且也可含括更大量有實質內涵的材料。這裡所謂有實質內涵的材料，包括個案研究，以及從訪談、實地札記和檔案文件中摘錄出的長篇引述文。有時候作者會選擇岔開主題，討論一些次要的、較枝節的議題，當然，這些議題必須和專題報告的主旨調和而一致。有些議題在限制較嚴格的學位論文中可能會被略過或是無法被充分討論到，但是，這些議題均能在專題報告中被深入地探索。學位論文在倉促寫就的情況下難免會有不一致的地方，而這些問題在撰寫專題報告時可以獲得改善。一般而言，論文審查委員傾向於重視研究發現，

但是專題報告的讀者則比較可能會欣賞（或至少接受）具分析性的論述及對研究資料的廣泛討論。

專題報告的作者在呈現風格的選擇上，也有較大的自由度。從某方面來看，作者所採取的風格應該反映出其所要傳達的訊息，同時考量到接收這個訊息的讀者群。需要考量的問題包括下述幾項：讀者限定為某個專業領域的同儕或是他們之中的幾個類型？作者希望讀者係來自幾個不同領域的專業人士，或許也包括實務工作領域？是否考慮一般讀者？若要使一本專題報告發揮最大的功效，作者應該提出的問題是：「我要傳達給每一個讀者群的是什麼？」或是，如果這本專題報告是為幾個不同的讀者群而寫，另一個必須提出的問題是：「我該採取什麼樣的呈現風格，才能真正傳達給每個讀者群？」通常，一個較好的組合是理論佐以足夠的描述性細節，這樣可以使整本專題報告看起來既生動又清晰。簡單地說，呈現的風格和形式應該要注意並反映出特定的讀者群。

假設作者希冀的讀者群包括同一個專業領域的同儕以及一般大眾。要把專題報告的意涵傳達給這兩個不同的讀者群，作者可能要用心思考所用的字彙難度、專有名詞、個案資料、整體的語氣、以及有關寫作風格其他層面的問題。不少社會學家所出版的專題報告，是同時以學院的和非專業的讀者作為標的讀者群。（其中已經出版的專題報告有Biernacki, 1986; Broadhead, 1983; Charmaz, 1991; Davis, 1963; Denzin, 1987; Fagerhaugh & Strauss, 1977; Rosenbaum, 1981; Shibutani, 1966; Star, 1989; 以及Whyte, 1955。）有時候，標的讀者是非專業人士，例如Schneider & Conrad (1983) 所寫的有關癲癇症的專題報告，其標的讀者是病患及家屬。偶爾，有些專題報告是同時為一般人、同儕、及專業人士而寫。這樣的專題報告通常會出版成一般流通的書籍，例如一本有關離婚後再婚經驗的專書（Cauhape, 1983）。

一般而言，相較於只為自己的同儕而寫作，為多元讀者群寫作顯然要複雜許多。即使如此，很多研究者基於一份責任良知，仍熱切地希望為那些非專業的讀者盡一份心力。有時候，他們也以研究來作為寫書的基礎，而非寫成專題報告。舉例來說，我們延續有關

慢性病患的研究而寫成一本有關政策的書，我們在書中提出慢性病患及其照顧者在進行居家照護時會面臨到的幾個較大的政治社會議題。這本書本身並不是研究報告，但是它的確是直接由我們的研究而產生。另有專門為實務工作者所寫的專書，書中的大半內容是研究所提供的訊息 (Strauss et al., 1964)。

將學位論文轉換成專題報告

學位論文如何轉換成專題報告？在上一段的論述中，其實已含蓄地針對這個問題提出建議。然而，學位論文的作者所要面對的另一個更重要的問題是：這本論文是否要改寫成專題報告的形式？有關這個決定的諸多考量，研究者最好依照下述的順序仔細地思考清楚。

1. 在學位論文中所呈現的實質資料、研究發現、或是理論架構是否真的有趣，而值得投注時間精力來提筆為更廣泛的讀者群撰寫一本專題報告？某些學位論文在本質上就很適合這樣的呈現方式。其他的論文，不論在一些同儕的心目中有多重要，就是不適合這樣的呈現方式。然而，這些論文的部分材料卻可能以文章的形式出版，且可能在日後被廣泛的引用。

2. 如果學位論文所探討議題的重要性足以被改寫為專題報告，那麼在這本專題報告中應該要著墨於哪些相關主題或是概念？

3. 我是否有足夠的時間與精力將學位論文改寫成專題報告？我對這個主題是否仍感興趣？或者已感到索然無味？我對它是否完全瞭解？這個主題真的是我的專長？或是我應該轉而著力於目前一些較有趣的主題或領域？當然，我對於完成這項工作有足夠的興趣與動機，也可以帶給個人很大的滿足感。對於這項工作的承諾以及完成後的滿足感，有一部份是源自於對讀者的責任，我們覺得讀者應該被告知有關研究的發現。

4. 許多可能將論文改寫成專題報告的作者會考量的另一個問題是：即使我有某個程度的興趣，也有足夠的時間與精力，但是若從生涯發展的觀點來考量，這本專題報告仍值得寫嗎？在許多領域中，撰寫專題報告（或是其他型態以研究為主的專書）並不特別重要；文章若能發表在有審查制度的期刊，反而能賦予作者更高的學術威望。然而，包括社會科學在內的其他領域的同僚（尤其是要徵聘新教師或是升等考核時）深知在接受評鑑時，專題報告所佔的比重大過於發表的文章。

對上述每一個問題仔細考量，加上聽取指導教授、朋友、贊助單位、或其他朋友的建議而產生疑惑之餘，研究者仍然要面對另一個問題：如何將學位論文改寫成專題報告？事實上，嘗試要回答這個問題的同時，可能就影響到是否要撰寫專書的決定，因為這整件事涉及到時間與心力的考量。實際上的改寫工作可以仔細依循先前提到的考量點來進行。作者必須對標的讀者群有清楚的瞭解，對於這些讀者特別感興趣或是特別重視的主題、概念或是理論架構也要確實的掌握。而這種種考量就自然牽涉到撰寫風格的議題。該用什麼樣的格式？以理論架構作為專題報告的主要焦點、且輔以描述性的材料，或是保持這兩部分的平衡？論文中的主要論點應該直截了當地以現有的理論架構來論述，或是只需含蓄地一筆帶過？有關寫作風格的考量，當然包括了各種相關的決定，如所使用字彙的類型與難易度、呈現形式，以及整體的語氣等等。

前面提及，原始學位論文所呈現的內涵並不足以構成一本專題報告，還要加上對於概念的仔細推敲與引伸。要做到這點，研究者可以將那些於備註中發展出但是未被納入論文的理論性材料含括進來，同時仔細釐清理論架構中仍然不清楚、模擬兩可、不完整、或是不一致的部分。另外，在一本專題報告中，作者可能想要利用較長的篇幅來討論研究結果對現有文獻的貢獻，以及該研究對於後續研究、實務工作者或甚至決策者有何啟發。

以上所述的這些可能作法，都需要時間和心力的投注，同時也需要仔細思索前面提到的種種考量因素。不少研究者覺得將論文改寫成專題報告是一個很有成就感的經驗。有些研究者投注這樣的時間心力是為了升等和提昇個人名望，而這樣的投資的確會有不錯的報酬率。

小組共同發表

　　當一個研究案是由兩個或更多研究者共同參與時，總會面臨到的一個問題是：如何撰寫發表研究報告。這個問題的答案自然要視各種因素而定，如這些小組成員之間的關係、他們個別的能力與興趣、各自所擔負的責任，以及各人所投入的時間心力。有些發表的研究報告是以研究案的主持人為主要撰寫人，而由其他成員負責大小不一的工作量。另外有些研究報告則比較是真正合作撰寫，而不僅止於一起做研究。如果是以小組研究為基礎來撰寫一般研究報告，情形也是如此。

撰寫研究報告

　　第四種以研究為基礎而撰寫的出版作品，有許多不同的樣貌。這許許多多可供選擇的研究報告形式，大略可區分成下述三種可能的作法。

1.當對象是專業同儕時，研究報告撰寫的焦點可以是理論的（theoretical）、實質的（substantive）、論證的（argumentative）、或是方法論的（methodological）。

2. 如果對象是實務工作者，那麼研究報告可以提供有助於瞭解服務對象的理論架構、實質上的發現、對於服務程序的實際建議、對於改革現行制度的建議、或／和對相關決策的廣泛性建議。

3. 如果對象是一般大眾，適合這群人的研究報告可能要包括對實質發現的描述、對於改革現行制度或政策的建議、提供自助指南或是自機構獲得較好服務的技巧、或是讓讀者明白其他人也和他有共通的經驗（如經歷離婚或認養小孩）。

　　這麼多樣化的研究報告形式，說明了它們不管在目的、強調重點、風格、或是出版管道上都不相同。無論如何，研究發現為所有形式的研究報告提供了堅實的基礎。質性研究提供了理論的分析、實質的內涵、以及自信心。經由完成這樣一個研究，研究者對於所探討的議題、讀者群、及研究對象與機構的長處與弱點，想必有相當的認識與敏覺力。當他要決定寫作的內容、對象、和方法時，他也會善用這些知識。決定這些事項所需要的思考與步驟，其實和本章一直在討論的重點並無特別不同。一些重要的差異，則可以簡單扼要地說明，也很容易瞭解。以下所提出的一些條件，可能會對如何寫作、為誰寫作和是否寫作研究報告產生直接的影響。

1. 前面提到，研究者可能在研究的初期階段就已決定要發表研究報告。他們這麼做可能有許多不同的原因，例如，呈現初步的發現，或是去滿足取悅贊助者；或是研究者在一些次要議題上掌握了相當有趣的材料，這些材料可能不會納入稍後的研究報告中，因此可以先行處理。

2. 研究者撰寫研究報告，有時是出於對某一特定主題有發表研究成果的責任感，有時則是因為被逼迫而不得不為。當然，背後的動機也會影響研究者撰寫的內容和方法。

3. 研究者可能因為在某個研究領域享有盛名，而受邀為期刊的專輯撰寫研究報告，或是擔任系列書籍的主編。他們也可能因為演說非常成功，引發聽眾熱烈迴響，而被要求將演講稿改寫成報告。

4. 另一個可能影響研究報告寫作的情形是，編輯所訂出的報告完成期限。對某些研究者而言，期限的訂定是一種激勵，但是對某些研究者來說，任何期限都像是一種恐嚇。

5. 編輯對研究報告頁數的要求，也會影響研究者是否要為特定期刊撰寫報告，如果研究者同意這個要求，接下來他可能要考量在這樣的篇幅之內要呈現什麼內容，以及如何呈現。

6. 除非是受編輯邀稿，否則研究者應該要慎重抉擇所要投遞的期刊。研究報告和期刊必須要能契合，否則極可能被拒絕，而白白浪費了所投注的時間。另一個更糟糕的情況是，報告雖然被接受了，但是卻不被該期刊的讀者群所欣賞或理解。要選擇一個適當的期刊並不難，不過先決條件是研究者得熟悉該期刊。如果對期刊不太熟悉，至少應該仔細查閱過期的期刊。另外，尋求那些熟悉特定期刊人士的建議，也可以有些助益。當研究報告的標的讀者群不是自己專業領域的人士時，例如社會科學研究者為社工或是醫學期刊撰寫報告，尤其需要詢問這些人士的專業意見。

請注意，以上討論的這些情況並不全然是限制，有時可能是一種激勵。現在，我們再來討論其他有關撰寫報告特別要注意的地方，其中最重要的考量是撰寫目的和標的讀者群之間的關聯。由於研究報告的撰寫目的和讀者都相當的多元，我們可以想見，這是每位作者所要面對的核心議題（即使是邀稿也不例外）。到底應該對讀者說些什麼？有些研究報告的主題似乎在研究過程中就很自然地浮現出來。例如，在我們有關慢性病患與其配偶的研究中，我們發現不同夫妻對於慢性病的處理風格南轅北轍，而感到相當地訝異。他們處理與面對慢性病的方式，從高度合作到相互矛盾都有。所以我們在研究的相當早期，就以這個主題撰寫了一篇報告（Corbin & Strauss, 1984）。有些研究報告的主題在研究初期或中期就已構思完成，但是一直要到最後才被寫成文字。有時候，這些想法觀點也會被納入專題報告之中。

　　研究報告中所要交代的某些觀念可能需要長時間的構思。研究者可能要對所研究現象有更深刻的瞭解、且對理論的複雜性有更好的掌握之後，他才覺得有把握將這些觀念清楚地呈現出來。企圖要提出改革建議的研究報告，可能要延後動筆，因為一來研究者無法在初期就對改革者的角色作任何承諾，甚至一直要到對長期觀察的現象已感到忍無可忍時，才會想要有所行動；二來研究者對改革路線的走向，可能仍不十分明確。此外，研究者在釐清理論架構後，總希望能在一個擁有較長篇幅的研究報告中呈現完整的架構。我們先前提過，這樣做並不容易，因為完整的架構常會過於複雜，且需要處理非常多的概念。我們建議研究報告不要做這樣的嘗試。如果研究者堅決要呈現完整的架構，那麼最好只呈現出一個簡化的版本，而請有興趣的讀者參閱即將出版的專題報告。舉例來說，Strauss和同僚根據一個有關醫院中醫療工作的研究，撰寫了一篇關於病患和員工的工作如「安全工作」與「撫慰工作」之間關係的研究報告 (Strauss et al., 1985)。而在另一篇由Strauss和其研究小組共同撰寫的報告中，處理的焦點則是由同一個研究所衍生出的另一個主要概念，特別指出一些關於操作具潛在傷害性的醫療儀器及照顧脆弱早產兒有關的事項 (Wiener, Fagerhaugh, Strauss, & Suczek, 1979)。其他的研究報告也可能處理方法論上的議題，或是有關決策的議題。若是處理這些議題，則理論性資料或是實際的研究發現，就可以作為討論這些議題的架構或是背景。有關方法論上的討論，可能同時需要舉出實質和理論的實例說明，才能讓讀者理解。而有關決策的論述，則一方面可藉由實際資料來支持，另一方面尚可藉由明確或隱含的方式來闡明該論點背後的理論依據。例如，我們曾基於對目前偏頗的醫療照護取向的批判，試圖對美國醫療體系的改革提出建議 (Strauss & Corbin, 1988)。也就是說，目前的情形是無論醫療保健的專業人員或是醫療機構，均側重急症病患的照顧，而無視於當前慢性病盛行的事實。這些慢性病通常有不同的階段性，在每個階段需要不同型態的照顧。

回到我們先前對撰寫理論導向論文的建議，亦即，此類論文最好一次只討論幾個類別或觀點。然而，另外一個問題是如何開展這樣的討論。這個問題和撰寫專題報告章節所需要處理的問題差不多，不過可能要依據撰寫目的而做某種程度的修正。首先是要決定撰寫的焦點。研究者想要傳達的理論性故事為何？這個決定可能在研究過程中產生，或是可能透過對於新近完成的統整性圖表的思索或對備註進行分類，而被激發出來的。此外，有關概念間關係的細節也要闡明清楚。接著就是建構一個研究報告大綱的時機。就像在處理專題報告的大綱一樣，研究者可能希望和這些最初始的觀點保持某些距離，而在寫就大綱幾天或幾星期後才回頭去重新檢視這些觀點。當研究者著手撰寫較細的項目時，對備註的回顧與分類，將有助於喚起記憶，並為論文增添生動的細節。

然而，在撰寫的過程中可能碰到的一個「危險」是，太多的細節常會淹沒了個人的思考能力。當研究者試圖將過多的訊息硬塞到相當有限的研究報告篇幅內，這樣一來可能會降低或至少妨礙論文的清晰度。所以，在撰寫研究報告的大綱時，研究者要決定擷取哪些內容，而捨棄哪些內容（無論「捨棄」是不情願的或是毫不留情的）。而這些考量可以一個雙重的問題表示出來：我需要這些細節是為了增加理論討論的清晰度，或是為了增加實質上的理解？這個問題的前半段是有關分析本身，後半段則有關於引用研究對象的直接談話及實際案例等資料。

就如同撰寫專題報告或學位論文一樣，為了確定研究報告內容是否掌握到重點，研究者可以商請朋友或同儕閱讀研究報告的初稿。如果研究報告和實務工作者或一般人士也所關連，當然也可以將這些人納進來，聽聽他們的意見。同樣地，研究者可能希望有一個寫作小組或研究小組，來仔細檢視其研究報告初稿，當然他必須是該小組的一員。研究者也必須在他的報告中納入相關的文獻資料。如果這是一篇理論性的研究報告，則研究者可能要仔細思索研究結果的深刻意涵，以提出對政策或制度改革的建議。

如此，當研究報告的撰寫工作大功告成，或已被發表出來時，研究者應該已經開始構思下一篇研究報告，著手撰寫大綱，甚至已然朝向下一篇作品的發表之路邁進了。

本章摘要

對研究者而言，針對研究發現來做口頭發表和出版書面報告是他們所要面對的另一項挑戰。面對這麼多複雜的現成材料，研究者要如何抉擇呈現的內容、標的讀者群、和呈現的方法？一般而言，口頭發表或文章最好只呈現一個主要概念（類別），深度可深可淺，再關連到另外一兩個概念，而以這一兩個概念作為主要概念的相關特徵。對於專題報告的撰寫，研究者有較大的選擇空間，但是在擬定詳細的大綱之前，他應該仔細釐清所有資料的邏輯順序。學位論文則由於須遵循一定的標準化格式，問題較為特殊。同樣地，研究者必須仔細思索要在論文中納入多少細節資料，以及要如何呈現這個概念架構中最有關的部分，而同時又能保有論文的流暢性與連續性。

Chapter 16

評鑑的準則

　　一旦研究者完成某項研究，他本人及其他人要如何評斷這個研究的價值呢？這個問題已在從事質性研究之學者間引發激烈的論戰。論戰的第一個議題即是我們應否建立理論。第二個議題是有關質性研究的科學價值，不論研究是否以建立理論為導向。我們深知，這兩個議題所引發的意見非常紛歧，而我們並不想在這裡做任何的辯解或論證。

　　我們在本書中所採取的立場是，理論的建立固然不是研究的唯一目的，但是不可諱言的，它在科學領域中扮演一個舉足輕重的角色 (Strauss, 1995)。我們的目的，在於發展正確的、紮根於實際資料的理論，這樣的理論將可以闡明我們所研究的相關議題，以及其關注之所在。由於已有相當大量的文獻探討評鑑一般質性研究的各種方法和相關議題（例如Altheide & Johnson, 1994; Ambert et al., 1995; Bradley, 1993; Elder& Miller, 1995; Ferguson & Halle, 1995; Fitch, 1994），我們在本章中僅討論以理論建立為導向的質性研究的評鑑準則。另外我們也會觸及一些文獻中提及、且我們也認為很重要的評鑑準則。這些準則的主要用意在於判斷整個研究歷程的充分性（adequacy），以及研究發現的紮根性（grounding）。

科學規準與質性研究

一些從事質性研究的學者堅稱，評鑑量化研究的規準（canons）或標準（standards）並不適用於評鑑質性研究的價值（Agar, 1986; Guba, 1981; Kirk & Miller, 1986; Merriam, 1995）。大部分從事質性研究的學者相信，這些特殊的規準至少要經過某種程度的修正，才能應用到質性研究上。對於這點，我們也持相同的看法。所謂「好的科學」（good science）的一般規準固然有其價值，但是這些規準可能須要被重新定義，才能契合質性研究的真實情形，並符合我們所要理解之社會現象的高度複雜性。一般的科學規準，包括顯著意義（significance）、理論與觀察間的相容性（compatibility）、可類推性（generalizability）、一致性（consistency）、可複製性（reproducibility）、精確性（precision）、及可驗證性（verification）等（有關這些規準的簡要回顧，讀者可參閱Gortner & Schultz, 1988）。這些規準被物理學家及生物學家視為理所當然，以至於除了可驗證性這點以外，科學哲學家幾乎從未公開明確的討論過這些規準。而其他規準諸如精確性、一致性以及關聯性則是被假定出來的（Popper, 1959）。

從事質性研究的學者必須留意到，以較實證的觀點來詮釋這些規準可能導致的問題。任何一種型態的發現，都會發展出它自己的標準，以及達到這些標準的程序（有關這個議題的討論，請參閱Diesing, 1971）。重點在於這些用來評鑑質性（或量化）研究之價值的準則，必須是明確而公開的。

就以「可複製性」這個規準為例來說明。一般而言，這意味著一個研究可以同樣的或是不同的研究程序再重複操作一次，如果第二個研究也獲致相同的結果，則將賦予原先研究高度的「可信性」（credibility）。然而，要複製社會現象並非易事，因為我們根本

不可能複製當初資料蒐集的情境，或是控制所有可能會影響研究發現的變項。這裡指出了在實驗室與在外面真實世界進行研究的差異。在實驗室中，研究者對於變項可以有某個程度的「控制」(control)；而在真實世界中，他只能眼睜睜地看著各種事件自然發生。

　　雖然如此，我們仍然可以從不同的角度重新思考可複製性，進而擴充它的內涵。以下我們提出一個思考的角度。如果後續的研究者和原先的研究者抱持相同的理論觀點，而且也假設在相同的情況條件下，依循相同的資料蒐集與分析的原則，那麼這些後續研究者對於所探討的現象，應該可以獲得與原先的研究相同或是非常相近的理論性解釋。也就是說，相同的問題與議題應該都會在前後的研究中被提出來，即使這些議題在理論的概念化或統整上可能有些許差異。這前後研究的任何不一致之處，都可以藉由重新檢視資料、並辨認出兩個研究的不同情況條件，來加以解釋。事實上，當我們閱讀其他從事質性研究的學者有關慢性病的研究報告時，我們更加肯定這個觀點。即使他們提出的概念及解釋與我們的有點出入，或是他們對於慢性病處理所著眼的層面不同，例如強調社會支持或症狀控制，但是從一個較大的概念層次來看，這些學者的研究發現和我們的非常一致。

　　我們接著以「可類推性」這個規準為例，闡述一般評鑑社會科學價值的規準要如何重新定義，以適用於質性研究設計。當我們運用以建立理論為導向的方法論時，目的當然是要建立理論。因而，我們在意的是解釋力而非可類推性。「解釋力」(explanatory power)指的是「預測力」(predictive ability)，也就是在特定情況下，如在污名標記、慢性疾病或封閉覺察的情形下，該理論解釋（預測）可能發生什麼狀況的能力。因此，在撰寫從研究中逐步發展出的理論性陳述時，我們具體的指出某個情況條件，這個情況條件導致某個現象———問題、議題，以及處理這些問題或議題的策略或是行動/互動—並且解釋這些行動/互動所造成的結果。我們覺得一個實質理論（根據一個小領域或是一個特殊族群的研究而發展

出來的）並不具備較大的一般性理論的解釋力。它之所以沒有這樣的解釋力，是因為它未將各種變異性考量進來，或是未含攝一般性理論所具備的較廣泛命題。然而，一個建立在特定族群上的實質理論，其真正價值就在於它可以清楚而具體地說明該特定族群的狀況，而且也可以直接應用到這些人身上。當然，理論抽樣如果做得愈廣泛且有系統，那麼愈多的情況條件和變異性將會被發現且納入到理論之中，這個理論自然具備愈大的解釋力（與精確性）。如果原始的理論未能說明後續研究中所發掘到的變異性，那麼這些新發現的具體內涵可以被含括進去，作為對原始理論的修正。

在這裡，我們只觸及兩個規準（可複製性與可類推性），因為我們已在另一篇文章中詳細討論有關評鑑質性研究的其他重要規準（Corbin & Strauss, 1990）。與其繼續這個主題，我們寧願討論理論建立之研究的基本要素，以及我們對於自己、學生、同僚和其他致力於建立理論的研究者所從事之研究工作的高度期待。

 # 評鑑的準則

要對一個研究進行評鑑，第一個要問的問題是：要評鑑些什麼？這的確有許多不同的選擇，而評鑑者會依據研究的不同層面而採取不同的準則。如果研究者宣稱其研究旨在建立、釐清、或是檢驗一個理論，則我們在閱讀且評鑑這些研究時，應該區分清楚下述這些議題。首先是針對資料的效度（validity）、信度（reliability）與可信性（credibility）的評鑑（Guba, 1981; Kidder, 1981; Kirk & Miller, 1986; LeCompte & Goetz, 1982; Miles & Hubberman, 1984; Sandelowski, 1988）。例如Gliner（1994）曾建議數個評鑑研究案的適當性與嚴謹性的方法，如三角檢定（triangulation）、反面案例分析（negative case analysis）、以及對立假設（rival hypotheses）的驗證等。接下來是針對理論本身的評鑑（Glaser & Strauss, 1967; Strauss,

1987）。第三是針對研究歷程（也就是建立、釐清、或檢驗理論的歷程）所做的評鑑。最後是針對實徵研究之紮根性所做的結論。由於前面兩個議題已被充分探討過，所以此處我們將著眼於後兩者，也就是研究歷程的充分性（adequacy）和研究發現的紮根性（grounding）。

在評鑑一個以建立理論為導向的研究時，評鑑者應該針對研究歷程的幾個重點來作判斷。然而，即使是涵蓋了理論陳述與分析性

研究歷程

資料的專題報告，讀者仍無法正確地判斷出資料分析的實際作法。一來是因為研究者在進行資料分析時，讀者並不在現場；二來是因為專題報告的內容不一定有助於讀者想像出實際進行分析工作的情形，或是分析的先後順序。為了彌補這個缺失，以下提出一些有關評鑑準則的資訊，希望能對讀者有些助益。呈現於專題報告中的細節不必太多，但是必須提供足以評鑑研究歷程之充分性的一個合理基礎。這些必要的資訊是以問句的形式呈現，而問題的答案即指出了這些資訊何以可作為評鑑準則。

準則一：原始的樣本是如何選取的？理由為何？

準則二：有哪些主要類別顯現出來？

準則三：有哪些事件、事例或行動（指標）指出這些主要類別？

準則四：理論抽樣是依據哪些類別進行的？也就是說，理論如何引導資料的蒐集工作？在完成理論抽樣之後，就驗證這些類別而言，資料的代表性如何？

準則五：有關概念之間關係（亦即類別之間關係）的假設有哪些？這些假設是在何種情況下被提出來，並加以驗證的？

準則六：資料中是否存在著假設所無法解釋的事例？如何說明
　　　　這些不一致的情形？假設是否須做修正？

準則七：核心類別是如何被選取出來的？為何選取此一核心類
　　　　別？這個決定是突然的，還是逐漸形成的？是困難
　　　　的，抑是容易的？在什麼情況下可做成最後的分析決
　　　　定？

　　我們深知，對大部分量化研究者或甚至許多質性研究者來說，
以上所提的某些準則（如以理論抽樣代替各種統計抽樣，以及對於
不一致情形的清楚說明），可能被視為非傳統的。然而，這些卻是
研究者用來評鑑研究之分析邏輯的重要準則。研究者如果能提供這
些訊息，那麼讀者就可以瞭解複雜的編碼程序背後的邏輯。在較長
篇幅的研究報告中，我們建議以這種方式呈現分析歷程中的細節，
並輔以一些有助於讓讀者想像出研究者如何在資料分析、理論抽
樣、及其他事項上用心的線索。接下來，我們將提出另外一系列的
問題，可視同於評鑑一個研究的實徵性紮根（empirical
grounding）的準則。

 ## 研究的實徵性紮根

準則一：概念是從資料中衍生出來的嗎？

　　因為任何理論（的確，任何科學的理論）的構成要素，都是一
組紮根於資料的概念，因此對於任何出版的報告，我們首先要提出
以下這些問題：這個研究是否（經由編碼）產生概念或至少運用概
念？這些概念的出處為何？如果概念係取自通俗的用法（例如，不
確定性一詞），作者是否說明這些概念和研究的關聯性，或是說明
它們是如何自研究中逐漸形成的？對於任何旨在呈現資料的理論性
詮釋的專題報告，只要檢查一下它的索引，我們就可以對它所呈現

的概念作一個快速（雖然稍嫌粗糙）的評估。它呈現多少概念？這些概念是從研究中產生出來的嗎？如果想要進一步瞭解概念的內涵及其在研究中扮演的角色，那麼我們至少要瀏覽整個專題報告一遍。

準則二：這些概念是否具有系統性的關連？

科學遊戲乃是對研究現象進行有系統的概念化，並找出概念間的連結。所以，這裡要對研究報告提出的問題是：概念之間是否具有緊密的連結？就像其他質性研究的寫作一樣，這些概念間的連結不太可能以條列式的假設或命題來呈現。反之，這些概念間的連結關係將被組織並穿插到整個研究報告的文本中。

準則三：是否有許多概念上的連結？類別是否被充分發展？

類別是否具備理論密度？

類別之間應有緊密的連結。這種連結有兩個層次：個別類別與次類別之間的連結，以及個別類別與核心類別之間的連結。類別應具備理論密度（theoretical density），也就是說，應具備許多面向化的屬性。類別之間的緊密連結與類別的密度（具備多個屬性，並在面向上呈現出變異性），是賦予一個理論以具體明確意涵及解釋力的兩大功臣。

準則四：變異性是否納入於理論中？

變異性的重要性，在於它彰顯出一個概念係在一系列不同情況條件下被檢驗，且橫跨各個可能面向而發展出來的。有些質性研究只報告單一現象，而且只提出寥寥幾個該現象發生的條件；此外，它們也只指出少數可指涉該現象的行動／互動，以及數量有限的結果。相反的，藉由本書所介紹的方法，我們應該可以在理論中納入相當豐富的變異性。在一篇發表的論文中，可以觸及的變異範圍可

能會較有限，但是作者至少應該指出其他針對這些變異情形提出詳細說明的報告。

準則五：變異性所處的情況條件是否被納入理論中，並加以解釋？

對於現象的任何解釋，應該要包括這個現象所處的情況條件——鉅觀的和微觀的條件，或是與該現象有直接且立即關聯的條件。較廣的條件不能被視為背景訊息，而置於另外的章節中；相反的，它們應該被編納到實際的分析之中，同時對於這些條件如何影響資料中的事件或行動，也要作詳細說明（請見第十二章，另外請參閱 Corbin & Strauss, 1996）。這些條件包括經濟因素、機構的政策與規定、社會變遷、趨勢、文化、社會價值、語言，以及專業價值與標準。

準則六：歷程是否被考量進去？

在研究中辨認出歷程是很重要的，這將使未來應用該理論的學者可以解釋不同情況條件下的行動。記得在第十一章中提到，歷程可以被描述為階段或是時期，也可以被描述為回應主要條件而隨著時間推進所呈現出的流動性，或是行動／互動的變動情形。依我們看來，徒有解釋歷程的理論架構是不足的，更重要的是嘗試將此架構納入分析之中。

準則七：理論發現是否具有顯著意義，其程度如何？

如果有人完成一個以建立理論為導向的研究或任何其他形式的研究，卻未獲得任何重要的發現，這是絕對不可能的。如果研究者只是按照研究步驟做一回，卻未投注任何創意或是自資料內涵中發展出洞見，那麼他可能只會獲得一些無足輕重的發現。我們的意思是，這樣的研究發現將無法傳遞嶄新的資訊，或是產生行動指引。請記住研究者與資料之間必然存在的交互作用，雖沒有任何方法可以保證這個交互作用一定富有創意。這得視研究者的三個特質而定：分析能力（analytic ability）、理論敏覺力（theoretical sensitivity)、以及足以傳達發現的寫作能力（writing ability）。當然，有創意的交互作用亦有賴於研究者—資料的另一端—所蒐集或所使用資料的品質。一個缺乏想像力的分析，雖然在技術層面上的確是充分紮根於資料，但是卻很難達到理論的目的。這是因為研究者未能引用更多樣性的資料（廣度），或是資料蒐集的工作不夠深入（深度）。

<u>準則八：理論是否經得起時間考驗，且成為相關的社會及專業</u>

<u>團體中討論和意見交流的一環？</u>

　　　　大體來說，理論通常是特定時空的產物，但是一個理論的主要概念與假設應該要經得起後續研究及實務應用的持續考驗。比如像污名標記（stigma）、勞力分工（division of labor）、不確定性（uncertainty）、壓力（stress）和協商（negotiation）等概念就是很好的例子。這些概念不論對於一般民眾或專業人士都深具意義，而且還被運用來解釋現象、引導研究，以及指導行動計畫。

 # 最後幾點建議

　　　　讀者應牢記另外三個有關評鑑準則的建議。首先，不論對研究者或是評鑑他人研究報告的讀者，這些準則不應該被奉為嚴格、不可變通的規鎳法則。這些準則只是作為指導原則（guidelines）。某些研究由於特殊的情況考量，其研究程序和評鑑準則可能要做某種程度的修正。那些富有想像力的研究者，對於資料的運用饒富創意，因而有時可能會違反這些評鑑準則的嚴格要求。在這種較不尋常的案例中，研究者應該非常清楚違反這些規定程序的作法與原因，必須在文本中交代清楚，然後讓讀者去評斷這些研究發現的可信性。

　　其次，對於那些依照自己的一套操作程序來進行研究的研究者，我們建議他們最好能清楚交代這整套程序，尤其是撰寫較長篇幅的研究報告時更應如此。這將有助於讀者判斷研究歷程的邏輯性和充分性，也可讓讀者注意到該研究與運用其他質性方法的研究之間的異同。提供這些資訊亦有助於讀者對該研究之方法和可能缺失有正確的認知。換句話說，研究者應該指出研究的有力長處和不可避免的限制，並將這些訊息清楚地傳達給讀者。

　　最後，在某些研究報告中，研究者可以簡要地說明自己的研究觀點，以及對於研究歷程的回應。這將有助於讀者判斷研究者個人的反應是否對研究和對資料詮釋產生影響。為了確保研究者可以在研究結束時做這樣的反省，在備註中鉅細靡遺地記錄整個研究歷程，以作為稽核檢驗，應是可行的作法。

本章摘要

　　任何研究，不論採取質性或是量化研究方法，都必須依循該方法所揭示的規準和程序來進行評鑑。本章中，我們提供了一些用以判斷研究歷程、及研究發現的實徵性紮根的評鑑準則。其他有關信度、效度、可信性和理論價值的這些議題，已在相關文獻中有大量的討論。我們在本章中提出的這些準則，不僅可彌補文獻上的不足，而且可作為研究者撰寫學位論文或研究報告中方法部分的指引；對於擔任學生及同儕論文評審的審查委員或大學教師，這些準則對他們的工作也有所助益。此外，這些準則對於編輯委員、研究贊助單位、及評鑑以理論建立為導向之研究的評審，也能提供進一步的指引。

Chapter 17

學生的問題和答覆

　　我們發現到，學生通常會在課堂上、在尋求諮詢時、以及在我們做完口頭發表之後，提出各式各樣的問題。這些問題傳達出他們不同的關注點。學生有時覺得迷惑不解，而原因在於他們對某些程序或技術不甚清楚或是覺得模擬兩可；有時則因為這些程序或技術與較傳統的研究方法相牴觸；有時候，他們則想知道如何回應指導教授、論文審查委員、和朋友的批判。當學生帶著問題來找我們的時候，他們真正想知道的是──「我要如何回應外在的聲音，同時也平息內在的聲音？」他們提出的問題是質性研究所特有的，因為這其中大半的問題在教授或討論質性研究時一定會被提出來。以下我們列出一些最常被提出的問題，以及我們對這些問題的答覆。我們不將這一章放在本書的開始，而置於最後一章，因為我們認為這章的內容對於全書所探討的幾個重點作了很好的總結。

1.「我聽說有很多可以協助資料分析的現成電腦程式。你知道這些電腦程式，以及它們的使用方法嗎？」

答覆：有很多學生使用Ethnograph和其他有用的電腦程式 (Lafaille, 1995; Shapiro et al., 1993) 來協助他們進行質性研究。我們最熟悉的兩個電腦程式是NUDIST和ATLAS。相較於其他程式，這兩個程式較為複雜，且較傾向於理論的建立。因為我們兩位都不是運用電腦的行家，我們請求ATLAS的共同開發者Heiner Legeiwe來講解這個程式如何協助資料的分析。我們將他的備註抄錄於下。

如何使用電腦於質性分析

Heiner Legeiwe之備註

在文書處理的時代，我們很難找到一位不用電腦而能從事研究之質性研究者。以下的備註說明如何使用較為複雜的軟體系統，特別是那些為協助以理論建立為導向之質性研究而研發出來的軟體。

我先從自己的經驗說起。那是一九九○年，在柏林科技大學的一個有關電腦輔助文本詮釋與理論建構 (computer-aided text interpretation and theory building)的科際整合研究案中，我第一次遇見Strauss。我們討論研發一個專為質性研究量身打造的軟體系統的可能性。Anselm很喜歡這個點子，給了我很多提示和建設性的批判，而且也在後來很欣悅地測試我們的研究成果，而這就是ALTAS的原型。

若要瞭解電腦輔助文本詮釋背後的哲學基礎，那麼讀者必須認清一個事實，那就是電腦是絕對無法瞭解字句的。電腦的過人之處在於能夠協助人們處理各種排序、結構化、資料提取、以及影像化的工作。這意味著我們根本不能冀望電腦去執行甚至是最簡單的分析工作。但是電腦程式對於下列這些工作卻有莫大的助益：自一堆雜亂無章的實地札記、訪談逐字稿、編碼資料、概念、以及備註中整理出某種秩序；將逐漸形成的理論中的概念及關係的網絡予以影像化；有系統的紀錄整個理論發展的過程，也就是從第一筆資料、初步的分析、其間所經歷的所有步驟，一直到最後的研究報告。

現在，我就依照我個人用以分析的軟體系統之特性 (ATLAS for Windows)，針對理論建立的電腦輔助分析方法，就其典型的步驟提出一個簡短的描述。

在開始你的分析工作之前，你必須將資料儲存於電腦記憶庫中，這些資料可能是實地札記與訪談逐字稿，或是掃瞄的資料如手稿與圖片—或甚至是原聲帶與電影（一般以文書處理謄寫的訪談內容自然就成為電腦檔）。你進行分析的第一步，就是在辦公室中為研究準備一張特別的桌子：你先打開一個**詮釋單元 (hermeneutic unit)**，並且將所有你要分析的文本檔案匯集在這裡。詮釋單元可視為一個電子收納箱，這個收納箱收集並且組織你研究中可被歸在同一個標籤之下的所有資料、代碼、備註與圖表。分析的開始階段，你首先在**文本的層次 (textual level)**上進行分析（主要處理文本及檔案）。在進行**開放編碼**時，你把每一個文字檔案攤開在螢幕上，在相關的文字段落上做記號，並將一些**代碼和備註**配置於此。這些代碼應該要附上說明其用法的註解，這個動作對於小組分析尤其重要。（如果你想在文本中搜尋關鍵的字詞或字詞的組合，你甚至可以運用一種自動編碼的程序。）這個系統將在特別的視窗中組織並條列你編碼所得出的代碼與備註。之後，你只要以滑鼠在條列的代碼或是備註上點出所要查看的項目，就可以搜尋到所有以該代碼或備註作為索引而散置於各個不同脈絡的文本段落，這個功能有助於在歸屬於同一概念之下的指標事例（indicators）間進行**經常性比較**。如果文本段落是以代碼的型態（而非獨立的概念）作為索引，那麼歸屬於同一個代碼型態的文本段落，可藉由一種Boolean搜尋工具來搜尋。而且，我們可以針對這些代碼與備註做不同的排序，例如，依據**紮根程度 (groundedness)**（歸屬於某一個代碼或備註之文本段落的數量）或是**概念密度 (conceptual density)**（與某個代碼有關聯的其他代碼之數量）來排序。

在**概念的層次 (conceptual level)**上（主要是處理概念），對於主軸編碼與選擇編碼的各個步驟，本軟體的許多功能也可以提供協助。其中一個步驟是結合代碼與備註而成為家族（families），就像是條件或是結果的家族一般。為了**建立**

理論（theory building），你必須以較高層次的代碼來定義概念，也就是説，這些概念不再是被連結到文本段落（原始資料），而是連結到其他的代碼。在這個層次上，本軟體最強的功能是將文本的片段、代碼、與備註之間的關係以 *圖形表徵 (graphic representations)* 出來。這些資訊在電腦上很容易被搜尋及操弄，而它們之間的關連是依據標準邏輯關係（例如A是B的部分）或是依據研究者的定義（例如A出現B症狀）來定義及命名的。藉由這個圖示工具，研究者可以很容易地建立出他自己的語意網絡（semantic networks），也就是説，*以文本之片段、代碼、及備註來建立理論*。相較於一般以紙筆勾勒的理論，藉由電腦輔助所建立的理論有兩個優點。第一，這些理論的形式屬性可以被仔細核對，並且可以邏輯語言加以描述（例如PROLOG）。第二，即使是理論中最抽象的概念，只要按幾下滑鼠就可以很輕易地連接到所有歸屬於該概念之下的指標事例，而得以進一步檢驗這個概念的 *紮根程度*。

為了避免讀者產生不切實際的期待，我另外提出兩點善意的警告。第一，一個電腦輔助理論建立分析的軟體系統，至少有如一個文書處理程式（如Word）一般的複雜。這樣的一個系統，只有在應用來處理一些例行性工作時，才能真正彰顯出它的用途。如果你只是偶而使用，或只是用來處理一個小規模的研究，也許就不值得花費時間精力來學習這個系統的操作方法。第二，就如同每一種新科技一般，運用電腦輔助理論建立所做的分析，有可能改變理論的本質。相較於只有飛機上餐桌大小的桌上型電腦螢幕，傳統理論建構所用到的紙張、鉛筆、剪刀、膠水、成疊的索引紙卡、以及牆上貼滿的畫有圖表的各色小紙條等等，這些都可能使你對研究工作產生全然不同的觸覺與感受。更重要的是，這整個歷程可能比最精密的電腦圖表更能激發你的創造力。

依我看來，電腦輔助理論發展的未來趨勢有以下幾項：

新領域的應用 (*New areas of application*)：電腦軟體於理論發展上的應用，無疑地，將擴及到其他全新的領域，例如自然科學中以量化資料為基礎的理論建立、系統分析以及操作研究。電腦輔助理論建立的另一個更重要的、非研究性質的應用，在於作為複雜社會歷程之線上模式（on-line modeling）。這些複雜的社會歷程包括方案管理、整體品質管理、社會和科技革新的落實，以及社會衝突的協調和爭論調解等。

教學 (*Teaching*)：一個軟體系統可以幫助學生整理出他們進行理論建立分析時的每個步驟，並將這些步驟清楚地呈現出來。因而，嚴謹的學術性分析不僅可以被重複驗證，而且可作為初學者的示範。

溝通 (*Communication*)：紮根理論研究的詮釋單元，包含所有的原始資料，以及根據這些資料所進行的分析工作，而所有的這些資料都存放於單一的超文本（hypertext）之中，研究者很容易就可以瀏覽一遍。從Gutenberg一直傳到Turing（譯註：蓋登堡Gutenberg係西方印刷術的發明者。涂林Turing乃計算機模型的發明者，象徵計算機科學這個領域最高榮譽的涂林獎，就是為紀念涂林而設置的），媒材一直在改變更新之中，我們可以預期，未來出版一個詮釋單元(如經由網際網路)可能比出版一篇研究報告要便利多了。（我期待第一篇以這種方式出版的博士論文。）

研究 (*Research*)：一個詮釋單元可以被視為整個理論建立分析步驟的一個凍結的、靜態的描繪，其目的在於研究整個自資料中建立理論之創造性過程─包括合作與小組研究。

最後，關於如何選擇最適合你的研究的軟體系統，我有一個小小的建議。由於我可能過於偏袒我參與開發的系統 ATLAS，所以不太可能做出完全客觀的評論。不過，讀者可以參考下列這本對現有系統提出絕佳評鑑的著作：

Weitzman, E. & Miles, M. B. (1995). Computer programs for qualitative data analysis. Thousand Oaks, CA: Sage.

    P.S.：要獲得更多這方面的資訊，又快又好的方法是察閱網際網路的相關網站，例如ATLAS的作者 Thomas Muhr的網站：http://www.atlasti.de。你不但可以在那裡找到所有有關ATLAS的資訊，還可以連接到其他競爭的軟體系統如NUDIST、詳細的參考資料，以及由質性研究小組不定期寄出之電子新聞的訂閱網址。

2.一位曾和一群心理學家共事的人類學家Stephan，曾經提到：「他們不斷地追問我：『數字在哪兒？』」這也是學位論文審查委員和較量化取向研究者經常提出的問題。

答覆：雖然有些質性研究者的確將他們的資料量化，一般而言，他們比較在乎歷程與社會機制，而較不看重某個母群的分佈情形。質性研究者的目的在於辨認出重要的概念，並進一步探索概念之間的關係（請參閱第四章有關理論發展上，量化與質性方法兩者關係的討論）。如果審查委員堅持一定要有數字，那麼學生通常會在研究中使用一兩個相關的測量工具。這些工具一方面滿足審查委員的要求，另一方面經常可以提供額外有意義的發現。

3.「分析的焦點如果不是數字，那麼是什麼呢？」

答覆：這個問題是前一個問題「數字在哪裡？」的另一個版本。提出這種質疑的人基本上假定，除非研究者使用統計模式的抽樣與分析，否則不可能獲致結論。對我們而言，分析的單

位是概念。在第十三章已解釋過，我們規劃的抽樣程序，其目的在於審視概念在某個面向範圍內的變異情形（屬性的變化情形），而不是去測量受試在某個概念面向上的分佈情形。研究者之所以取樣某些地方或某些人，是因為他預期可以獲得某個概念屬性的最大變異性。這種形式的抽樣對於理論建立是很重要的，因為研究者可以將變異性納入理論之中，而增加理論的解釋力。之後，如果研究者想要以量化的方法來檢定這個理論，如運用群聚分析、相關研究、或其他利用高度複雜統計分析的量化研究，他當然可以這樣來進行檢定。因為在研究初期，我們對於哪些是重要的變項、它們的屬性為何、以及它們在面向上的變異情形等等訊息一無所知。因而，抽樣是由發展中的理論所引導的。

4.「我們可以使用已經蒐集好的資料嗎？我們必須分析所有的資料嗎？我們應該隨機抽樣嗎？還有其他的抽樣方法嗎？」提出這些問題的學生或是研究者，通常在他們來參加研討會之前，或是在開始分析工作之前，就已經蒐集資料了。有時候，他們關心的是「為了不違反理論建立的原則，我必須重新蒐集資料嗎」？這個問題道出了資料蒐集與分析是交織、不可分割的兩個程序。有些時候，他們則關心「我的時間很有限，我如何處理這麼多資料？」

答覆：這是我們對上述第一個問題的答覆。基本上，分析已經蒐集的資料，與對自己的資料或是其他人蒐集已久的資料進行次級（或二度）分析，並無不同。對於事先蒐集好資料的人而言，他們的問題和那些發現到一大筆舊檔案資料而想要進行分析的人所面臨的問題，其實是很類似的。也許，這兩者最主要的差異在於，研究者比較熟悉他個人蒐集到的資料。研究者應該以處理自己資料的方式，來處理已蒐集的資料或是二手的檔案資料。處理這些類型的資料就如平常的程序一般，研究者須

先檢視早期的訪談、實地札記、與檔案文件，找出重要的事件。他們可能在一開始時，就先大略瀏覽所有的資料，找到一個他們覺得有興趣的段落，然後開始仔細地進行開放編碼與初步的主軸編碼。同理，因為抽樣是根據概念來進行的，研究者在理論上也可以進行抽樣。他可以藉由整理訪談逐字稿、觀察記錄或是錄影資料，去找到情境的變異情形，並予以分析。分析已蒐集或是二手資料，有時會遭遇一些分析上的難題，例如當研究者想要增加類別的飽和度或是要找尋一些變異情形時，卻驚愕地發現到資料不足。當這樣的情形發生時，研究者必須回到實地去蒐集額外的或是最新的資料，或是接受存在於理論中的縫隙。

對於第二個問題，我們的答案是否定的，<u>並非每一筆資料都必須經過「顯微式」(microscopically)分析</u>。然而，就如同我們前面提過，為要建立一個緊密統整的理論，在研究歷程的開始階段有必要對資料仔細檢查。一般而言，針對十次訪談或是觀察做顯微編碼的結果，已足夠提供一個理論結構的骨架。而藉由進一步資料的蒐集與分析，可以補強、擴充、以及檢驗這個骨架。當然，愈後期的分析會愈有選擇性。沒有任何方法或是捷徑可以取代開放編碼與主軸編碼，尤其在研究的初期更是如此。

隨機抽樣較適用於量化研究而較不適用於質性研究，關於這點，我們已在第十三章列出所有的理由。我們在前面提到過，研究者並非嘗試去控制變項；相反的，他們想辦法去發現變項。他們並非要找尋所謂的代表性或是族群的分佈情形；他們想要釐清的是概念的各個屬性在面向上的變異情形。因此，隨機抽樣雖然是一個可能的選擇，但是因為它可能妨礙研究者去發現他所要找尋的變異性，以致對研究有負面影響。

至於其他形式的抽樣方法，我們可以這麼說，幾乎所有質性研究的初步資料是以各式各樣的程序蒐集來的——例如抓住任何可遇不可求的觀察情境、運用「滾雪球抽樣」（snowball sampling）、利用個人的人脈關係等等。所謂幸運的研究者，大概就是那些握有無限管道可以進出研究地點，而且熟諳何處以及何時可以發現所要找尋的案例的研究者，不過這樣的幸運兒並不多見。大半的情形是研究者不知道要造訪哪些地方或人士，才能找到可以顯現概念變異性的樣本。他們抽樣的依據是「合理的邏輯」（sensible logic）或是便利性（convenience）的考量。也就是，走在校園裡，碰到可以交談的人或可以觀察的事物，一個也不放過，希望藉由這樣的抽樣方式，自然涵蓋了所有的變異性。其實，變異性是一定存在的，因為沒有任何兩個科系、兩個情境或事件是完全一樣的。一般而言，研究者進行訪談或觀察的次數愈多，則概念上的變異性愈有可能自然地顯現出來。如果無法做到，那麼未能抽樣到飽和程度的這個事實，就會成為研究的一個限制。

5.心理學家Valerie 和人類學家Stephan觀察到「心理學家被教導要從自己的腦中想出『迷你理論』，並考驗其是否有用。這與你們的研究取向正好相反。」

答覆：基本上這些「迷你理論」（mini-theory）只是一些假設，或許是紮根於心理學家的個人經驗與閱讀之文獻。然而，這些假設並非經由系統化的資料分析或是在研究歷程中經過檢驗而衍生出來的。從一個實用的立場來看，這些迷你理論有其價值，尤其是對那些需要知識來處理當下困境的實務工作者而言。當然，這主要還是要看這些理論是如何產生的。如果它們不是紮根於實際的資料，則有誤導的可能。

6.「描述性理論是什麼樣的理論？」

答覆：提出這個問題的是一位護理系的博士候選人。Strauss
並不太瞭解這位研究生所指為何，但是的確有一些護理研究者
使用「描述性理論」(descriptive theory)這個名稱。對他而
言，這個名稱是自相矛盾的；如果它是描述性的，它就不是一
個理論。在護理的臨床研究領域，似乎存在著一大部分屬於
「規範性」(prescriptions and proscriptions)的理論，也就
是那些清楚交代指令與禁令 (dos & don'ts) 的理論。護士
間流傳的所謂「描述性理論」可能構成某種形式的描述（提供
對某個現象的知識與瞭解，但是無法做到預測或是作為指令，
因為這些概念不一定是統整有序的）或是「概念性排序」（結
構鬆散的概念，不一定可以被統整到一個較大的理論架構
中），但卻不是我們在第三章所定義的實際的理論。就像其他
的專業領域，護理界也有專屬於這個領域的理論。這些引導實
務工作的理論乃高度發展、具備系統性與統整性的理論。然
而，這些理論多半仍建立於借用來的概念以及由個人經驗衍生
的概念，而非紮根於研究。

7.「質性研究者是否要做很多的描述，或是從訪談與實地札記
中引用很多描述性的文句？」這個問題通常是初次接觸質性
研究的生手（學生或是研究者）所提出來的。

答覆：這完全要看研究者出版的目的或是他所訴求的聽眾讀者
而定。例如，如果我們預期大部分的讀者對這個領域不瞭解，
那麼納入許多引文可能有助於讀者對研究的理解。另外，如果
最後理論的呈現可能引起讀者的質疑，那麼研究者即可以藉助
引文作為說服的工具，來強化他的論點（例如，「看！這就是
他們的說法與想法」）。Strauss與同僚 (1964, pp. 228-261)
曾發表的一些資料是有關任職於精神病院的精神科助手的信

念。這些研究者提出的一個觀點是,這些未經精神醫學原理訓練過的助手,認為他們的所作所為都是為病人好。這些助手不僅不認可醫護人員的專業術語與工作,他們有時甚至認為他們對某些病患所做的事,勝過那些滿腦子精神醫學意識型態的專業人員。為了說服那些可能心存懷疑的讀者,研究者自訪談中引用了一長篇這些精神科助手的談話。雖然每位研究者處理引文的方法殊異,我們通常會避免引用一大段落取自於訪談或實地札記中的資料。

在我們的專題論文中,我們為了要建構一個概念上統整而縝密的理論,嘗試對資料進行更仔細的分析。因而,我們取自訪談或實地札記的引文通常都很簡短,這些引文通常是和分析交織在一起,而放置於相同或是前後緊鄰的文句中。當實地札記中所描述的事件與行動有助於讀者看到分析的抉擇關鍵,尤其是當他們很難抓到研究者如此分析的理由時,較長的引文(特別是取自實地札記者)通常可用作案例的說明。然而,大體而言,我們很猶豫是否要在一個理論取向的專題論文中放進太多描述性的資料,因而只刻意的放入那些我們認為最相關的資料。我們不難理解到,這種以基本分析來決定如何組織整個專題論文的呈現風格,最佔優勢的引文形式,自然是簡短的引述與精確的引句 (Strauss et al., 1964, pp. 295-296)。

8.一位來自波蘭的訪問學者(社會學家)Krystof提到:「我針對一家日本工廠做了一個組織研究。一位同事問我:『你如何就研究一家工廠的結果類推到所有其他的日本工廠?』」

答覆:這個問題的答案相當的複雜。的確,我們無法根據一個案例來類推,特別是從量化的觀點來看。然而,我們可以從單一工廠或組織的研究中學習到很多。請記住,我們研究的是概念與概念間的關係。在同一個個案中,歸屬到同一個概念之下

的事件可能出現百次或甚至更多。我們還特別標示出事件或是行動/互動可能發生的條件，這些條件的形式，以及所導致的結果。此外，我們尋找面向上的變異情形，並提出解釋。如果我們的概念夠抽象的話，那麼在其他的組織中，這些概念可能以相似或不同的形式發生。例如，我們對於工作的研究所得出的「工作流程」這個概念，不管是發生於家庭中、醫院中、或是製造工廠中，都是很貼切的。我們可自單一組織的研究中，學習到很多有關工作流程的知識。然而，我們必須承認，我們無法自一個個案（一個人、一個家庭、一個工廠、一個組織、或甚至一個國家）學到所有和工作流程有關的事情。這種建立在單一個案上的理論，其解釋力可能會受限，而需要藉由類似或不同型態組織的研究來加以擴充、修正與延伸。藉由具體陳述我們的脈絡（特定現象或概念所處的情況條件），我們可以說，似乎就是這個脈絡使得工作流程持續在那兒進行。如果某人的組織中存在著類似的條件，我們自研究中學得有關工作流程的知識，或許可以協助他瞭解其組織的運作情形。如果這兩個條件不一樣，那麼很重要的是要釐清這個差異性如何改變工作流程。

我們自研究中得出的概念包括協商（negotiation）、人際社會（social worlds）、活動場域（arenas）、歷程曲線（trajectory，一個涉及多位行動者的行動過程）以及工作流程，這些抽象的概念有很廣泛的應用層面和吸引力。雖然這其中的一些概念可能發展得較為充分，但是我們仍然不敢聲稱這些概念已經達到飽和地步。

所以，如果有人問一位研究者：「這個個案可以代表所有的個案嗎？」答案可能是「不可以」，而進一步的研究就可以解釋何以不可以，及為什麼不可以。但是，如果有人問：「我們是否可以從這個個案中學習到諸如『工作流程』這樣的概念，以提供我們對某個現象的洞見與理解？」那麼答案是肯定

的。我們可以在醫院、政府單位、工廠、或學校中研究「協商」這個概念，而研究任何一個單位所獲得的學習，將增加我們對此概念的瞭解，同時可作為後續研究的一個起點。

9.「我應該先翻譯訪談逐字稿才進行編碼，或是直接以原本的語言進行編碼（當然，我要能夠説那種語言）？」翻譯工作是很耗時費事的。這個問題通常是自外國到此留學的博士班學生提出來的，而他們通常是應論文審查委員的要求而翻譯訪談逐字稿。

答覆：我們有許多理由支持只做**極少量**的翻譯。做出部份翻譯的最主要理由是，可讓英語語系讀者對受訪者的説法與想法至少有些感受或洞察，而且多少瞭解研究者如何編碼。

但另一方面，要做到正確的翻譯（「信」）已是困難重重，更遑論要做到「達」「雅」了。我們很少有人受過特別的訓練，或是有天縱的才能來克服這些困難，更遑論面對的是長篇大論的內容。我們遇到的外國留學生（大部分是亞洲人）提到他們在嘗試英文文本的編碼工作時，所遭遇到的額外的困難：通常，他們無法找到對等的英文字詞，來捕捉原本語言所要傳達的意義上的細微差異（the subtle nuances）。以 Hoffman (1989) 的話來説，「意義在翻譯的過程中流失了」。如果資料蒐集與成果發表是在兩個不同的國家進行（語言也不同的話），可以僅翻譯關鍵的文字段落及其代碼，並務求盡可能地接近原本語言所要傳達的意義。然而，一般而言，我們認為嘗試要翻譯所有的資料，將會耗費太多寶貴的時間，也會磨損掉太多重要的意義。而且，許多原本語言中所傳達的微妙意義也會在翻譯的過程中喪失掉。

在我們的研討會中，我們會要求發表的學生翻譯一些段落，否則，其他學生就無法處理這些資料。然而，每一位發表

的學生會被質問，某個翻譯的字詞是否真的貼近受訪者所要表達的意思。例如，一位非洲母親提到照顧她精神異常的兒子很「困難」。當有人質問「困難」這個詞的真正意涵時，這位來自非洲的研究者說明受訪者母語中的「困難」，使用在這樣的情境下，其實等同於英文「困難」這個詞。然而在其他情形下，英文翻譯可能無法捕捉到這些細微的差異。如果是這樣的狀況，學生要盡可能的找到可以傳達原本意涵的字詞與描述。換句話說，在研討會或是小組工作會報中，我們可以從多個角度探索翻譯後的意涵，而避免將局外人的觀點強加在資料上。

10.「在非工業化社會或是歐洲文化以外的工業化地區進行質性研究，會遭遇一些特殊的難題嗎？畢竟，這個研究方法非常強調精密的語言分析。」

答覆：這個問題提出一個很棘手的議題，值得我們仔細思量。大體而言，當質性研究者試著要去理解那些具有深刻「文化」意涵的行動、事件或事物時，他們面對的正是同樣的困境。居住於西方國家的人士，尤其是美國人，當他們拿自己的行為或語言與其他文化做比較時，他們很容易誤解外國人或是那些只部分西化的人。人類學家教導我們，要避免類似的誤解，研究者必須花一段合理的時間（有人認為要一長段時間）居住在這個國外的研究地點，並且必須投注大量的觀察與對話（非正式訪談）。而且，除了仔細檢視他們自己一些帶有文化偏見的假設外，他至少必須懂得一些當地的語言。即使做到上述這些建議，人類學家仍然無法保證誤解（有時甚至是很明顯的誤解）不會發生。

然而，如果是外國學生到這裡留學而想要回國蒐集資料的話，他當然可以使用這個方法或其他質性研究法。很重要的一點是，其他國家不是借用既存的理論，而是要發展出屬於自己的理論，這些理論將可以反映出當地社會或公民的文化與行

為。一個常犯的錯誤是，將工業化國家發展出的理論硬套在非工業化國家，或是其他有著不同族群與文化的工業化國家頭上。這種勉強套用的理論可能在整體上或某些部分不契合，而可能有誤導的危險。

至於有關研究程序的運用，我們沒有理由反對研究者以這本書所介紹的程序來研究非本國文化或是其他非北美文化。畢竟，我們有研究者運用這些程序來研究美國的各個種族團體，甚至用來研究那些文化意涵與行為均異於一般人的「次文化」團體如「龐克族」（punks）與「嗑藥族」（junkies），而結果顯示這些研究程序的確可行。舉個例子來說明。我們的一位美國學生研究蘇族印地安人對於健康的概念。這位學生曾居住在一個蘇族的保護區內，並且曾在那兒擔任公共衛生人員一職好幾年。她的結論是，曾研究過這群人的人類學家並沒有正確地捕捉到蘇族人的哲學觀如何影響他們對於健康與醫藥的概念—因為他們的觀點截然不同於一般西方的觀點。

11.Krystof手上握有一大堆已蒐集到的資料。他問道：「我如何自這麼多的段落（40次訪談，總共約有5000個段落）中篩選出那些我可以進行編碼的特定段落？我如何運用理論抽樣來選取出這些段落？」

答覆：我們對這個問題的答覆，和先前關於事先已蒐集資料那個問題的回應很類似。假設一個學生正著手研究一家企業公司，這個公司雖然面臨不景氣卻仍然業務蒸蒸日上。他想知道這個公司如何交出這張漂亮的成績單，也就是說，這個公司的決策基礎、引領總裁行動的願景、它所提供的誘因、以及其他種種因素。蒐集到的資料雖然只有公司的檔案文件，但是數量非常龐大。剛開始時，他可能會選擇一些檔案，熟悉這些檔案

的內容，將這些檔案視如訪談逐字稿一般。之後，一旦他明白
了這些檔案所包含的資料型態，他可以開始進行密集的編碼工
作。接著他可以分析其餘的檔案文件，就當它們是一個發展性
研究中不斷湧進的資料。

當一位研究者針對任何形式事先蒐集好的資料進行次級或
二度分析時，他可能無法回到原始資料的出處去蒐集進一步的
資料。在這種情形下，雖然研究者仍然可以進行理論抽樣（以
概念為基礎），然而卻受限於只能在現有的檔案文件中抽取。
即使如此，資料中的案例應具備足夠的變異性，讓研究者可以
比較概念之間的異同，並決定類別的主要屬性與面向。有些類
別的密度可能因為無法聯繫到原先的受訪者而稍嫌不足；然
而，即使研究者只握有已蒐集的資料，他應該可以自這些資料
中得出一個具有說服力且具內部一致性的理論。

12.「由於很多實務工作者與專業人士相當缺乏發展全盤性理
論所需要的時間，分析的歷程是否可以加速或縮短？」

答覆：如果研究者的用意是要發展一個緊密統整的理論，那麼
這個問題的答案是「不可以」。分析的歷程不可以縮短。然
而，並非所有使用這本書所描述的方法的人，都將目標設定於
發展緊密統整的理論或任何型式的理論。他們的目標可能只是
描繪、概念的排序、或是發現類別，以製作測量的量表。雖然
很多已發表的研究報告都將這個方法列為參考文獻，其實他們
真正的意思是他們在研究中運用了某些程序，如進行經常性的
比較，而非使用了方法的全部內容。有時他們使用本方法的某
個程序，以搭配其他質性方法或是哲學取向的方法。

這提供了回答這個問題的另一個基礎。一位研究者可能只
使用某些程序就足以達到他的研究目的。例如，有位研究者進

行了一些理論性編碼工作（也就是指認出類別或主題），但是他並不想花時間依據屬性、面向、變異性、或關係來進一步發展這些類別。為了要辨認出類別，這位研究者可能有系統的運用比較分析與理論抽樣。他可能會刻意找尋那些反映出行動者的關注與難題的話語（實境語詞）。研究者當然會嘗試捕捉到最關鍵的行動者的觀點。而運用這本書所描述的程序也應該有助於研究者留意到自己的預設立場。如果這位研究者也選擇要撰寫備註與繪製圖表，那麼相較於比較理論性的模型，這些備註與圖表由於沒有足夠的分析可以進一步充實，會顯得較為粗略。藉由我們上述的步驟，研究者應可獲得重要的描述性知識（一個研究的發現不一定能構成「理論」，除非所有的概念能統整且形成一個較大的理論架構）。

　　針對這個問題，我們提出三點來做進一步的說明。第一，如果這位研究者記錄下他的研究程序，則他更可以明確的向聽眾說明他如何做成這樣的詮釋。第二，研究者將覺得他的詮釋，比起那些取自專業文獻或個人經驗的概念，更具有紮根性。第三，有經驗的質性研究者，不管他們從事理論的發展或只是簡短的探索性研究，自然要比生手的速度快。他們之所以速度較快，是因為他們已經內化了這整套的想法，因而可以得心應手地使用。

13.「你可以說說看質性分析所涉及的工作—例如數量和型態等？」

答覆：這也是一個很複雜的問題。在簡短的回應之前，我們先引用Strauss（1987）一小段頗切題的文字：

「這種型態的研究應該被視為一種工作來理解與分析。基本上，我們提倡一種對研究工作高度自覺的取向：這個研究如何在各式各

樣的情況以及不同的研究階段中，由對研究採取不同立場的研究者透過資料的獲取、檢視、與詮釋等實際執行這些工作。研究工作不僅僅只是成套的工作項目，它還涉及對工作的組織及工作之間的關聯（它本身也是一種工作），包括所有完成研究工作（不論是獨立作業、與人共事、或是小組研究）所必須的物理的、社會的、以及個人資源的整合管理」（p. 9）。

「但是，究竟有多少工作呢？」讀者可能想知道這個問題的答案。因為牽涉太多議題，我們無法很明確地回答這個問題。讓我們反向思考這個問題，可能會有不同的答案。這位研究者談論的是一個擁有無限管道可以獲取所需資料的研究，或是一個只有非常有限的管道、甚至很難找到任何管道的研究？這位研究者對於所研究的領域是否略有涉獵？他是否是一個分析技巧純熟的熟練研究者？

與工作量（amount of work）最相關的一種*心理學*（*psychology*）是「誰來做這個工作」。如果研究者除了訪談與分析資料之外，還要負責訪談逐字稿的謄寫，那麼他可能會有相當龐大的工作量。如果謄稿的工作可以委由其他人來做，或許他的工作負荷會稍稍減輕。假如研究者在資料蒐集或分析中遭遇到困境，則他需要應付的工作將會更多──同時要處理實際上的工作與心理上的調適。

毫無疑問地，探討工作量與工作型態的議題，最重要的應該是研究者的終極目標。如果研究者的目標是要建立一個高度概念化的理論，那麼這樣的研究比起一個目標僅在於概念排序的研究，將會多出很多分析工作。然而，雖然只進行概念的排序，這個歷程也可能相當的複雜，所以對這個問題我們仍然沒有明確的答案。

另一個議題是有關研究所涉及的工作型態（types of work）。如果讀者仔細閱讀這本書，應該可以熟悉資料蒐集與

分析所涉及的工作形式。這些工作型態計有：資料蒐集的工作
（包括所有可能遭遇到的困境），記錄與謄寫的工作（甚至包括
翻譯），以及不同類型的編碼工作。好不容易完成這些工作
後，接著是撰寫研究報告、專書或是做口頭發表的工作。而在
研究開始之前，要撰寫申請研究補助的計畫書，要取得「人類
研究對象委員會」（human subject committee）的許可等等事
項。簡言之，從事理論建立的研究與其他形式的質性分析或其
他形式的研究，最主要的差別在於編碼歷程所要求的工作。電
腦可以協助處理這些工作，但是研究者本身仍要付出相當的心
力。

　　對於處理這種型態的工作，除了必備的技巧之外，另一個
相關的議題是需要哪些型態的資源。除了筆記本、電話機、錄
音機與錄音帶、電腦或是打字機、以及一般質性研究的配備之
外，真的不需要任何其他資源。有時候，準備一些錢是必要
的，這些錢用來支付交通費用或偶而用來付費給受訪者，以及
其他一些花費。一個好的研究型圖書館對研究有很大的助益，
有時甚至是必要的。另外，可供諮詢的人士或益友也很重要。
如果這位研究者夠幸運的話，他還可以在他的人力資源中加入
一位能提供全力支持的配偶或是重要他人。此外，如果能有一
位高效率且全心投入的秘書，就再好不過了。

14.「日常生活的解釋與理論性解釋兩者之間的關係為何？」

答覆：打個比喻，前者是我們分析的磨粉廠所要研磨的穀物。
我們在前面提到過，對於不同對象所說的話，我們必須聽得很
仔細。他們的話語與表情可能提供了「實境概念」（in vivo
concepts）。同時，這些概念流露出他們的知覺、意識型態、
以及不經意的假設。所以，我們注意到這些也給予尊重，並不
是因為我們得相信這些外行人的解釋，而是因為我們必須將他

們的看法納入我們的分析之中。我們的目標是將這些研究對象的解釋統整（而不只是接受）到我們的詮釋裡。如果我們毫無疑問地接受他們的觀點，那麼我們可能就如同人類學家所說的過於「本土化」（gone native）。

15.「如果你之前的訓練是精神分析理論，你如何將這個理論
　　統整到質性分析裡？」

答覆：這本書所講解的質性分析的技巧與步驟，適用於不同訓練背景與不同理論取向的人。事實上，這個方法及其研究程序，曾被許多不同研究背景的研究者成功地運用過。例如，秉持佛洛依德觀點的人可能會較關注隱藏的潛意識動機以及深邃的心理意涵，而一位組織社會學家可能會對社會組織的歷程與結構較感到興趣。這裡需要注意到的重點是，一個觀點可能會阻礙了發現；也就是說，將自己的觀點套到資料上（例如以佛洛依德的觀點詮釋所有的資料），而非讓資料自己說話（讓意義逐步顯現），這將會限制新的發現。當然，如果研究者決定這麼做，那麼本書提供的分析程序將有助於發現深刻而隱藏的意義，發展新的詮釋，或是打開研究者最心儀的理論中的「黑盒子」（模擬兩可的概念）。這裡同樣存在著一個差別：依據一個理論來詮釋每一件事例（將預設的意義與關係置於資料之上），或是由資料出發、接受資料所引導的方向。

　　更具體來說，這個研究方法的一條基本教義頗切合這個問題。先前理論的所有假定（all assumptions）都必須面對可能的質疑，且依據個人所蒐集的資料而被仔細地檢視審查。研究者若能依據資料來仔細審查這些假定，他就可以對一個已知的理論提出質疑、修正或是贊同。概念必須自行在研究中「爭得一席之地」，而非被盲目地接受或硬加到資料之上。（「已知」的理論也許可以很出色地解釋某些資料，但是對其他資料就不

行了。）總之，精神分析理論或是任何其他理論都必須通過實徵的考驗。

16.「需要多少次訪談或觀察才足夠？我什麼時候才能停止資料的蒐集工作？」

答覆：這些是使用質性研究法的研究者經常提出來的問題。對於大部分從事理論建立的研究者來說，資料蒐集要一直持續到「理論飽和出現為止」。簡單地說，這意味著（在時間與經費許可的範圍內）研究者發現到已無任何新資料出土。而即使有任何新的資料，所能增加的變異性也微不足道。

然而我們深知，大部分研究難免有時間與精力上的限制、研究參與者邀訪上的困難、以及種種影響資料蒐集的條件。這種種困難可能限制了資料蒐集的數量與種類。然而，研究者必須牢記在心，如果他在理論飽和之前就停止資料的蒐集，那麼從密度與變異性的觀點來看，他這個理論可能並未充分發展。不過有時候迫於情勢，研究者可能別無選擇地必須在理論未發展到滿意的地步時就暫時打住。

17.「這個方法與個案研究有何相似點與相異點」？

答覆：這是另一個複雜的問題，因為在某個程度上，這個問題的答案端視何謂一個「個案」（case）與它的分析而定。《何謂一個個案？》（What is a Case?）（Ragin & Becker, 1992）這本書曾仔細地省視這個問題。兩位社會學家要求一大群社會學界有名望的同仁討論他們如何運用個案在其研究中。結果發現，不論是對於個案本質的理解或是分析的方法上，這群社會學家的看法簡直南轅北轍。當有人提到「個案」時，人們通常

會詮釋為對個人或團體的訪談。而這些訪談經常採取的形式有生命故事之敘事、生涯訪談、或是個人危機處理等。但是只要多一點深思，我們會發現一個個案也可以是對一個企業公司、一個非洲村落、越戰、或是一個公開慶典的研究。如果研究者使用這個研究方法，則不論他是分析單一組織或是多個組織，分析的歷程是一樣的。他仍然想要進行理論抽樣，而且這個抽樣工作要一直進行到類別飽和為止。

18.「使用『基本社會－心理歷程』是統整一個研究的唯一方法嗎？我注意到有些研究者似乎如此假定。」

答覆：當人們這麼說的時候，他們通常意味著，研究發現是圍繞著一個概念而統整起來的，而這些發現則依據這個概念形成的階段或時期來解釋。我們對這個問題的答案是否定的，它並不是統整研究的唯一方法。這個假定（我們很肯定Glaser (1978) 在有關基本社會歷程的討論中沒有做這樣的假定）嚴重地低估了任何研究都可能遭遇到的現象的複雜度，同時也阻礙這個方法潛在的彈性，限制了統整分析可用的策略。在每個研究中，我們都可以發現到歷程，但是就如我們在第十一章提過，歷程不應該只限於階段或是時期。它也不應該受限於「基本的社會心理歷程」（basic social-psychological process），除非「社會歷程」這個名詞也包括家庭的、組織的、活動場域的、政治的、教育的、和社區的歷程，以及其他切合該研究的歷程。要言之，研究者可以分析出一個基本的社會或心理歷程，但是如果以階段、時期、或社會心理歷程這些觀點來統整每一個研究，則可能扼殺了從事質性研究所不可或缺的創意。

19.「你強調你的方法同時是歸納的與演繹的,但是我經常在
    文獻中看到有學者將之視為全然是歸納的,或是主要是歸
    納的。這些文獻有時是持欣賞的立場,有時則是責難的語
    氣。你可以針對這些問題發表看法嗎?」

答覆:同樣地,這也是一個誤解。而這個誤解可能來自對於
《紮根理論之發現》(The Discovery of Grounded Theory)
(Glaser & Strauss, 1967) 這本書的錯誤解讀。在該書的第
一章與第二章,兩位作者由於要抨擊那些非紮根的臆測性理
論,而特別強調歸納的重要性。他們的用意是要將讀者的注意
力聚焦於「將理論紮根於資料的系統分析」的終極價值上。然
而,該書同時強調資料與研究者的交互作用,也就是說,資料
本身與研究者對於意義的詮釋兩者間的交互作用。因為任何一
位研究者都不是腦袋空空的進到入研究的歷程中,研究者賦予
資料之抽象化概念,其實就是他對資料的詮釋。這些以概念及
關係的形式呈現的詮釋,將藉由與後續資料的比較與對照,持
續地被檢驗。這個檢驗的歷程也將持續下去。

20.「我已經徹底被訪談給淹沒了!很不幸的是,我無法避免
    這個災難的發生。我從沒想過我會陷入這樣的困境,竟然
    無法停止這持續湧入的訪談潮流。我已對訪談這件事及蒐
    集到的這些資訊感到厭煩,以至於甚至沒想過要提出哪些
    新的問題。更糟糕的是,我沒有遵循質性研究的規則,而
    未一邊訪談一邊進行資料的分析。我現在該怎麼辦?」(這
    位研究者是我以前教過的學生,她決定要訪問那些撫養孫
    子女的黑人祖父母,因為他們的女兒,也就是這些孩子的
    母親,患有嚴重的毒癮或是酗酒的問題。剛開始時,這位
    研究者預期自己以一個白種女性的種族背景,可能很難接
    近這些祖父母,所以她先找到一位黑人牧師。這位牧師將
    這個訊息傳達給他教會裡的會眾,竟然發現許多祖父母熱
    切地希望立刻被訪問。)

答覆：你目前的處境，和那些延後資料分析直到蒐集完成大部分資料的研究者的處境，是完全一樣的。這種情形也正是我們最不鼓勵的。因此，此刻最好的作法就是立刻停止訪談的工作，開始進行資料分析。另一方面，取得那些同意接受訪談者的電話號碼，將訪談的日期延後一些。日後，你將需要這些人來充實你的類別，以及檢驗正逐漸演化的理論。

本章摘要

我就在這裡結束問題與答覆這一章。當然，可能還有更多的問題可以被提出來。我們建議學生不必為分析的每一個微小細節而做無謂的擔心憂慮。有時候，我們必須運用一些常識，而非自陷於何謂正確或錯誤方法的擔心憂慮之中。重點是相信自己有能力完成，同時相信這個研究歷程。在實際進行研究時，你們應該遵循這本書中所提出的一般性準則，並依據自己的能力及研究的實際情況，靈活運用這些研究程序與技術。

參考書目
References

Adler, P. A., & Adler, P. (1987).Membership roles infield research. Newbury Park, CA:Sage.

Agar, M. (1986). Speaking of ethnography. Beverly Hills, CA: Sage. Altheide, D. L., & Johnson, J. (1994).Criteria for assessing interpretive validity in qualitative research.In N. Denzin & Y. Lincoln (Eds.), Handbook of qualitative research (pp. 485–499). Thousand Oaks, CA: Sage.

Alverinann, D. E., et al. (1996).On writing qualitative research. Reading Research Quarterly, 31(1), 114–120.

Ambert, A. M., et al. (1995).Understanding and evaluating qualitative research.Journal of Marriage and the Family, 57, 879–893.

Becker,H (1970).Sociological work: Method and substance.New Brunswick, NJ: Transaction.

Becker, H.(1986). Writingfor social scientists.Chicago: University of Chicago Press. Begley,C. M.(1996).Triangulation of communication skills in qualitative research instnunents. Journal of Advanced Nursing, 24, 688–693.

Biemacki, P. (1986). Pathways from heroin addiction. Philadelphia: Temple University Press.

Blumer, H. (1969). Symbolic interactionism. Englewood Cliffs, NJ: Prentice Hall.

Bradley, J. (1993). Methodological issues and practices in qualitative research. Library Quarterly, 63, 411–430.

Breitmayer, B. J., Ayers, L., & Knafl, K. A. (1993). Triangulation in qualitative research:Evaluation of completeness and confirmation purposes. Image, 25, 237–243.

Bresler, L. (1995).Ethical issues in qualitative research methodology. Bulletin of the Councilfor Research in Music Education, 126, 29–41.

Broadhead, R. (1983). Private lives and professional identity of medical students. New Brunswick, NJ: Transaction.

Cassell, C., & Symon, G. (Eds.). (1994).Qualitative methods in organizational research.
Thousand Oaks, CA: Sage.

Cauhape, E. (1983). Fresh starts: Men and women after divorce. New

York: Basic Books.

Charmaz, K. (1983). The grounded theory method: An explication and interpretation.In R. Emerson (Ed.), Contemporaryfield research (pp. 109–126). Boston: Little,Brown. Charmaz, K. (1991). Good days, bad days: The self in chronic illness and time. New Brunswick, NJ: Rutgers University Press.

Charmaz, K. (1995). Grounded theory. In J. Smith, R. Hane, & L. Longenhore (Eds.),Rethinking methods in psychology (pp. 27–49). London: Sage.

Cheek, J. (1996). Taking a view: Qualitative research as representation. Qualitative Health Research, 6, 492–505.

Chick, N., Crisp, J., Rodgers, J., & Smith, T. (1996). Publishing workshops number 3-Preparing a manuscript: Reporting qualitative research findings. Nursing Praxis New Zealand, 11 (3), 19–26.

Clarke, A. (1990). A social worlds research adventure. In S. Cozzens & T. Gieryn (Eds.),Theories of science in society (pp. 15-35). Bloomington: Indiana University Press. Corbin, J., & Strauss, A. (1984). Collaboration: Couples working together to manage chronic illness. Image, 16, 109-115.

Corbin, J., & Strauss, A. (1988). Unending work and care: Managing chronic illness at home.San Francisco: Jossey-Bass.

Corbin, J., & Strauss, A. (1990). Grounded theory method: Procedures, canons, and evaluative procedures. Qualitative Sociology, 13, 13-21.

Corbin, J., & Strauss, A. (1996). Analytic ordering for theoretical purposes. Qualitative Inquiry, 2,139-150.

Creswell, J. W (1994). Research design: Qualitative and quantitative approaches. Thousand Oaks, CA: Sage.

Cuevas, N. M., Dinero, T. E., & Feit, M. D. (1996). Reading qualitative research from a methodological point of view. Journal of Health and Social Policy, 8, 73-90.

Dalton, M. (1954). Men who manage. New York: John Wiley.

Daly, K. (1997). Replacing theory in ethnography: A postmodern view. Qualitative Inquiry, 3(3).

Davis, F. (1963). Passage through crisis. Indianapolis, IN: Bobbs-Merrill.

Denzin, N. (1970). The research act: A theoretical introduction to sociological methods. New York: McGraw-Hill.

Denzin, N. (1987/,). The alcoholic self. Newbury Park, CA: Sage.

Denzin, N., &Lincoln,Y. (Eds.). (1994). Handbookof qualitative research. Thousand Oaks,CA: Sage.

Dewey, J. (1922). Human nature and conduct. New York: Holt.

Dewey, J. (1934). Art as experience. New York: Minton, Blach.

Dewey, J. (1938). Logic: The theory of inquiry. New York: Holt, Rinehart & Winston.

Dey, I. (1993). Qualitative data analysis. Thousand Oaks, CA: Sage.

Diesing, P. ((1971). Patterns of discovery in the social sciences. Chicago: Aldine.

Drake, S. (1957). Discoveries andopinions of Galileo. Garden City, NY. Doubleday Anchor Books.

Dzurec, L. C., & Abraham, I. L. (1993). The nature of inquiry: Linking quantitative and qualitative research. Advances in Nursing Science, 16, 73-79.

Elder, N. C., & Miller, W. L. (1995). Reading and evaluating qualitative research studies. Journal of Family Practice, 41, 279-285.

Fagerhaugh, S., & Strauss, A. (1977). The politics of pain management. Menlo Park, CA:Addison-Wesley

Feldman, M. S. (1995). Strategiesfor interpreting qualitative data. Thousand Oaks, CA: Sage.

Ferguson, D. L., & Halle, J. W. (1995). Consideration for readers of qualitative research.Journal of the Associationfor Persons With Severe Handicaps, 20(1), 1-2.

Fielding, N., & Fielding, J. (1984). Linking data. Beverly Hills, CA: Sage.

Fielding, N., & Lee, R. (Eds.). (1991). Using computers in qualitative research. London:Sage.

Fitch, K. L. (1994). Criteria for evidence in qualitative resarch. Western Journal of Communication, 58(1), 32-38.

Fujimura, J. H. (1988). The molecular biological bandwagon in cancer research. Social Problems, 35, 261-283.

Gephart, R. R, Jr. (1988). Ethnostatistics: Qualitativefoundationsfor quantitative research.Newbury Park, CA: Sage.

Gilgun, J. E, Daly, K., & Handel, G. (Eds.). (1992). Qualitative methods infamily research. Thousand Oaks, CA: Sage.

Glaser, B. (1978). Theoretical sensitivity. Mill Valley, CA: Sociology Press.

Glaser, B. (1992). Basics ofgrounded theory analysis: Emergence versusforcing. Mill Valley,CA: Sociology Press.

Glaser, B., & Strauss, A. (1965). Awareness of dying. Chicago: Aldine.

Glaser, B., & Strauss, A. (1967). Discovery of grounded theory. Chicago: Aldine.

Glaser, B., & Strauss, A. (1968). Timefir dying. Chicago: Aldine.

Glaser, B., & Strauss, A. (1975). Chronic illness and the quality of life. St. Louis, MO: C. VMosby

Gliner, J. A. (1994). Reviewing qualitative research: Proposed criteria for fairness and rigor.Occupational Therapy Journal of Research, 14(2), 78-90.

Gortner, S., & Schultz, P. (1988).Approaches to nursing science methods. Image, 20,22-23.

Greene, J. C., Caracelli, V J., & Graham, W. F. (1989). Toward a conceptual framework for mixed-method evaluation designs. Educational Evaluation and Policy Analysis, 11, 255-274.

Guba, E. (1981). Criteria for judging the trustworthiness of naturalistic inquiries. ETCI,19, 75-91.

Gubrium, J. F., & Sankar, A. (Eds.). (1994). Qualitative methods in aging research. Thousand Oaks, CA: Sage.

Guesing, J. C. (1995). Fragile alliances: Negotiating global teaming in a turbulent environ - ment (Microform 9613463). Unpublished dissertation, University of Michigan. Hage, J. (1972). Techniques and problems of theory construction in sociology. New York: John Wiley.

Hammersley, M. (1995). Theory and evidence in qualitative research. Quality and Quantity, 29(1),55-66.

Hammersley, M., & Atkinson, P. (1983).Ethnography: Principles in practice.New York: Tavistock.

Hathaway, R. S. (1995). Assumptions underlying quantitative and qualitative research:
Implications for institutional research. Research in Higher Education, 36, 535-562.Hoffinan, E. (1989). Lost in translation: Life in a new language. New York: Penguin.Hughes, E. C. (1971). The sociological eye: Selected papers. Chicago: Aldine.

Johnson, J. (1975). Doingfield research. New York: Free Press.

Kaplan, R. D. (1996). The ends of the earth. New York: Random House.

Kelle, U. (Ed.). (1995). Computer aided qualitative data analysis: Theory, methods and practice. London: Sage.

Khurana, B. (1995). The older spouse caregiver. Paradox and pain of Alzheimer's disease.Unpublished dissertation, Center for Psychological Studies, Albany, CA.

Kidder, L. (1981). Qualitative research and quasi-experimental frameworks. In M. Brewer & B. Collings (Eds.), Scientific inquiry and the social sciences. San Francisco: Jossey-Bass.

Kirk, J., & Miller, M. (1986). Reliability, validity and qualitative research. Beverly Hills,CA: Sage.

Kvale, S. (1994). Ten standard objections to qualitative research interviews-Specialissue:Qualitative research. Journal of Phenomenological Psychology, 25(2), 147-173.Lafaille, R. (1995). Computer programs for qualitative research. Historical Social Re-search, 20(1), 91-97.

Lakoff, G., & Johnson, M. (1981). Metaphors we live by. Chicago: University of Chicago Press.

Lamont, A. (1994). Some instructions on u7riting and life. New

York: Anchor Doubleday Lazersfeld, P. E, & Wagner, T., Jr. (1958). Academic mind. New York: Free Press. LeCompte, N., & Goetz, J. (1982). Problems of reliability and validity in ethnographic research. Review of Education Research, 52, 31-60.

Lofland, J. (1971). Analyzing social settings. Belmont, CA: Wadsworth.

Lofland, J. (1974). Styles of reporting in qualitative field research. The American Sociologist, 9, 101-111.

Lonkilla, M. (1995). Grounded theory and computer assisted qualitative data analysis.In U. Kelle (Ed.), Computers and qualitative methododology. London: Sage.

Maines, D. R. (1991). Reflection, framing, and appreciations. In D. R. Maines (Ed.),Social organization and social process (pp. 3-9). New York: Aldine de Gruyter. McKeganney, N. (1995). Quantitative and qualitative research in the additions: An unhelpful divide. Addiction, 90,749-751.

Mead, G. H. (1934). Mind, self and society. Chicago: University of Chicago Press.

Merriam, S. B. (1995). What can you tell from an N of 1? Issues of validity and reliability in qualitative research. PAACE: Journal of Lifelong Learning, 4, 54-60. (Pennsylvania Association for Adult and Continuing Education)

Merriam-Webster. (1984).Webster's ninth new college dictionary.Springfield, NM:Author.

Miles, M., & Huberman, A. (1994). Qualitative data analysis. Thousand Oaks, CA: Sage. Morse, J. M. (1991). Approaches to qualitative-quantitative methodological triangulation. Nursing Research, 40,120-123.

Morse, J. M., & Field, P. A. (1995). Qualitative research methods for health professionals(2nd ed.). Thousand Oaks, CA: Sage.

Murdaugh, C. L. (1987). Nursing research: Theory generating through methodological flexibility Journal of Cardiovascular Nursing, 1(4), 81-84.

Park, R. E. (1967). On social control and collective behavior (R. Turner, Ed.). Chicago:University of Chicago Press.

Parsons, T. (1937). The structure of social action. New York: McGraw-Hill.

Parsons, T. (1951). The social system. New York: Free Press.

Patton, M. Q. (1990). Qualitative evaluation and research methods. Newbury Park, CA:Sage.

Peshkin, A. (1993). The goodness of qualitative research. Educational Research, 22(2), 23-29.

Pfaffenberger, B. (1988). Microcomputer applications in qualitative research. Newbury Park, CA: Sage.

Pierce, B. N. (1995). The theory of methodology in qualitative research. TESOL Quarterly, 29, 569–576.

Popper, K. (1959). The logic of scientific inquiry. New York: Basic Books.

Porter, E. J. (1989). The qualitative-quantitative dualism. Image, 21, 98–102. Power, R. (1996). "Quantitative and qualitative research in the addictions–. An unhelpful divide" : Comment. Addiction, 91, 146–147.

Punch, M. (1986). Y' he politics and ethics offieldwork. Beverly Hills, CA: Sage.

Ragin, C., & Becker, H. (Eds.). (1992). What is a case? Exploring thefoundations of social inquiry. Cambridge, UK: Cambridge University Press.

Rew, L., Bechtel, D., & Sapp, A. (1993).Self as an instrument in qualitative research.
Nursing Research, 16, 300–301.

Richards, T., & Richards, L. (1994). Using computers in qualitative analysis. In N. Denzin & Y. Lincoln (Eds.), Handbook of qualitative research (pp. 445–462). Thousand Oaks, CA: Sage.

Rodgers, B. L., & Cowles, K. V. (1993). The qualitative research audit trail: A complex collection documentation. Research in Nursing and Health, 16, 219–226.

Rosenbaum, M. (1981). Women on heroin. New Brunswick, NJ: Rutgers University Press.

Sandelowski, M. (1988). The problem of rigor in qualitative research. Advances in Nursing Science, 8, 27–37.

Sandelowski, M. (1993). Theory unmasked: The uses and guises of theory in qualitative research. Research in Nursing and Health, 16, 213–218.

Sandelowski, M. (1995a). Aesthetics of qualitative research. Image, 27,205–209.

Sandelowski, M. (1995b). Sample size in qualitative research. Research in Nursing and
Health, 18,179–183.

Sandelowski, M. (1996). Triangles and crystals: On the geometry of qualitative research. Research in Nursing and Health, 18, 569–574.

Schatzman, L. (1991). Dimensional analysis: Notes on an alternative approach to the grounding of theory in qualitative research. In D. Maines (Ed.), Social organization and social process (pp. 303–314). New York: Aldine de Gruyter.

Schatzman L., & Strauss, A. (1973). Field research. Englewood Cliffs, NJ: Prentice Hall. Schneider, J., & Conrad, P. (1983). Having epilepsy: The experience and control of the illness.Philadelphia: Temple University Press.

Selye, H. (1956). The stress of life. New York: McGraw-Hill.

Shapiro, W L., et al. (1993). Metamorph: Computer support for qualitative research.
Midwestern Educational Researcher, 6(2),30-34.

Shibutani, T. (1966). Improvised news: A sociological study of rumor. Indianapolis, IN: Bobbs-Merrill.

Silverman, D. (1993). Interpreting qualitative data. Newbury Park, CA: Sage.

Star, S. L. (1989). Regions of the mind: Brain research and the questfor scientific certainty.
Stanford, CA: Stanford University Press.

Star, S. L., & Ruhleder, K. (1996). Steps toward an ecology of infrastructure: Problems of design and access in large-scale information systems. Infor?nation Syste?ns Research, 7, 27-57.

Stem, R N.(1980). Grounded theory methodology: Its uses and processes. Image, 12.20-23.

Stewart, G. R. (1941). Storm. New York: Random House.

Strauss, A. (1969). Mirrors and masks. Mill Valley, CA: Sociology Press. (Republished in 1997 [New Brunswick, NJ: Transaction])

Strauss, A. (1970). Discovering new theory from previous theory. In T. Shibutani (Ed.), Human nature and collective behavior. Papers in honor of Herbert Blumer (pp. 46-53). Englewood Cliffs, NJ: Prentice Hall.

Strauss, A. (1978). Negotiations: Varieties, contexts, processes, and social order. San Francisco: Jossey-Bass.

Strauss, A. (1987). Qualitative analysis for social scientists. Cambridge, UK: University of Cambridge Press.

Strauss, A. (1995). Notes on the nature and development of general theories. Qualitative Inquiry, 1, 7-18.

Strauss, A., & Corbin, J. (1988). Shaping a new health care system. San Francisco: Jossey-Bass.

Strauss, A., & Corbin, J. (1990). Basics of qualitative research (1st ed.). Thousand Oaks, CA: Sage.

Strauss, A., & Corbin, J. (Eds.). (1997). Grounded theory in practice. Thousand Oaks, CA:Sage.

Strauss, A., Pagerhaugh, S., Suczek, B., & Wiener, C. (1981). Patients' work in the technologized hospital. Nursing Outlook, 29,404-412.

Strauss, A., Fagerhaugh, S., Suczek, B., & Wiener, C. (1982). The work of hospitalized patients. Social Science and Medicine, 16, 977-986.

Strauss, A., Fagerhaugh, S., Suczek, B., & Wiener, C. (1985). Social organization ofmedical work. Chicago: University of Chicago Press. (Republished in 1997 [New Brunswick, NJ: Transaction])

Strauss, A., Schatzman, L., Bucher, R., Ehrlich, D., & Sabshin, M. (1964). Psychiatric
ideologies and institutions. New York: Free Press.

Street, A. (1996). Writing qualitative research for publication [editorial]. Contemporary Nurse, 5(1),6-11.

Stringer, E. (1996). Action research: A handbook for practitioners. Thousand Oaks, CA: Sage.

Tesch, R. (1990). Qualitative research: Analysis types and software tools. New York: Falmer. Thomas, W I. (1966). On social organization and social personality (M. janowitz, Ed.).

Chicago: University of Chicago Press.

Weber, M. (1958). The Protestant ethic and the spirit of capitalism. New York: Scribner. Weitzman, E. A., & Miles, M. B. (1995). Computer programsfor qualitative data analysis.Thousand Oaks, CA: Sage.

Westbrook, L. (1994). Qualitative research methods: A review of major stages, data analysis techniques, and quality controls. Library and Information Science Research, 16,241-245.

Whyte, W (1955). Street comer society. Chicago: University of Chicago Press.

Wiener, C. (1983). The politics ofalcoholism: Building an arena around a social problem. New Brunswick, NJ: Transaction.

Wiener, C., Fagerhaugh, S., Strauss, A., & Suczek, B. (1979). Trajectories, biographies and the evolving medical scene: Labor and delivery and the intensive care nursery. Sociology of Health and Illness, 1, 261-283.

Wolcott, H. R (1990). Writing up qualitative research. Newbury Park, CA: Sage. Wolcott, H. F. (1994). Transfor?ning qualitative data. Thousand Oaks, CA: Sage. Wolcott, H. F. (1995). The art offieldwork. Thousand Oaks, CA: Sage.

名詞索引
Index

名詞索引
Index

Drake, S., 1
Dzurec, L. C., 27

E

Ehrlich, D., 31, 76, 256, 283
Elder, N. C., 265
Empirical grounding of study, 研究的實徵性紮根
      evaluation criteria for: 評鑑準則
      conceptual linkages, 270-271 概念性連結
      conditions explained, 271 條件
      process taken into account, 271-272 歷程之考量
      research process, 268-270 研究歷程
      significant findings, 272 有意義的發現
      systematically related concepts, 270 系統性相關的概念
      test of time, 272 時間的考驗
      variation in theory, 271 理論中的變異
Evaluation.See Empirical grounding of study,評鑑,見研究的實徵性紮根
      evaluation criteria for 評鑑準則
Explanation, accuracy of, 23 解釋,正確性
Explanatory power, 267 解釋力

F

Fagerhaugh, S., 156, 208, 248, 249, 256,
Far-out comparisons, 82, 94 遠端比較
      example, 96 實例
Feit, M. D., 28
Feldman, M. S., 88
Ferguson, D. L., 265
Field, P. A., 12, 40, 246
Fielding, J., 27
Fielding, N., 27,219
Field notes: 實地札記
      describing in, 283 描述
      using quotes, 283-284 使用引文
Fitch, K. L., 265
Fujimura, J. H., 30,177

G

Generalizability, 266, 268 類推性
      versus explanatory power, 267 相對於解釋力
Gephart, R. P., Jr., 29
Gilgun, J. F., 12
Glaser, B., 9, 10, 23,24,50,79,105,116, 156,212,219,246,250,268,294
Gliner, J. A., 268
Goetz, J., 268
Gortner, S., 266
Graham, W. R, 28
Greene, J. C., 28
Grounded theorists: 紮根理論

social changes and, 76 社會變遷
use of, 74-78, 85, 89-92 使用
See also Questions 亦見，問題
Questions: 問題
about cultural values/ morals, 92 文化價值/ 道德
about rules, 92 關於規則
about standards, 92 關於標準
guiding, 78 指引性
informational, 92 資訊性
multiple levels, 74 多元層級
practical/structural, 77 實務性/結構性
sensitizing, 77 覺識性
spatial, 92 空間性
temporal, 92 暫時性
theoretical, 76, 77 理論性
See also Questioning 亦見，提問

R

Ragin, C., 293
Range of variability, 143,158 可變異性的範圍
Relational sampling, 210 關係抽樣
Relational statements: 關係的陳述
as hypotheses, 135 作為假設
constructed, 145 建構的
explanatory statements, 145 解釋性陳述
Reports, 12 報告
Reproducibility, 266,268 可複製性
extending meaning of, 266-267 延伸意義
Research: 研究
designed, 32 設計
flow of work, 29 工作流程
planned, 32 計畫
See also Qualitative research; Quantitative research
亦見質性研究，量化研究
Research problem, 35, 53 研究問題
assigned, 36 指派
funding, 37 資金
personal /professional experience, 個人 /專業經驗
professional/collegial remark, 37 專業的/ 學院的評論
research, 38 研究
sources, 36-39 資源
suggested, 36 建議
technical/ nontechnical literature,37-38 技術性/非技術性文獻
Research question, 35, 39-40, 53 研究問題
asking, 40-42 詢問
Rew, L., 6
Richards, L., 120
Richards, T., 120
Rodgers, B. L., 273
Rodgers, J., 246
Rosenbaum, M., 256

Routines, 133 例行工作
Ruhleder, K., 30

S

Sabshin, M., 31, 76, 256, 283
Sampling, 12 抽樣
    traditional versus theoretical, 214 傳統的 相對於理論性
See also Theoretical sampling 理論抽樣
Sandelowski, M., 12,28,44,47,268
Sankar, A., 12
Sapp, A., 6
Saturation, 136, 143, 158, 161, 212, 293
Schatzman, L., 12, 31, 36, 76, 120, 124, 207,219,256,283
Schneider, J., 256
Schultz, P, 266
Secondary analysis, 213, 280-281 次級（二度）分析
selecting relevant material, 287-288　選取相關的材料
Selective coding, 90, 102, 143, 161, 205, 215, 236-238 選擇編碼
    code notes in, 237 編碼札記
    diagrams in, 238 圖表
    goal, 211 目標
    integrative, 32 統整性
sampling in, 211 抽樣
See also Discriminate sampling 亦見，區辨性抽樣
Selye, H., 43
Sensitivity, 35 敏覺力
    literature, 47 文獻
    objectivity and, 42-48, 53 客觀性
    personal experience, 48 個人經驗
    professional experience, 47-48 專業經驗
    theoretical sampling and, 205-206 理論抽樣
    to meanings in data, 46-48 資料中的意義
Sentence analysis, 92-93 句子分析
Sentence coding, 120 句子編碼
Shapiro, W L., 275
Shibutani, T., 256
Significance,266 顯著意義/重大意義
Silverman, D., 37,58
Smith, T., 246
Specification, 121 特定明確
Star, S. L., 30, 256
Stem, R N., 11
Stewart, G. R., 185
Storyline, writing, 148-149,161 故事線，撰寫
Storyline memos, 150-152 故事線備註
Strategic actions/interactions,128,129,131,133-134,309 策略性行動/互動
Strauss, A., x, xi, 5, 7, 9, 10, 12, 23, 24, 31, 36, 50, 60,
    76,79,104,105,116,120,124,126,132,146,156,178,
    179,188,190,207,208,212,219, 229,235,237,246,248,249,251,
    253,256,261,262,265,268,271, 283,290,294
Street, A., 246

關於作者
About the Authors

Juliet Corbin

服務於San Jose州立大學護理學院，是該學院社區健康護理的臨床講師。她是本書Basic of Qualitative Research第一版(1990)、Unending Work and Care (1988)以及Shaping a New Health Care System (1988)等書的共同作者，同時也是Grounded Theory in Practice (1997)一書的共同主編。她的研究興趣、教學、發表的期刊書籍等，均有關質性研究方法論、慢性疾病、工作和專業社會學等領域。

Anselm Strauss

生於1916年12月18日，死於1996年9月5日。去世之時，他是舊金山加州大學(University of California)社會與行為科學系的榮譽教授。他主要的研究和教學活動是有關健康和疾病社會學，以及工作和專業社會學。他致力於以質性研究方法來建立理論，和Barney Glaser同為著名的「紮根理論」方法的創始者。過去數年來，他被邀請為劍橋大學、巴黎大學、曼徹斯特大學等多所世界知名大學的訪問教授。在他有生之年，他著述了不計其數的論文和書籍，其中許多均已被翻譯為外國語文。他的著作包括Awareness of Dying (1965)、Mirrors and Masks (1969)、Professions, Work and Careers (1971)、Negotiations (1978)、The Social Organization of Medical Work (1985)、Unending Work and Care (1988)和Continual Permutations of Action (1993)。即使他已正式退休了，他仍然活躍於著述和研究，直至去世之時。他尚未完成的著述，包括醫院中的工作，和身體的社會學觀點等。

關於譯者
About the Translators

吳芝儀

1997年取得英國雷汀大學 (University of Reading)教育學院社區研究系博士學位。現任國立中正大學犯罪防治研究所副教授。主要研究興趣和教學領域包括：生涯輔導與諮商、學校輔導工作、危機青少年、選替教育、以及質性研究方法等。著有<生涯輔導與諮商> (2000)、<中輟學生的危機與轉機> (2000)，譯有<團體諮商：理論與實務> (1994)、<質的評鑑與研究> (1995)、<生涯發展的理論與實務> (1996)、<質性教育研究：理論與方法> (2001)等書。

廖梅花

1997年取得美國奧斯汀德州大學 (University of Texas at Austin)教育心理博士學位。曾任教於南華大學生死學研究所，環球技術學院應用外語科。現任國立虎尾技術學院應用外語系助理教授。主要研究興趣和教學領域包括：諮商與文化、悲傷輔導、中英翻譯、以及質性研究方法等。

質性研究入門：
紮根理論研究方法
Basics of Qualitative Research :
Techniques and Procedures for Developing Grounded Theory
《 Second Edition 》

....

譯　　　者：吳芝儀、廖梅花

出 版 者：濤石文化事業有限公司

發 行 人：陳重光

責任編輯：吳孟虹

校　　對：吳芝儀

封面設計：白金廣告設計 梁叔爰

地　　址：嘉義市台斗街57-11號3F-1

登 記 證：嘉市府建商登字第08900830號

電　　話：(05)271-4478

傳　　真：(05)271-4479

戶　　名：濤石文化事業有限公司

郵撥帳號：31442485

印　　刷：鼎易印刷事業股份有限公司

初版一刷： 2001年12月(1-1000)　　初版十刷：　2011年3月(1-1000)

I S B N ： 957-30248-2-9

總 經 銷：揚智文化事業股份有限公司

　　　　　台北市新生南路三段88號5F-6

電話：886-2-23660309

傳真：886-2-23660310

定　　價：新台幣400元

E-mail ： waterstone@giga.com.tw

....

行動研究：生活實踐家的研究錦囊

Jean McNiff & Pamela Lomax & Jack Whitehead ◎著

吳美枝、何禮恩 ◎譯者

吳芝儀 ◎校閱

定價 320元

　　近數年來，台灣的教育體系在新世紀教育改革理念的引領推動之下，各項教育政策不斷推陳出新，令人目不暇給。最受到大眾廣泛關切的無疑是最基礎且影響最為深遠的國民教育階段之變革。從開放教育、自學方案、多元評量、多元入學、小班教學、九年一貫、基本學力測驗等各項方案，無一不對國民教育階段的課程、教學、評量與行政組織等，產生激烈的衝擊。

　　鼓勵教師針對個人教育實務工作上所面臨的各類問題，思考其癥結和解決的方法，提出有助於改善現況的具體行動策略，實施行動策略並進行形成性評鑑以修正策略，透過總結性評鑑以彰顯實施成效，並在整個行動過程中省思個人的專業成長等，一系列行動研究(action research)的循環過程，則是促使教師能秉其專業知能設計課程與建構教學的最有效方法。

　　本書『行動研究－生活實踐家的研究錦囊』關注行動研究的各個階段，並採取一個實務工作者-研究者的取向（從行動計畫到書寫報告），提供一些具體有用的建議，包括蒐集、處理與詮釋資料的議題，以及行動研究報告的評鑑標準等。本書的實務取向將鼓舞讀者嘗試新的行動策略來改善他們自身的實務工作，並持續尋求更好的專業發展。致力於以行動研究促成台灣教育和社會的革新與進步！

質性教育研究：理論與方法
Robert C. Bogdan & *Sari Knopp Biklen* ◎著
黃光雄 ◎主編/校閱
李奉儒、高淑清、鄭瑞隆、林麗菊
吳芝儀、洪志成、蔡清田 ◎譯
定價 400元

　　本書是「質性教育研究：理論與方法」的第三版。本書從第一版到第三版的數年之間，教育研究發生了相當大的變遷。「質性研究」一詞在二十年來逐漸增加其影響力，持續不斷地發展，也獲致了豐碩的研究成果。1990年代以降，質性研究取向吸引了更多曾經接受過量化研究訓練的人，也開始提倡質性研究應該要比早期的方法更具結構性、且更系統化-強調質性研究技術更甚於質性思考方式。同時，其他質性研究者則被強調後現代研究取向的人文學者所吸引，不重視小心謹慎地蒐集實地資料，而更專注於將研究作為透過書寫來表徵的方式，以及研究的策略。

　　本書的目的在於為質性研究在教育上的應用提供一個可理解的背景，檢視其理論根基和歷史淵源，並討論實際進行研究的特定方法，包括研究設計、實地工作、資料蒐集、資料分析、報告撰寫等。本書最後一章則聚焦於質性教育研究之實務應用，討論有關評鑑、行動和實務工作者的研究。我們希望本書對於即將展開質性教育研究的初學者有所幫助，也希望對有經驗的教育研究者而言，這是一本有用的手冊。

生涯輔導與諮商
《理論與實務》
吳芝儀 ◎著

定價 600元

　　本書彙整當前有關生涯發展、生涯選擇、生涯決定理論，及針對小學、中學、大專各階段學生實施的生涯輔導方案，以提供各級學校老師位學生實施生涯輔導與規劃的理論依據和策略參考。本書並彙整作者數年來帶領學生進行生涯探索與規劃的團體活動教材，除提供老師們設計活動之參考外，更可直接作為學生自我學習的活動手冊，引導學生自行進行生涯探索與規劃。

生涯探索與規劃
《我的生涯手冊》
吳芝儀 ◎著

定價 320 元

　　本書涵蓋了自我探索、工作世界探索、家庭期待與溝通、生涯選擇與決定、生涯願景與規劃、生涯準備與行動等數個與生涯發展相關的重要議題，均提供了循序漸進的個別或團體活動，以輔助青少年或大專學生的自我學習，並可運用於生涯輔導課程、生涯探索團體、或生涯規劃工作坊中，作為輔導學生進行生涯探索與規劃輔助教材。

大專社團輔導實務
朱偉競 ◎著

定價 360元

　　本書分別以不同章節來闡述社團的意義、社團輔導的意涵、社團共通性的輔導、學生會的輔導、一般社團的輔導，更蒐錄了許多寶貴又實用的社團法規制度及實例，當可供大專院校八千多位社團指導老師及第一線的學務工作同仁參考運用。

中輟學生的危機與轉機

吳芝儀 ◎著

定價 350元

　　本書彙整目的有二：一是試圖從多元層面理解中輟學生的問題，二是深入探討能解決中輟學生問題的有效中輟防治策略和選替教育方案。能提供關心中輟學生問題的教育、輔導、社福、警政、法務等不同專業領域的實務工作者參考，協力促成國內中輟學生教育和輔導方案的長足發展，以有效消弭青少年中途輟學或犯罪的問題，減低少年偏差和犯罪行為對社會之戕害。

校言校語

《四十年教育心旅》

吳景南 ◎著

定價 220元

　　「校言校語」是一個服務於教育工作四十年校園老園丁的諄諄絮語，既非道貌岸然的孝言孝語，亦非幽默有趣的笑言笑語，而是表達作者對學校教育與辦學經營的善言善語；它們也是好言好語，希望有助於促進青少年的身心健康與生命的永續發展。作者傳承其寶貴的學校辦學與青少年學輔導的實務工作經驗，提供校園師生分享共勉。

希望之鴿 （一）（二）

國立嘉義大學家庭教育研究所 ◎主編

定價 240元；定價 220元

　　從國內外犯罪學家的研究發現，大部分的犯罪成因可謂與家庭因素息息相關，家庭教育的健全與否關係著該社會犯罪率的高低。本書集合32位收容人與每個家庭過去的成長背景、教育方式、及造成家庭成員墮落為犯罪者的無奈與辛酸、也包括收容人目前親職問題及其困難、與往後生涯規劃的瓶頸…

吉娃娃的有情世界
莫問 ◎著
定價 200元

每個人在自己的成長過程中　　　　問題　也許從來不會是單選題
一定有許多的疑問？　　　　　　　答案　更可能根本不會出現
到底是要問　還是不問？　　　　　最後　說不定
究竟問了　有沒有答案？　　　　　答案的存在與否
得到的答案　是不是自己想要的？　也不是那麼重要
　　　　　　　　　　　　　　　　讓我們用一點心來瞧瞧
或許問與不問　都是因為一時興起　這個有情世界.......

生涯規劃—高職版
吳芝儀、蔡瓊玉 ◎著
定價 275元

　　本書依據教育部公佈之「職業學校生涯規劃課程標準」編輯而成。生涯規劃除了對知識理論與生涯發展的了解，更強調自我的認識、職業與工作世界的認識、生涯選擇與決定生涯發展與管理的重要性。讓學生為自己的未來做出最理想的決定和發展。

英國教育：政策與制度
李奉儒◎著
定價 420元

　　隨著國內教育改革的風起雲湧，如何參考借鑑先進國家的教育政策與制度，掌握其教育問題與實施缺失，就成了比較教育研究的焦點。
　　本書的主要目的正式要分析英國近年來主要教育政策與制度變革之背景、現況與發展趨勢，提供給關心我國教育研究及教育改革者作為參考。

為什麼得不到我想要的？
《自我基模改變策略》

Charles H. Elliott, Ph.D & Maureen Kirby Lassen, Ph.D ◎著

劉惠華◎譯

定價 280元

　　認知心理學領域最新的發展-基模治療-提供了一個革命性的新取向，來擺脫對自我價值和人我關係產生重大破壞的負向生活模式。本書運用自我評量測驗和練習，說明要如何辨識生活的不適應基模，檢視觸發它們的事件，而後發展適應的策略，以對自己與他人有新的了解。

 即 將 出 版